U0730398

河北省社会科学基金资助项目（批准号 HB15FX027）

农民财产权视阈下的
农地经营权流转制度创新研究

柴振国 潘 静 等著

中国检察出版社

图书在版编目（CIP）数据

农民财产权视阈下的农地经营权流转制度创新研究／柴振国等著. —北京：中国检察出版社，2017.11

ISBN 978 - 7 - 5102 - 1709 - 8

Ⅰ.①农… Ⅱ.①柴… Ⅲ.①农业用地－土地流转－研究－中国 Ⅳ.①F321.1

中国版本图书馆 CIP 数据核字（2016）第 171025 号

农民财产权视阈下的农地经营权流转制度创新研究

柴振国 潘 静 等著

出版发行：中国检察出版社

社 址：北京市石景山区香山南路 109 号 （100144）

网 址：中国检察出版社 （www. zgjccbs. com）

编辑电话：(010)86423703

发行电话：(010)86423726 86423727 86423728
(010)86423730 68650016

经 销：新华书店

印 刷：河北省三河市燕山印刷有限公司

开 本：A5

印 张：10

字 数：265 千字

版 次：2017 年 11 月第一版 2017 年 11 月第一次印刷

书 号：ISBN 978 - 7 - 5102 - 1709 - 8

定 价：38. 00 元

检察版图书，版权所有，侵权必究
如遇图书印装质量问题本社负责调换

总　序

　　燕赵大地，人杰地灵。河北经贸大学就坐落在太行山脚下风景秀丽的滹沱河畔。它以经济、管理和法学学科为支柱，是省属综合性重点大学之一。生生不息的滹沱河水，孕育着一代代经贸学人，也孕育着法学院的法律学人和学子们。

　　正是这种无息的孕育，使法学院的学人们在这块田园里春夏秋冬不辞辛劳、辛勤耕作和无私奉献，也正是这种耕作与奉献，使得法学学科这棵幼苗得以快速成长，从1993年其前身经济法系成立到今天初具规模的法学院，经过12年的努力，已拥有民商法、经济法、国际法、刑法和法理学五个硕士点和法律硕士一个在职硕士点。年轻的法学院充满朝气与活力，集聚和培养了一群风华正茂、立志为学的年轻学者，他们分别毕业于不同的学校，汇集了全国各大重点院校的不同学术风格，吮吸着京畿大地丰厚的历史文化滋养。他们以无私无畏的精神白手起家，充分发挥着自身的后发优势，他们还利用环绕北京、贴近祖国心脏的地缘优势，关注和感受着法学前沿问题和法治社会的重大事件。他们与这个伟大的时代同呼吸、共命运。尽管他们所在的还算不上名门名校，但他们正在凭借自身的力量与智慧，努力争得一席之地。

　　法学院的发展关键在于学科建设，学科建设的基础关键在于学术成果的支撑，而学术成果的取得在于法律学人不断地发现问题、思考问题和解决问题，在于对学术价值的正确判断和刻苦追求。正是在这种理念下，法学院的学人们刻苦追求，努力奋斗，不断进取，在教学和科研上取得了可喜的成绩。为了展示和反映河北经贸大学法学院的科研实力和最新研究成果，发现和支持新人新作，鼓励和培养科研精神，加强学科建设，就要开拓一个固定的园地或搭建一个平台，给法学院学人们提供一个展示和创新的机会，这就是出版本论丛的目的所在。

河北经贸大学法学院与中国检察出版社共同组织出版这套《经贸法学论丛》。之所以命名为《经贸法学论丛》主要从两个方面考虑：其一，"经贸"是河北经贸大学之意，因为河北经贸大学是这套丛书的发起者；其二，"经贸"是经济贸易的简称，从选题范围来说，这套丛书主要包括民商法、经济法和国际经济法，同时也兼顾其他法律部门，不受部门法划分的局限。今后，我们计划每年陆续安排若干种课题的读物出版，使这套论丛更加完善和丰满。

在这套《经贸法学论丛》出版之际，我们衷心感谢中国检察出版社领导与编辑朋友们的信任与支持，是他们给我们创造了这个平台，提供了机会。我们也殷切期望这套丛书能得到社会各界的支持与关注，同时，真诚欢迎来自各方面的批评与指教，所有这些都将成为激励和鞭策我们继续前行的力量。

柴振国

2009 年 8 月

前　言

近年来，中央对深化农村土地制度改革作出了全面部署，地方政府也不断出台农地经营权流转相关政策。各级政府在坚持和完善耕地保护制度前提下，赋予农民对承包地占有、使用、收益、流转等权能，允许农民以承包经营权流转发展农业产业化经营。2013 年 11 月，十八届三中全会上通过的《中共中央关于全面深化改革若干重大问题的决定》指出："完善产权保护制度，产权是所有制的核心。健全归属清晰、权责明确、保护严格、流转顺畅的现代产权制度。"次年 9 月，中央深改组召开的第五次会议，审议了农村土地流转、农民股份合作等改革方案，第一次提出了在坚持农村土地所有制前提下，促使承包权、经营权分离，形成所有权、承包权、经营权三权分置的新格局。2015 年 11 月，中共中央办公厅、国务院办公厅印发《深化农村改革综合性实施方案》明确要求"在农村耕地实行所有权、承包权、经营权'三权分置'的基础上，按照依法自愿有偿原则，引导农民以多种方式流转承包土地的经营权，以及通过土地经营权入股、托管等方式，发展多种形式的适度规模经营"。通过中央和地方共同的努力，我国在破解"三农"问题上取得了一定的成绩，我国农业生产稳定增长，农民收入持续提高，农村面貌发生了巨大变化。但在农地经营权流转制度的实施过程中存在一系列突出的问题，如权利间的冲突与博弈、土地法律法规的缺位、配套制度的不完善等。

本书共包括七章。第一章探讨农民财产权的基本问题。主要介绍农民财产权的内涵和外延，以及农民土地财产权的历史演进及其法理分析。在马克思产权和土地产权理论框架下，重点阐述我国农地财产权的概念厘定、理论体系和法律困境。第二章探讨三权分置下的农地经营权流转制度的创新问题。从历史演进的脉络中抽象出三权分置的含义、理论基础及其权利的主体和内容，在三权分置的理论框架下，深入研究农地经营权的法律属性、权能范围、流转的制约因素以及经营权流转的制度创新。第三章至第六章分别探讨农地经营权抵押、信托、入股、保险以及证券化五种具体流转方式。主要从这五种农地经营权流转制度的一般原理着手，对具体流转方式的法律和实践问题进行分析，归纳出各种流转制度在实施中面临的问题，并对农地经营权流转具体方式给予制度构建。第七章探讨农地经营权流转中农民土地财产权的保护。剖析了农地经营权流转中农民土地财产权保护缺损的现状及其受损原因，并给出了农地经营权流转创新中农民财产权保护的法律路径。

另外，本书课题主持人是柴振国，课题组成员有：潘静、董双双、赵新潮、盖格、李菲、徐琛皓、张甜怡。关于个人分工，如下：柴振国（第一章）、潘静（第二章、第三章、第四章、第五章、第六章、第七章）、董双双（第三章）、赵新潮（第二章）、盖格（第六章）、李菲（第四章）、徐琛皓（第一章）、张甜怡（第五章）。

目　　录

第一章　农民财产权的基本问题

一、农民财产权的界定

党的十八届三中全会讨论通过了《中共中央关于全面深化改革若干重大问题的决定》指出，全面深化改革要"坚持社会主义市场经济改革方向，以促进社会公平正义、增进人民福祉为出发点和落脚点，进一步解放思想、解放和发展社会生产力、解放和增强社会活力"，特别提出，"赋予农民更多财产权利""探索农民增加财产性收入的渠道"。赋予农民更多财产权的核心是清晰界定农民财产权，要以产权清晰作为首要前提，即要明确农民作为财产权主体所享有的权利和承担的义务，农民财产权的性质特点以及类型，这样才能为农民财产权的资源配置和流转提供明确的法律框架。

"赋予农民更多财产权利"是破解当前农村改革、经营权流转、城镇化发展的重要突破口。应该赋予农民怎样的财产权利，以便其达到"推进城乡要素平等交换和公共资源均衡配置"和"完善城镇化健康发展体制机制"的目的。但法律中对农民财产权未设定义规定，其内容及范围也因论述观点的不同而有差异。因此，本部分从论述两大法系的财产和财产权的概念入手，对我国农民财产权的含义进行概括，探讨财产权利的性质和分类。

（一）农民财产权的内涵

1. 财产和财产权的含义

对财产的历史和起源等问题进行研究，将有助于加深人们对财产权利的理解。一般认为，英美法和大陆法的起源不同，并且沿着不同的路径进行发展，对财产的定义也不尽相同。大陆法深受罗马法的影响，其概念体系和罗马法一脉相承。在早期的罗马法中，出现的"mancipium""potestas"等词均有财产权的含义，但主要是指家长对物和家长支配的权利。到了罗马共和国后期出现了"dominium"，除了指家长对财产的支配外，还包括家长的一般权利或对于任何主体权利的拥有。显然这些词并不是私法上的一种财产权。古罗马法与近代财产权最为接近的词是"proprietas"，这是在晚期出现的表示对物的最高权力的技术性术语，1811 年的《奥地利民法典》明确使用了"物权"一词。后来的《德国民法典》正式提出了"债权"的概念，并且把债权置于物权之前予以专章规定。物权和债权制度的系统建立使得大陆法系的财产权体系得以最终确立。① 由于英吉利是在盎格鲁－萨克逊人的统治下成为早期的封建国家，英美法仍然保持了纯粹的日耳曼法传统。英美法早期使用"ownership"来表示土地所有权的，在此基础上英国的普通法中出现了"property"一词，并在意义上逐步转化为表示个人对任何事物使用、享有和处置的权利，而各种事物本身是无限的、不受限制的。上述的事物不仅指有形物，而且也指无形物，即各种权利，这里的财产概念已经与现代英美法的财产概念几乎达到一致。根据《法学大辞典》② 的定义："财产：1. 有货币价值的物权客体，即有体物。2. 对物的所有权。某物归属某人所有即被视为某财产。3. 具有货币价值的有体物和对财物的权利的总和。这些权利包括所有权、他物权、知识产权等。"③

"财产"不仅具有法学含义，经济学对其也有不同角度的理

① 史晋川：《法经济学（第二版）》，北京大学出版社 2014 年版，第 46 页。
② 邹瑜、顾明：《法学大辞典》，中国政法大学出版社 1991 年版，第 763 页。
③ 史晋川：《法经济学（第二版）》，北京大学出版社 2014 年版，第 46 页。

解。经济学中具有权威性的《新帕尔格雷夫经济学大辞典》① 对"财产"（property）的定义为："财产权，与稀缺性合理性一样，是经济学的基础。假若不是某种人类机构对所讨论的什么资源的适用都进行控制的话，那么，就无人确定价格，任何人也就没有计算生产成本的动机了。经济学家在其大量著作中认为下面这点是理所当然的，即一切有价值的东西包括有形的物品和技能那样的无形物，都有所有主，而且所有主的控制与传统经济理论中的激励假定相一致。"可见，无论是法学还是经济学，都不严格区分"财产"和"财产权"这两个概念，在解释财产的同时也兼指财产权。法律经济学中的《新帕尔格雷夫法经济学大辞典》② 认为："这里使用过的财产权是一种社会上可接受的使用，这种权利的持有者可以利用属于该权利的稀缺资源。"财产从狭义上可以理解为资产或是财物，但是在多数情况下可以从广义的角度将其理解为，既包括财物又包括财产权的集合体。财产权利是所有者拥有的不受他人干涉的、可以自由行使的一束权利，是对所有者权利的一种规定。这些权利描述了一个人对其所有的资源可以做些什么、不可以做些什么：在多大程度上他可以占有、使用、开发、改善、改变、消费、出售、馈赠、遗赠、转让、抵押、贷款或阻止他人侵犯其财产。③

　　我国的《民法总则》第 114 条对物权的规定，从条文上可以看出，权利人对特定的物享有支配权和排他的权利。

---

　　① ［英］约翰·伊特韦尔等：《新帕尔格雷夫经济学大辞典》，经济科学出版社1996 年版，第 1099 页。

　　② ［英］彼得·纽曼：《新帕尔格雷夫法经济学大辞典》，许明月等译，法律出版社 2003 年版，第 165 页。

　　③ ［美］罗伯特·考特、托马斯·尤论：《法和经济学》，施少华、姜建强等译，上海财经大学出版社 2003 年版，第 66 页。

2. 宪法学财产权与民法学财产权

宪法上的财产权是一个与民法学财产权存在公共交集的共用概念，农民财产权中的财产权概念既有宪法学意义的含义，又有民法学财产权的内涵，因此有必要对宪法学和民法学上的财产权做必要的区分，以便对农民财产权的权利体系作出清晰描述。

从权利起源的角度来看，财产权远在国家形成之前就已经从习俗中发展出来了，先有了私法意义上的财产权，后有公法意义的财产权。正如理查德·皮坡茨说："大多数的财产都是通过拥有的形式而不是法律文件最终获得的，这是传统公认的对物的所有权的依据。只是最近时间，财产开始由出现的国家来确认。"宪法学一般对财产权的定义为："公民财产权是指公民个人通过劳动或者其他合法方式取得财产和享有占有、使用、处分财产的权利。宪法上规定的财产权一般是指公法和私法上有财产价值的所有权，宪法规定的财产权不同于民法意义上的财产权，属于不同范畴的权力体系。作为基本权利的财产权主要是针对公共权力而存在的，一旦被规定为宪法内容后就脱离民法上的财产权的概念，为司法上的财产权提供法律保障。"[1] 宪法上公民的财产权不仅是反映人与物、人与人之间的财产支配关系，更反映对私权的保护，是民法财产权的法律渊源。强调公民的财产权是公民对国家所享有的一项基本权利，反映了公民与国家之间的关系。民法学界对于公民财产权的认识，不同于宪法学意义上的财产权。民法学的通说认为："财产权是以财产利益为内容直接体现某种物质利益的权利，它是一个与人身权相对应的概念。民法上的财产权所包含的内容也较为广泛，凡是具有经济价值的权利都可以纳入财产权的范畴，如物权、债权、继承权和知识产权都属于民法上的财产权。"[2] 下面针对宪法上的财产权与民法上的财产权从法律关系的主体、客体和内容三个方面做具体的对比分析。

---

[1] 胡锦光、韩大元：《中国宪法》，法律出版社2004年版，第284页。
[2] 王立明：《民法》，中国人民大学出版社2000年版，第137页。

首先，从权利主体角度看，国家是否可以成为宪法学上的公民财产权和民法学公民财产权的主体。宪法学意义上的财产权的主体：公民、法人及其他社会组织。国家保障财产权主体的享有的一定的财产权，反映公民财产与国家权力在宪法秩序中的关系，强调的是个人针对国家享有的一种"防御权"。[①] 国家不能成为公民财产权的主体。民法学是调整平等主体之间的财产关系和人身关系的法律规范。国家可以作为普通的民事法律规范的主体参与到民事法律规范中，所有的民事法律关系主体一律平等，不管是个人还是国家。从权利主体这个角度分析，国家可以成为民法学意义上公民财产权的法律关系的主体，而不能成为宪法学公民财产权的主体。

其次，从权利客体角度分析，宪法学上的公民财产权范围要远大于民法学意义公民财产权的范围。传统的民法财产权是财产所有权的简称，依据《物权法》第 39 条可知，所有权是所有权人对其不动产或动产，依法享有占有、使用、收益和处分的权利。[②] 宪法上的所有权，是指应能受宪法对所有权所提供的保障的所有财产利益，其客体也不仅仅是物，在不可把握的客体上所成立的著作权、集合物、财团以及企业等，它们均受宪法保护。所有权在宪法及其学说上，是所有权应作为什么样的地位而受到保护，而国家又是在何种程度上享有对这种地位的内容，予以规定和限制的权限。[③] 随着社会经济的不断发展，民法的财产权客体也在不断发生拓展。现代意义上的民法财产权客体不仅包括物权、债权，还囊括了知识产权、继承权等传统私法所创设的权

---

① 林来梵：《从宪法规范到规范宪法：规范宪法学的一种前言》，法律出版社 2001 年版，第 185 页。

② 崔建远：《物权法（第二版）》，中国人民大学出版社 2012 年版，第 164 页。

③ ［德］鲍尔·施蒂尔纳：《德国物权法（上册）》，张双根译，法律出版社 2004 年版，第 513 页。

利，也包括公物使用权，如国有土地使用权等。[①] 宪法是民法的上位法，因此宪法学上财产权的客体涵括了民法学上财产权客体的范围。同时，宪法的财产权的客体还包括民法学上不具备的社会福利、经营许可等财产性权利。在德国，宪法中的财产权正由消极的防御性转向正向的福利和分享性权利，如廉价住房和免费义务教育都纳入宪法财产权的范畴。[②] 因此，宪法学财产权的客体范围远大于民法学财产权的客体范围。

最后，从权利内容上看，宪法调整的财产权更加强调国家与公民在宪法秩序中关系。而民法上的财产权在本质上是私人对抗私人的一种权利。日本学者川岛武宜曾指出，所有权是在反映人与物之间的关系的侧面上人与人之间的关系。宪法上的财产权则反映的是公民与国家公权力之间的宪法关系，宪法赋予公民为保护财产权对抗国家公权力的防御权。

综上所述，本书所论述的农民财产权的定义是农民享有的民法学意义上财产权，仅是农民与其他的权利主体在平等主体上的经济价值的控制权和支配权，在多大程度上他可以占有、使用、开发、改善、改变、消费、出售、馈赠、遗赠、转让、抵押、贷款或阻止他人侵犯其财产的权利。

3. 关于农民财产权的定义

农民的财产权是一个非常重要的概念，农民财产权并非单一所有权的民事权利，而是一束权利的集合，如依据法律的规定，农民对集体土地享有承包经营权，对其使用的土地享有增值的财产权，对其劳动力享有劳动力资本要素的财产性权益等。对于农民产权的界定是对农民财产权定义的核心内容，其有利于最大限度地提高资源配置的效率和减少资源的浪费。当前研究我国农村

---

① 林来梵：《从宪法规范到规范宪法：规范宪法学的一种前言》，法律出版社2001年版，第185页。

② 张千帆：《西方宪政体系（下册）》，中国政法大学出版社2001年版，第332页。

土地问题的法学学者和经济学者多以"产权"的概念来分析农民的土地财产问题。从某种意义上而言，产权就是财产权利，其概念比所有权的概念更能够表达丰富的内涵。东西方学者对于产权的定义存在不同的学术观点。阿尔钦认为，产权是一个社会所强制实施的选择一种经济品的使用的权利。① 德姆塞茨认为，产权是一种社会工具，其重要性就在于事实上它们能够帮助一个人形成他与其他人进行交易时的合理预期。② 巴泽尔认为，个人对资产的产权由消费这些资产、从这些资产中取得收入和让渡这些资产的权利或权力构成。③ 利贝卡普认为，产权是一些社会制度。这些制度界定或划定了个人对于某些特定的财产，如土地或水，所拥有的特权范围。这些财产的私人所有权可以包括很多种不同的权利，其中包括阻止非所有者进入的权利，挪用因为使用资源和对资源投资所得的租金流的权利，将资源卖给或转让给其他人的权利。④ 绝大多数西方学者都承认产权是一个权利束的概念，是权利的集合体，所以产权在英文中以复数的"property rights"的形式出现。由于在英文中"产权"和"财产权利"在绝大多数场合都是用同一个词来表述，因此英美法学者对于产权和财产权利的定义一般不加以区分。⑤ 国内的不少学者对产权的概念都提出了自己不同的观点。张军认为，完备的产权，即使用权、用益权、决策权和让渡权。⑥ 林岗指出，产权首先是一个法权概念，它是由凌驾于社会之上的立法者创造的，法权关系决定

---

① ［美］阿尔钦：《产权：一个经典注释》，载《财产权利与制度变迁》，刘守英等译，上海三联书店1994年版，第166页。

② ［美］德姆塞茨：《关于产权的理论》，载《财产权利与制度变迁》，刘守英等译，上海三联书店1994年版，第97页。

③ ［美］巴泽尔：《产权的经济分析》，费方域、段毅才译，上海三联书店1997年版，第2页。

④ ［美］利贝卡普：《产权的缔约分析》，陈宇东等译，中国社会科学出版社2001年版，第1页。

⑤ 史晋川：《法经济学（第二版）》，北京大学出版社2014年版，第51页。

⑥ 张军：《现代产权经济学》，上海三联书店1994年版，第26页。

经济关系。① 吴宣恭认为，产权就是所有制权制的另一种译法，它指财产关系或者所有制关系在法律上的反映，也可以说是以法权的形式表现的所有制关系，它包括狭义的所有权、占有权、支配权、使用权以及运用这几个权利获取相应经济利益的权利，即收益权和用益权。② 唐丰义认为，所谓"产权"，简言之，即以财产权的所有权为核心的财产权利的总称。③ 我国的部分学者认为所有权是产权的一个组成部分，和其他财产性权利一起纳入产权的范畴。例如，丁建中认为，产权是指对特定的财产的占有权、使用权、收益权和转让权，而所有权是指剩余请求权和剩余控制权，只是一种特定形态的产权。同时，所有权只是一种静态的财产权，而不能包含中介性的动态财产，而产权同时包括静态财产和动态财产。因而产权包括所有权、经济权、管理权、使用权、支配权和分配权。④ 正如德姆塞茨所说，产权是一个不断变化着的概念。产权的概念本身也不是一成不变的，随着社会技术的发展，组织结构制度创新，社会就会赋予产权以新的内涵。

　　1949 年新中国成立后立即进行了土地改革，1950 年颁布了《土地改革法》，建立起平均主义意义上的农民土地私有制。此时，农民称为"自耕农"。不久之后，我国开始了合作化运动，1953 年通过《中国共产党中央委员会关于农业生产户主合作的决议》，进行农业互助合作。农民由"自耕农"转变为"农业合作社社员"。随着 1958 年实行"政社合一"的人民公社运动，农民土地私有制转变为劳动群众集体所有制，形成了新的身份社会，农民变成了"人民公社社员"。1983 年颁布《关于实行政社

---

① 林岗：《产权分析的两种范式》，载《中国社会科学》2003 年第 10 期。

② 吴宣恭：《产权理论比较——马克思与西方现代产权学派》，经济科学出版社 2000 年版，第 83 页。

③ 唐丰义：《产权概念的发展与产权制度的变革》，载《学术界》1991 年第 6 期。

④ 丁建中：《产权理论及产权改革目标模式探索》，上海社会科学出版社 1994 年版，第 2～4 页。

分开建立乡政府的通知》要求建立乡级政府，结束政社合一的管理体制。农民不再是"社员身份"，但由于城乡二元结构和户籍制度的存在，农民成了与农村集体组织绑定在一起的身份约束。这种身份体现在土地承包经营权的分配和取得上，集体经济组织的成员权。因而长期以来农民作为一种身份而不是仅仅作为一种职业存在传统的农村社会中，也表明了在农村土地制度中人身与土地之间的依附关系。现阶段如果我们给"农民"进行定义，那么应该是指，在我国现行的户籍管理制度中，户籍登记在农村并且持有农业户口的中国公民。

因此，我们认为现阶段农民财产权即农民产权是指，在我国现行的户籍管理制度中，户籍登记在农村并且持有农业户口（现在城乡均已登记为居民户籍）的我国公民，依法对其所有的财产的占有权、使用权、收益权和转让权，以及运用这几个权利获取相应经济利益的权利，包括农民对于集体土地的宅基地使用权、集体建设用地使用权、农村土地的占有权、使用收益权、流转权、物上请求权等权利。

（二）农民财产权的特点

1. 农民财产权是一项基本人权

宪法学的财产权与民法学的财产权共用一个概念。本书从民法学的角度分析农民财产权，但民法作为宪法的下位法，在财产权的基本理念上，应该与宪法学财产权保持一致。我们认为，农民财产权是农民的一项基本人权。正如哲学家康德曾提出，确认财产权是划定出我们私人领域免受压迫的第一步。私有财产是自由的基本要素，是不可剥夺的、天赋的自然权利，对私有财产权的承认是阻止国家政府强制与专断的基本条件。如果不存在这样一种确获保障的私人领域，那么不仅强制和专断会存在，而且还会成为司空见惯的现象。换句话说，如果财产权与物质财富处于某个机构或某个人排他性控制之下，个人自由将不复存在。① 这反映，一方面农民财产权表现为公民权利对抗国家权力的属性。在近几年的因征地问题而产生的政府与农民的纠纷，大多因为农民财产权没有得到政府的有效尊重。另一方面表现为农民的财产权不是国家赋予的，宪法也不过是一种人权的保障制度。西方最有权威的人权理论家马里旦认为人权包括生命权、自由权、财产权。正如美国学者詹姆斯·M.布坎南提到的"任何人，只要他承认每一个生命求得生存的天然权利，他就不得不一步一步地承认该生命的基本自由权利和自由所必需的财产权利"。

只有赋予农民财产权的人权理念，才会对农民私有财产的保护产生摒弃权力本位的观念，树立权利本位的观念。才会让农民对社会秩序和交易安全产生信心。也只有赋予农民财产权的人权保护理念，才会建立起具有市场激励机制的经营权流转市场，确保大多数农村居民，能够长期享有土地资本带来的收益。

2. 农民财产权是特定主体享有的财产权利

农民财产权是特定主体"农民"以其在我国目前的二元结构中形成的身份而享有的财产权利。新中国成立，土地改革完成后，以农民土地私有制为基础的小农经济成为我国农村地区的主要经济形式，但是由于当时生产力水平有限，小农经济抵御自然风险低，有破产的风险。我国是社会主义国家，以社会主义公有制为主要经济所有制形态，农民土地私有制既不利于农业生产维护农民利益，又不符合我国社会主义政治经济制度要求。因此，我党开始引导农民走向合作化的道路，经历了农业合作化互助组、初级合作社、高级农业合作社和人民公社四个阶段。在这个过程中，农民不仅仅是职业的代名词，而且也是身份的代名词。农民财产权体系就是建立在这样的背景之下，其专门由具有农民身份的人民群众享有。

---

① ［英］哈耶克：《自由秩序原理》，邓正来译，三联书局1997年版，第171页。

3. 农民财产权是内容广泛的权利

我国《宪法》第 10 条第 2 款规定："农村城市郊区的土地，除由法律规定属于国家所有的以外，属于集体所有；宅基地和自留地、自留山，也属于集体所有。"这是农民作为主要权利人对特定土地享有的所有权，具有对物权的特征。农民的土地财产权是农民财产权的一部分，主要涉及对农村土地的占有、使用、收益等权益内容。《民法总则》第 55 条规定："农村集体经济组织的成员，依法取得农村土地承包经营权，从事家庭承包经营的，为农村承包经营户。"在农民的承包经营权没有实现时，这实际是赋予农民对承包经营的法定请求权，而在承包经营的过程中法律还赋予了农民大量的选择权、解除权等形成权。农民财产权是内容丰富的权利体系，很难进行简单概括。

4. 农民财产权是以合法流转为核心要素的权利

合法转让流转是财产权的核心，也是提高农民财产性收入、统筹城乡发展的关键因素。《物权法》第 128 条规定："土地承包经营权人依照农村土地承包法的规定，有权将土地承包经营权采取转包、互换、转让等方式流转。"在我国现阶段城市化加速推进时期，不但改变着城市的面貌，以传统家庭农业为主的农村，生产力也得到极大解放。农民开始从土地中解放出来，向城市集中，向第二、第三产业转移。建立在合法转让流转基础上的土地流转，与农民财产权的实现紧密相关。

（三）农民财产权的类型

1. 财产权是民事权利体系的基本类别

财产权是民事权利体系的基本类别，它是"以财产为标的，以经济利益为内容的权利"[1]，包括债权、物权、知识产权和继承权等权利。在财产权的体系内部，传统的财产权分类，因财产权的具体实现利益或标的的不同，分成债权和物权两类。该类权

---

[1]　江平主编：《民法学》，中国政法大学出版社 1992 年版，第 82 页。

利划分：财产权指向具体某一"物"，这种权利是对物的权利，即物权；若指向特定人履行特定义务的"给付"行为，这种对权利被称为对人的权利，即债权。① 后世出现的知识产权，作为新型财产权因其标的是无形体的精神产品，又被称为无体财产权。

因客体的不同，导致了财产权分类的不同。德国学者拉伦茨将权利客体分为两种：一种是指支配权或利用权的标的，又称第一顺位的权利客体；另一种是指主体可以通过法律行为予以处分的标的，也称第二顺位的权利客体。在拉伦茨看来，第一顺位的权利主体，是不以法律规定而事实存在的标的物，包括有体物与无体的精神产品，前者如动产物和不动产物，后者如作品和发明；第二顺位的权利客体，则是依法律规定而作为客体看待的权利，即是将某种财产权利作为一个整体看待的处分标的。② 拉伦茨的客体分类理论对于财产权类型的划分不无意义：所有权与知识产权为支配型财产权，其客体无论是否是物质属性，概为体现一定物质利益或精神利益的事物，有体物表现为客观实在性，知识产品表现为可认知性、可再现性。③ 依据拉伦茨的观点，上述权利的客体，是第一顺位的权利客体。债权、继承权以及其他物权或者请求权的财产权，或期待权的财产权，或在他人所有物上设定的财产权，他们的客体除一般意义的标的物外，还涉及依法律规定而作为客体看待的权利。④ 拉伦茨认为，债务人给付的标的，即债务人应该通过他的给付行为提供给债权人的一种"事物"。例如，是债权人占有某物、取得对某物的所有权获取的其

---

① 吴汉东：《论财产权体系》，载《中国法学》2005 年第 2 期。

② ［德］卡尔·拉伦茨：《德国民法通论》，王晓晔等译，法律出版社 2003 年版，第 410 页。

③ 吴汉东：《财产的非物质化革命与革命的非物质财产法》，载《中国社会科学》2003 年第 4 期。

④ 吴汉东：《论财产权体系》，载《中国法学》2005 年第 2 期。

他权利，或取得一笔款项及其他由债务人事实的某种"成果"。①有学者认为，继承权所指向的遗产，即取得遗产上的各种权利，包括各种物权、债权等权利的集合。② 还有一部分学者认为，所有权的客体只能是有体之物；但他物权则可能以某些财产权作为其客体，如用益物权、权利质押物权等。③

2. 农民财产权的分类

农民财产权是一束权利的集合体，财产权的外延是广阔的，既包括有体物的财产，又包括无形财产权；既包括《宪法》和《民法总则》中赋予的财产权，又包括单行法中创制的隐形财产权；既包括"归属"的权益，又包括"行为"的权益。农民财产权的形态纷繁复杂，利用德国学者拉伦茨的权利客体分类方法，可以很好地化繁为简，形成一个清晰的财产权谱系。

我们按照农民财产权客体的不同，将农民财产权的财产权进行分类划分。农民财产权的权利客体依德国学者拉伦茨的观点，分为两种：一种是指支配权或利用权的标的，又称第一顺位的权利客体；另一种是指主体可以通过法律行为予以处分的标的，也称第二顺位的权利客体。农民财产权分为农民第一顺位财产权利、农民第二顺位财产权利和农民新型财权利。

农民第一顺位财产权利指，农民享有以财产权客体是支配权或利用权为标的权利。如《宪法》第 10 条规定，"农村和城市郊区的土地，除由法律规定属于国家所有的意外，属于集体所有"。农民对于农村集体所有的土地享有的物权属于第一顺位的权利。农民对于自己发明创造的智力成果享有的知识产权也因农民对知识产权的客体的可支配性，划分为第一顺位财产权。农民以法律赋予的继承成员的身份对集体土地享有财产权，包括农村

---

① ［德］卡尔·拉伦茨：《德国民法通论》，王晓晔等译，法律出版社 2003 年版，第 379 页。

② 谢怀栻：《论民事权利体系》，载《法学研究》1996 年第 2 期。

③ 参见梁慧星：《民法总论》，法律出版社 1996 年版，第 80 页；钱明星：《物权法原埋》，北京大学出版社 1994 年版，第 26 页。

集体土地的承包经营权、宅基地权等。农民的这些权利的客体都属于支配权或利用权。农民的土地财产权是典型性第一顺位财产权利。

农民第二顺位财产权指，农民享有以财产权的客体是依法律规定而事实存在的标的的权利。如农民依据债权、继承权以及其他物权或请求权的财产权，或具有期待权的财产权，它们的权利客体除一般意义的标的物外，还涉及依法律规定而成为的客体看待的权利。

自罗马法以来，法律对于财产权制度的规定就在不断地进行创新与变革。现代科学技术与商品经济的发展，新的财产权类型开始不断出现。如股份公司的出现，所有权权能的分离，物权与债券的界限也变得模糊。为了更好地保障农民财产权，保障财产权体系的完整性与稳定性。我们创设农民新型财产权。

（四）农民财产性收入的来源

党的十八届三中全会指出：探索农民增加财产性收入的渠道。农民财产性收入指金融资产或有形非生产性资产的所有者向其他机构单位提供资金或将有形非生产性资产供其支配，作为回报而从中获得的收入。① 农民的财产性收入从来源形式上，可分为动产和不动产，动产收入指农村居民家庭拥有的如银行存款、有价证券等获得的利息、股息及红利等收入；不动产收入指农村居民家庭拥有的如房屋、车辆、土地等得到的出让金、租金及补偿等收入。具体包含以下几种：土地补偿收入，指国家征用农民集体所拥有的土地而根据相关规定给予的相应补偿收入，该项收入是一种特殊的财产性收入；租金收入，指农户通过出租自己的房屋及其他财产所获得的收入；利息收入，指农户将家庭闲钱存入银行、信用社或借给个人或单位以及购买国库券、债券所获得的资金收入；红利收入，指农户参加股份合作社所得股份分红的

---

① 《2015年中国数据统计年鉴》，中国统计出版社。

收入；股息收入，指农户通过购买股票所获得的资本溢价收益；出让特许权收入，指农户转让无形资产（如商标权、专利权、出版权、著作权和商誉等）获得的收入；集体财产收入，指农民作为集体成员而得到的集体公共财产所产生的财产性收入。如承包补贴费收入、居民福利等。

（五）农民财产性收入现状分析

2016 年 2 月国家统计局发布的《中华人民共和国 2015 年国民经济和社会发展统计公报》指出："全年全国居民人均可支配收入 21966 元，比上年增长 8.9%，扣除价格因素，实际增长 7.4%；全国居民人均可支配收入中位数为 19281 元，增长 9.7%。按常住地分，城镇居民人均可支配收入 31195 元，比上年增长 8.2%，扣除价格因素，实际增长 6.6%；城镇居民人均可支配收入中位数为 29129 元，增长 9.4%。农村居民人均可支配收入 11422 元，比上年增长 8.9%，扣除价格因素，实际增长 7.5%；农村居民人均可支配收入中位数为 10291 元，增长 8.4%。全年农村居民人均纯收入为 10772 元。全国农民工人均月收入 3072 元，比上年增长 7.2%。全国居民人均消费支出 15712 元，比上年增长 8.4%，扣除价格因素，实际增长 6.9%。按常住地分，城镇居民人均消费支出 21392 元，增长 7.1%，扣除价格因素，实际增长 5.5%；农村居民人均消费支出 9223 元，增长 10.0%，扣除价格因素，实际增长 8.6%。"[①] 数据显示，我国农村居民的人均收入和消费支出同比都有不同程度的增加，农民财产性收入数量的多寡决定了农民消费支出比重。目前，我国农民财产性收入存在一定问题。

1. 农民对财产性收入情况缺乏控制力

2008 年中央发布《关于切实加强农业基础建设，进一步促进农业发展、农民增收的若干意见》（以下简称《意见》），这是

---

① 数据来源：国家统计局 2016 年 2 月 29 日发布《中华人民共和国 2015 年国民经济和社会发展统计公报》。

新世纪以来中央第 5 次在一号文件中关注"三农"问题。《意见》提出:"进一步明确农民家庭财产的法律地位保障农民对集体财产性的收益权,创造条件让更多农民获得财产性收入。"这是党中央、国务院对促进农民财产性收入增收的重要发展思路。在当前政策下,土地是农民拥有的最重要的财产。农民拥有财产的数量是农民的财产性收入获得的基础,但是农民对土地的财产性收入缺乏相应的控制力。如在一部分地区出现的"小产权房纠纷"就是因为法律对于农民和集体在家庭承包地和宅基地的产权主体地位不清晰,致使农民对该部分财产缺乏自主控制权,影响财产性收入的提高。同样,由于农村集体的法律主体形式不清晰,致使在农村集体土地征用过程中无法合理地反映农民的正当需求意见,影响农民取得合理的土地补偿收入。农民缺乏对财产的控制力,"赋予农民更多财产权利""探索农民增加财产性收入的渠道"将无疑是一句空话。

2. 农民财产性收入来源过于单一

我国城镇居民财产性收入形式日益多样化,除传统储蓄存款之外,各类房屋的出租收入、金融产品投资股息和红利收入,如证券、信托、基金等金融产品获得股息或者利息分红等财产性收入,逐渐成为城镇财产性收入的主要途径。农民在理论上也拥有同城镇居民同样的利息收入、红利和股息收入、租金收入等财产性收入的途径,但在现实中农民由于拥有财产数量有限,闲置资金较少,可以用于证券投资、金融理财等投资手段的资金有限,因此金融产品给农民带来的财产性收入微乎其微。近年来国家宽松的财政政策,致使存款给农民带来的利息收入也不是很理想。房租的租金收入随着地区经济发展状况也有所不同,在经济发达的北上广地区和靠近城镇的农村地区,房屋的租金收入是农民的主要财产性收入,而在经济欠发达以及贫困地区,房屋租金带来的财产性收入不是很理想。目前,农民获得财产性收入的主要途径还是依靠土地征收补偿、承包地流转出租带来的土地收益。而国家通常采取按征收比例置换住房和给予现金补贴的方式对被征收土地的农民进行补偿，农民获得的土地补偿不仅是现阶段被征收土地的价值，同时也包含了土地未来的资产价值。国家一次性的征地补偿方式也使得农民的财产性收入不具有可持续性。

3. 农民财产性收入绝对值较低，占人均纯收入的比重过小

2015 年国家统计局的统计数据显示：1990 年、1995 年、2000 年、2005 年、2010 年农民的纯收入分别是 686.31 元、1577.74 元、2253.42 元、3254.93 元、5919.01 元，而对应农民财产性收入分别是 28.96 元、40.98 元、45.04 元、88.45 元、202.25 元。则农民年人均财产性收入占纯收入的比例分别是4.21%、2.60%、2.00%、0.27%、0.21%。[①]

财产性收入农民财产性收入在农民的纯收入中占的比例维持在 4% 以下。财产性收入作为农民人均纯收入的一部分，早在 20 世纪 80 年代已经在国家统计数据中出现，但是由于其所占比例太低，未成为农民人均纯收入的主要部分。仅仅是农民人均纯收入的补充，处于可以忽略不计的地位。

（六）农地经营权流转是保障农民财产权的有效途径

增加农民财产性收入是保障农民财产权的应有之义，也是落实中共中央十八届五中全会"缩小收入差距，坚持居民收入增长和经济增长同步"政策要求的体现。我国特有的土地制度从土地所有权中衍生出的承包权和经营权，这是我国历史的必然选择，也是我国社会主义性质决定的必然选择，对改变我国传统农业发展方式、解放农村生产力、增加农民收入，实现农村发展现代化具有重要意义。

农地经营权流转与保障农民财产权关系密切，它们之间的关系主要体现在以下几个方面：一是农地经营权流转可以使转让方农民摆脱土地的束缚，增加财产性收入，减少直接从事农业生产的人数，促进第一、第二、第三产业的融合发展。同时受让方可

---

① 数据来源：根据《2015 年中国数据统计年鉴》，中国统计出版社。

以通过土地规模效应增加财产性收入，发挥专业化规模化经营优势，引领农业机械和科技成果应用、市场开拓、绿色发展。二是土地经营权流转解放土地生产能力，健全农民按生产要素分配制度，增加农民收入。农地经营权流转将部分土地生产能力解放给有能力利用土地的个人或企业，保证农业生产，提高效率，促进农业产加销紧密衔接，加强农产品流通设施和市场建设，推进农业产业化的龙头企业形成，让农民在现代化的生产组织方式中，发展各种生产要素的资本效益，增加农民的财产收入。三是促使农村产业结构的调整，依托农村特有的田园风光、乡土文化向旅游观光、休闲度假等新兴产业发展，转变传统的城乡消费结构，拓展农村发展空间，增加农民财产收入。

目前，我国农村土地使用权流转采取了限制性流转的方针。《农村土地承包法》第48条规定："发包方将农村土地发包给本集体经济组织之外个人与单位承包，必须经过村民会议或村民代表会议三分之二以上的成员数表决同意，并获得乡（镇）政府的批准。"同时该法第37条规定："土地承包经营权采取转包、出租、互换、转让或者其他方式流转，当事人双方应当签订书面合同。采取转让方式流转的，应当经发包方同意。"现行法律法规对农村土地对村集体农户内部流转为原则，鼓励村集体内部流转，对村集体以外流转却进行了限制。

党的十八届三中全会后，中央明确提出了"鼓励集体土地所有权、承包权和经营权分离，稳定承包权、搞活经营权、规范土地承包经营权"。农地经营权流转是保障农民财产权，顺应农村社会生产力发展要求，发展现代农业的必然趋势。

二、农民土地财产权的演进及其法理分析

劳动是财富之父，土地是财富之母。土地乃一切财富源泉，自古以来就是社会和经济问题的核心所在，更是国家长治久安的根基所在。从本质上说，土地问题牵涉到的是社会最基础的财富生产和分配问题。土地权利范围的大小，实际上是特定历史社会

环境下，人类在历史发展的不同阶段，遵循生产关系适应生产力水平的社会规律，产生不同权力配置的结果。土地制度的形成与发展同样受到特定历史环境下，生产力水平和生产方式的驱动，总体来说人类的土地制度在向现代变革的进程中，体现了一条从资源到资本、从身份到契约的进化之路。我们可以循着农民土地制度的进化路径，进一步探索当前中国农村土地制度改革的历史规律和社会动因，从历史考察中寻找符合社会现实的制度改革策略，奠定中国农村社会现代化的制度基础。

（一）农民土地权利历史变迁

1. 土地从资源到资本的进化之路

土地作为社会赖以生存和发展的基础性自然资源，为人类文明的繁衍生息提供了空间依托。在农业社会中，以土地的自然产出作为社会财富和收益分配的决定性因素，土地的产权制度，无论是在奴隶社会还是封建社会，无论是土地私有还是公有，都是当时社会上层建筑构建的基础。土地，为人类生存与生活提供空间，为社会创造基本的财富，政府通过土地税负保障社会整体利益的实现，土地天然地承载着人类的共同利益。每个社会成员都必须从土地产出中获得维持社会基本生存所需的生活资料，以恰当的方式分配土地权利，否则社会结构将无法维持。国家、群体和个体同时分享土地权利，即使土地权利的名义归属有所不同，都要保障任何主体都可以分享最基本的土地权利。相反，一旦某个群体或者个体的土地权利将其他主体完全排斥在外，社会经济的失衡就会立刻显现，并进而演变为社会动荡和变革的直接动力。两千多年的封建历史的土地政策，我们可以清晰地得到结论，为保持经济社会稳定，必须限制特殊群体的权利，防止特殊群体过度地侵蚀国家和其他群体的土地权利，如隋唐时期的均田制。

均田制，始于北魏太和九年（公元485年），在隋唐时期大规模推广实施，因唐建中元年（公元780年）颁行两税法，均田制宣告结束，历时近300年。唐朝《均田令》规定：普通户分配口分田、永业田。口分田按规定身死要还田，永业田可以传给子孙，死不还田。如果百姓迁移可以卖永业田，如果是从人少地多的宽乡迁往狭乡，还允许卖口分田，而且迁到新属地再授田。王公贵族与各级官员除按一般人标准分的口分田与永业田以外，还可按照官爵品级依法多分配数目不等的永业田。而按照官职爵位多分配的永业田，一旦本人罢免官职或解脱爵位，则要依法予以收缴。

均田制的特点，一是无论是口分田还是永业田，其使用、继承、买卖等都有一定令式限制，带有国有土地色彩。二是承认原有土地占有关系，维护自耕农土地私有制。三是对地主阶级来说，均田令虽给予特权多占私田，但对按其官爵品级的高低，规定了数额不等的占田限额，不准超过，遏制地主土地私有的膨胀。均田制实施的根本目的，封建王朝在承认各类土地私有的前提下，维护各个群体在土地上的基本利益。然后，通过对私有土地的强制性干预，减缓土地流转，抑制豪强土地兼并。

更进一步的观察会发现，历史更替虽有表象的重复轮回之感，但制度变迁的差异性总会在不经意之间发生。以土地制度而论，土地租税从实物向货币进化的过程虽然缓慢，却清晰地展现了土地从资源向资本转化的过程。中国古代税收的主要对象是田赋和户役，对农产品和劳动力的征收调派，构成了税收制度的大部分，如西周时期的井田制。

夏朝是我国第一个奴隶制王朝，实行的土地制度是井田制。这一制度由夏朝创立，到西周得到充分发展。西周时期，在政治上实行"授民授疆土"、封邦建国的分封制度。在分封制度下，土地分配实行的是逐级分配。周灭商后，全部土地的主权归周王室，周天子把土地连同土地上的民众按地区分封给大贵族做封地，或赏赐给臣下做采邑。在井田制下，周天子和诸侯等贵族直接掌握的土地称为"公田"，由庶人以及国人中的平民集体耕种，其收益由周天子和诸侯等贵族支配占有。作为平民生活份地的"私田"，实行个体劳动负责制，生产产品归平民私人所有，可用于家庭生计。井田制的特点就是土地所有权归属周天子，平民以劳役的方式为公田提供人力劳动。国家的税收方式是田赋和劳役。

宋辽金元时期，社会动荡长期战乱、民族关系复杂，使得这时期的土地制度发生了较大变化。唐代中后期国有土地日益衰竭，地主土地所有制逐步确立优势地位。宋代土地兼并严重，以出租者（地主）和租佃者之间的租佃制制度得到进一步发展。出租者和租佃者之间结成契约关系，使得由原来的超经济强制的人身依附关系转变为契约合同性质。契约双方的权利义务虽然不具有现代意义的对等性，但是已经开始体现当事人的意思自治并作为法律依据，得到国家的保护。此时的税收依然以田赋和户役为主要手段。

到了明朝公元 1581 年，明朝宰相张居正为了抑制豪强兼并，改革赋役制度，在全国实行"一条鞭法"。"一条鞭法"指将原来的田赋、徭役、杂役，并为一条，折成银两。从前按户、丁征收的役银，分摊在田亩上，按人丁和田亩分担征收。"一条鞭法"是我国财税制度上一次重大变革，农民对封建国家的人身依附关系也因为可以纳银代役的规定相对减轻，适应了商品经济的发展，促进了资本主义萌芽。清朝沿袭了明朝的"一条鞭法"，但为了缓和当时特定背景之下的社会矛盾、保证税负，于雍正时期开始推行"摊丁入亩"政策。"摊丁入亩"是要求把各省丁税原额分摊在各州、县的土地上，每地税一两分摊若干丁银，于是地丁合一。这样农户向国家缴纳的税负，就全以地亩的面积为准，其中包含着劳丁因素，所以又叫"地丁银"。"摊丁入亩"将古代一直以人头、土地征税为依据的财税政策转变为将固定的丁银全部摊入土地，取消人头税，减轻了无地、少地农民的负担，促进生产的发展。

从夏商周的井田制到隋唐的均田制，再到明清的"一条鞭法"和"摊丁入亩"制度，中国古代的税负政策经历了由提供农产品和劳役，转变为将人力资源折算成实物，又将实物折算成货币的过程，这一过程看似简单，实则蕴含了劳动力商品化和商品货币化的复杂演变。土地租税货币化说明了土地这种古代最重要的生产资料，也逐步成为商品经济的一部分，土地由资源向资本转变。这一复杂演变重要意义还在于，标志着货币经济的出现。

货币的出现尤其是纸币的出现，标志以货币为载体的资本成为社会第一位生产要素。在前资本时代，以占有土地和控制人口数量来衡量占有社会资源多少的标准。到资本时代，资本开始决定了社会生产和分配的方式，人们以占有货币的数量来衡量占有社会资源多寡的标准。无论是贵金属、铸造货币还是纸币，货币本身就是生产力发展到一定阶段的产物，它标志着政府开始以货币的形式输出制度化的信用。政府以货币的形式介入经济运行，控制和调解社会经济的运行。一旦社会财富可以凭货币来表现，土地控制的政治意义，也就蜕变为一种资本控制下的普通生产要素，而不再具有对国家机器运转的决定性战略意义。中央因拥有货币的发行权，对地方的控制就不受土地分散的制约，地方势力集团不仅主动在道义和伦理上归属于一个统一的权力中心，同时更会在制度上依赖中央政府的信用权威。这也可以解释为何古代诸侯国为了争夺土地资源而分裂、征战，而现代联邦制国家，不会因为广泛的自治权而分崩离析。土地租税货币化和货币经济的出现，也使得中国古代社会的土地权利结构由依附于宗族和王权的状况，向依附资本和法权的方向迈进。

土地从资源走向资本进化的过程，具有深刻的意义。

（1）土地的非农价值成为社会财富的主体。货币经济的出现，土地从资源逐渐向资本进化的过程，使得土地的非农价值逐渐超越了土地的农业价值产出，进而成为社会财富的主要产生基础。在人口相对稀少、工商业不够发达的古代社会，农业种植是社会财富生产的主要形式，因此，土地资源的占有是以耕作作为主要目的，而土地财富的分配，则主要体现为对土地产出品的分配。伴随着商品经济的发展，土地产出的收益结构发生了变化，人们对于基本农产品的需求在社会消费中的比重降低，政府的收入结构也发生变化，税收的方式由农产品向货币过渡。商品经济的发展也促使非农产业产生和发展，客观上推动了土地权利内容多元化。伴随着商品经济的进一步发展，特别是资本主义工商业的发展，工厂、交通、城镇等各种建筑设施开始集聚，城市化进程加剧，对占用土地空间的需求大幅提升。这就促使土地占有和使用价值随之大幅度提升，超越土地自然产出的价值成为土地权利更为重要的内容。土地从农业用途转向非农业用途的过程，土地价值的大幅度提升，进一步促成了土地由自然资源向资本的加速转化。这一过程最终以农业的工业化和现代化为终点，土地的社会财富价值也被推到极致。

（2）土地规模经营的集约化。土地租税货币化的过程，也是土地由资源逐步被纳入商品经济范畴的过程。自给自足的传统农业生产方式在多样化的商品生产需求前开始逐步解体，小农经济也因无法支撑其社会生产形态和社会权利结构被土地的集约经营方式逐渐取代。在古代，政府和地方豪强都可以通过掌握粮食资源和土地资源控制社会的权利，成为古代社会公共生活的核心。古代西方的庄园经济和东方的小农经济，都是以自给自足的生产方式，国家经济的主要出产物主要以土地自然产出物的农产品和衣食初级产品为主。由于生产力水平有限，社会经济发展水平有限，货币在古代社会中并不占据决定性地位，直接占据土地资源或者粮食等物质，远比掌握货币更能够决定在社会公共生活中的地位。即便是到了商品经济发展资本主义萌芽的清代中晚期，大多从事工商业经营官宦豪绅之家依然坚持"以末致财，用本守之"。可以说，两千多年的封建社会经济史在告诉我们，粮食就是最可靠和最安全的财富硬通货，拥有土地是享有社会权利的根本。历史的传承使国人对土地和对粮食的占有观念，潜移默化，根深蒂固，时至今日依然影响着国民的财富观念。

随着资本主义商品经济的迅猛发展，土地被纳入商品生产体系之中，成为货币自由交易的对象，土地功能也从单一的种植经济向多样化的工商业经济发展。生产力水平的提高，粮食作物在生产生活中的地位不断下降，社会财富也不再以粮食多寡作为衡量的唯一标尺。虽然土地依然是重要的生产要素，但是其在古代社会权利结构和经济结构中的决定性地位，已经一去不复返了。资本天然具有扩张性，在商品经济中资本不断追求生产效率的提高，土地作为资本的一种生产要素，开始出现集约化经营的趋势。土地集约经营，一方面表现为人口聚居带来的城市化进程，另一方面农业的生产经营，以专业化和产业化的方式形成较大的规模经营。货币成为社会权利的标志载体，包括土地和人力在内的一切资源都可以用货币计价和交易，货币成为一切商品的价值尺度，并成为社会财物的等价物。土地资源的货币化，则完成了土地由资源到资本的转化，原本在古代社会中以土地占有为主的小农经济形态，也被以资本占有为标志的商品经济所取代。

因此，从古代社会向近现代社会转变的过程中，土地由资源向资本变化，土地制度发生了巨大的改变，土地权利的内容也由耕作向直接使用其空间价值，土地权利的实现形式也逐步从依赖熟人社会中的身份，向依赖陌生人社会中的契约逐渐转变。

2. 土地权利从身份到契约的法律进化之路

法学家亨利·梅因认为"所有进步社会的运动，到此为止，是一个从身份到契约的运动"，并认为"一切形式的身份都起源于古代属于家族所有的权力和特权"。① 中国古代的土地权利变化，可以看作是上述观点的最佳注释。古代社会的主要组织单位是家族也可称为宗族，现代社会中最重要的社会经济组织形式是公司。马克思关于社会发展的观点中，认为从宗族到公司，从古代到现代，都是社会生产力发展进化的结果。生产力推动生产关系的变革，而生产关系的经济基础又决定了上层建筑。但是制度的演变不是一蹴而就的时空转换，而是一个渐进、缓慢的过程，土地制度的演变也是这个规律的体现。

————————

① ［英］梅因：《古代法》，沈景一译，商务印书馆 1959 年版，第 117 页。

在中国古代社会，土地权利是与身份密切关联的，即便是正式律令中受到同样法律保护或约束的权利主体，在实际执行中也存在极大差异。这种身份或者宣称来自于神授，或者宣称来自于天道人心，并通过血缘关系得以传承。虽然，通过科举制度或者暴力革命推翻统治的方式，改变身份，但是科举考试和暴力革命的结果仅仅是个人身份的转化，而不是社会全体身份的平等，整个社会始终处于国家暴力或者宗族势力的控制之下。在身份决定实际权利的古代社会，土地权利的实际配置，不仅取决于正式律令中法律所赋予的权利，而且还因个体身份的不同存在差异性。杨国祯先生在《明清土地契约文书研究》中论述土地所有权时曾提到："中国封建社会的土地所有权，不是完全的、自由的土地所有权。在它的内部结构中，虽然它的横向结构同完全的、自由的土地所有权一样，具有作用不同的各项权能，但它的纵向结构，却存在着国家的、乡族的和私人的三个不同层次的权利。在中国封建土地所有权史上，这三个不同层次权利中的每一个，都曾作为土地所有权的主体发挥过作用，成为特定时代特定地区所有制的法律表现。私人土地所有权虽然早在中国封建社会初期便已经出现，但它成为占主导地位的所有权形式，乃在唐宋之际以后，而且始终附着于国家和乡族的土地权利上。"[①] 因此，身份的差异性决定了个人权利必然在国家政权和宗族势力之下。

宋代王安石变法，使租佃制得到进一步发展，契约关系开始快速发展。契约关系也使得由原来的经济强制的人身依附关系转变为契约合同性质。在土地产权的内部结构中土地文契，虽不具有现代意义上的平等和契约自由精神，但也是社会商品经济发展的结果。伴随着社会契约和民主政治的出现，使得土地权利与身份关系的依附性开始出现分离，自由、平等的理念也才可以在人们的财产关系和人身关系中得以体现。土地权利成为自由交易的对象，公司得以出现的条件：土地、人力和资本要素的自由结合

---

① 杨国祯：《明清土地契约文书研究》，人民出版社1988年版，第3页。

才得以出现。总之，土地权利从身份关系到契约关系的转变，从本质上说，是因为商品经济的发展，打破了权力对于土地经济的依赖，人身依附关系得以解脱，现代民主政治的产物。

（二）近代中国农民土地财产权的演进

在整个人类社会的制度变迁中，中国的土地制度似乎总是迥异于西方的土地制度。中世纪，西方的封建领主制和庄园经济盛行发展，中国仍是一个以家庭土地所有制以及佃农经济为主体的小农经济社会。而近代土地制度变革的历史中，西方土地制度走向个体私有制，中国却建立社会主义公有制制度，实行了规模空前的土地公有制改造。土地制度的变革，无论是古代社会的王朝更替，还是风起云涌的近代社会革命，都是社会经济和政治秩序重建的主要内容之一。进入 21 世纪之后，全球化市场形成导致竞争加剧和全球人口增多导致食品安全方面的双重压力，促使世界各国的农业政策进行相应的变革。中国在 21 世纪的第一个 10 年里，开启国家政治体制和社会经济全面现代化的改革之路。农村由于历史原因形成的经济政治制度滞后性明显，成为中国经济和社会发展最薄弱的环节，终于伴随着国家的大力改革，开始全面纳入市场经济建设的体系之中。农业税的取消、尝试农村土地承包经营权流转到今天"三权分置"、扩大农民财产性收益，都意味着中国尝试在历史上第一次将农村纳入现代社会的体系之中。中国近代以来的土地制度变迁中，从实质而言，是近百年中国革命的延续和中国传统社会结构自然演化的成果，一直遵循着相同的规律和既定的目标。虽然我国土地制度的发展和具体形式与西方存在较大的差异，但依然孕育着人类发展的共同因果和定律。本部分以新中国成立后不同时期的不同土地政策为线索，揭示农民土地财产权的演进之路。为我们正确认识和判定当前农村土地制度改革前行方向奠定基础。

1. 新中国成立后至 1956 年 6 月：农民获得私有土地所有权

这个时期包括了两个阶段：土地改革和农业合作化。土地改革从新中国成立持续至 1953 年。1949 年新中国成立，开始进行土地改革，国家强行没收地主的土地，将其分给无地或者少地的农民。1950 年颁布《土地改革法》规定："土地改革完成后，由人民政府发给土地所有证，并承认一切土地所有者自由经营、买卖及出租其土地的权利。"国家向农民颁发土地所有证，标志着农民获得了土地私人所有权。农民可以对自己拥有的土地进行自由的经营买卖，标志着农民获得完整的土地财产权，拥有任意处分权。在新中国成立前的原解放区地区已经完成了土改任务，这次全国范围内的土改主要是针对原国民党统治地区。因此从新中国成立到 1952 年，短短 3 年多时间，全国 90% 以上的人口完成了土改，封建地主土地所有制被农民土地所有制取代。农民获得了完整的土地财产权，生产积极性得到极大的激发。

1953 年我国开始进行农业的社会主义改造运动，中央决定进行农业户主合作，颁行通过《中国共产党中央委员会关于农业生产互助合作的决议》，尝试构建具有"半社会主义"的农业生产合作社——初级合作社。在这个阶段内，土地仍属于农民的私有财产，享有土地私有权。农民成为初级合作社的成员，拥有留有一小部分的自留土地的权利，然后将其余土地交给合作社，合作社再按照农民入社土地的数量和质量，分配土地收益。

这个阶段内农民获得完整的土地财产权，但是这个阶段"通过政治运动制造了所有权的国家，同样可以通过政治运动改变所有权"。[①] 从这种自上而下推动经济所有制形式变革的模式下，决定了农民土地私有只是短暂，并不能获得国家长远保障。

2. 1956 年 6 月至实行家庭联产承包责任制：农民不再拥有任何土地财产权

这段时期包含了高级农业合作社向农村人民公社进化的两个阶段。

1956 年中央政府通过《高级农业生产合作社示范章程》（以

---

① 周其仁：《产权与制度变迁——中国改革的经验研究（增订本）》，北京大学出版社 2004 年版，第 95 页。

下简称《章程》），标志着我国从农业互助合作社进入高级农业合作社阶段。高级农业合作社是具有社会主义性质的集体经济组织，农民私有的土地、耕畜和农具等生产资料全部上交给合作社，成为合作社集体财产，由集体统一经营。农民土地经济所有制形式也自然由农民土地私有制转变成劳动群众集体所有制，社员集体劳动，按劳分配，取消初级农业合作社的土地分红。

人民公社化是"大跃进"运动的产物，促使高级农业合作社向人民公社"正社合一"发展。1962 年，中共八届十中全会通过了《农村人民公社工作条例修正草案》（农村人民公社六十条），调整人民公社的核算单位，确立了作为人民公社运动的基本制度"三级所有，队为基础"的集体所有制，将土地的所有权的主体下放到生产队，从而国家公权力开始渗透到农业集体经济组织中。我国的城乡二元结构产生，农民不再单单是职业的代名词，更多地变成一种身份被农村土地牢牢绑缚，没有流动自由，农民的个体不得不依附于集体。由于个体的人格和权利都被国家和集体所吸收，农民的财产权也就大大受到限制，土地产权也就更不复存在。

3. 1978 年至今：农民获得土地承包经营权

围绕土地生产和收益分配所形成的土地产权制度，当该土地产权制度和社会经济发展的需要相适应时，土地制度就能够维持稳定，否则就存在调整和变革的压力。70 年代末，"包产到户"的农业生产模式在农村悄然兴起，人民公社化体制下的农地产权制度进入改革阶段。1982 年中央 1 号文件使"包产到户"得到肯定。1983 年中央政府颁布《关于实行政社分开建立乡政府的通知》，要求撤销人民公社建立乡级政府，在我国政治制度中的"政社合一"特殊的社会管理体制随之结束。1986 年土地承包经营制度在民法体系中第一次以《民法通则》具体法律条文规定的形式予以确认。家庭联产承包责任制在当时的特殊背景下，极大地促进了农村经济发展，解放了农村生产力，为我国现代化建设奠定了经济基础。1993 年《宪法》修正案，将家庭承包责任制作为宪法性规定予以确认，这也标志着集体土地家庭承包责任制正式成为我国的基本经济制度。2003 年，全国人大颁行《农村土地承包法》，该法的主要立法宗旨就是"赋予农民长期而有保障的农村土地使用权"。2006 年在中国这片土地上施行数千年的农业税被取消，农业税作为农民的一种身份性义务也随之成为历史。2007 年颁行的《中华人民共和国物权法》，将土地承包经营权归为用益物权，其物权性质得以确认。法律的认可，使得农民取得独立的经营权，拥有更多的权利依据。家庭承包责任制将原来的农地集体所有、统一经营的产权模式转化为集体所有、家庭承包经营的模式，即将农村集体土地的所有权和承包经营权相分离，承包经营权下放到农户，以户为单位进行农业生产。实践证明，这种土地制度的创新是符合中国当时特殊国情的，满足了农民的利益诉求，极大地激发了农民投入农业生产的积极性，解放了被束缚的农村生产力。同时将农村土地的经济功能和社会功能回归于农民，相对地解决了社会公平问题。

随着社会的进步，立法的不断完善，农民在土地承包经营权中的财产权性质也在不断变化，经历了由债权到物权化的一个变化过程。但是由于目前土地承包经营权的流转受到一定的限制，弱化了承包经营权的物权性质。承包方限定为本集体经济组织内的成员，承包经营权的身份性没有消除，农民没有获得纯粹的土地财产权。

4. 2014 年至今："三权分离"尝试探索时期

随着工业化、城镇化的加速推进，国内外经济政治环境的深刻变化，家庭联产承包责任制的优势逐渐释放完毕。家庭承包责任制由于土地承包面积小，规模分散，不利于农业规模经营，农业生产效率低等弊端开始显现。2014 年中央一号文件明确提出："在落实农村土地集体所有权基础上，稳定农户承包权、放活土地经营权。"这是中央文件首次提出农村土地"三权分离"，"三权分离"新型农地产权制度是我国土地改革史上的一次伟大创新，标志着新一轮土地改革序幕的拉开。2015 年中央一号文件提出："加快构建新型农业经营体系。坚持和完善农村基本经营制度，坚持农民家庭经营主体地位，引导土地经营权规范有序流转。"农地经营权流转再次被中央文件予以确立。"三权分离"的提出，即使提高农业生产力水平的需要，也是响应党中央在十八届三中全会特别提出的"赋予农民更多财产权利"的号召。

但是"三权分离"目前只是在党的文件中予以提及，国家还没有以法律的名义予以确定，一项政策如果不能在法律层面表达出来，就缺乏稳定性和明晰性。因此，我们认为该阶段是赋予农民更全面土地财产权的探索时期。

三、农民土地财产权的相关理论

自 21 世纪以来，中国社会发生了持续而巨大的变化，市场经济和法治理念得到了正式确认，并持续不断地转化为社会制度改革的各种实践。尽管还存在众多不尽如人意之处，甚至还有一些较为严重或困难的问题需要面对，但是中国向现代体制的国家迈进，已经成为不可阻挡和不可扭转的趋势。民主、法治和市场经济已经成为不可阻挡的潮流。近 10 年以来，中国农村社会的内外部环境均发生了十分重大的变化，以土地制度为核心的农民产权制度改革也在不断变化，中国农村正面临着数千年以来唯一的大变局。为此，本部分我们站在产权制度的角度对相关制度进行分析，辨明以后土地制度与农村社会建设的方向和策略。

（一）马克思产权理论

1. 产权的定义以及本质

财产权利是定义产权理论的核心要素，不同的产权理论都对其作出了自己的规定。马克思在其著作中指出："财产最初无非意味着这样一种关系：人把他的生产的自然条件看作是属于他的、看作是与他自身的存在一起产生的前提。"[1] 马克思指出的

---

[1] 《马克思恩格斯全集》第 46 卷（上），人民出版社 1979 年版，第 491 页。

财产不是单纯独立与人之外的物，而是人与独立于人之外物的相互关系，即人的财产权利或财产关系。财产权利基本内涵就是介绍主体人对财产权客体的独占性权利和排他性权利，本质上是一种通过人与物的关系，体现不同人与人之间经济权利关系。

2. 产权的特征

（1）产权是以经济关系为基础的财产权。马克思说："实际的占有，从一开始就不是发生在对这些条件的想象的关系中，而是发生在对这些条件的能动的、现实的关系中，也就是实际上把这些条件变为自己的主体活动的条件。"[①] 正是因为由于财产权利是一种经济关系，财产主体才会在此基础上形成对自己拥有财产的独占性和排他性的主观意志，进而希望这种客观的经济关系得到社会规范的认可。当法律界定财产权利或财产关系的主体、客体、范围等内容时，这种经济关系成为受法律保护的法定权利，变成了以客观存在经济关系为基础的上层建筑，在人们日常的经济活动中发挥重要作用。

（2）产权是反映由所有制决定的人与人之间的关系。产权，不仅仅是表现为人与物或者财产的关系，而是通过这种外在的表现关系反映人与人之间的关系。"实物是为人的存在，世人的事物存在，同时也就是认为他人的存在，是他对他人的关系，是人对人的社会关系。"[②] 西方现代产权理论的学者也提出相同观点，产权不是指人与物之间的关系，而是指由物的存在及关于他们的使用所引起的人们之间相互认可的行为关系。它是一系列用来确定每个人相对于稀缺资源使用时的地位的经济和社会关系。[③]

产权，是由所有制决定的人与人之间的关系。在考察资本主义经济产权的变化时，马克思指出："为了把资本同雇佣劳动的

---

① 《马克思恩格斯全集》第 46 卷（上），人民出版社 1979 年版，第 493 页。

② 《马克思恩格斯全集》第 2 卷，人民出版社 1965 年版，第 52 页。

③ 储东涛：《从现代产权理论到现代产权制度》，载《江苏大学学报（社会科学版）》2004 年第 4 期。

关系表述为所有权的关系或规律，我们只需要把双方在价值增值过程中的关系表述为占有的过程。"① 马克思揭示了资本主义经济中，生产出的商品如何从雇佣劳动者手中变为资本家所有的规律，根本原因就是资本主义对物的占有形式即资本主义私有制。正是因为一定的所有制，决定着一定的作为经济性权利的财产权利，进而制约着其作为法权的法律形式。② 要想把所有权作为一种独立的关系、一种特殊的范畴、一种抽象的和永恒的观念来下定义，这只能是形而上学或法学的幻想。③

（3）产权是一种历史范畴，处在不断变化发展的过程中。产权是一个历史范畴，产权并不是永恒不变的而是在不断变化、不断发展的过程中。④ 马克思认为，财产在不同的历史时期具有不同的表现形式，"在每个历史时代中所有权以各种不同的方式、在完全不同的社会关系下面发展着"。⑤ 在不同的历史时期，由于经济所有制的形式不同，产权的内容和形式都是在不断变化中。在马克思的政治经济学观点中，其认为经济所有制、产权不断变化的根本原因是社会生产力的变化。生产力决定生产关系，经济基础决定上层建筑。人们之间的财产关系得到法律保护后，形成一种属于上层建筑的法律权利，这必然要求产权要与经济基础的所有制形式相适应，同时二者又都要与当时社会生产力相适应才会形成和发展。

3. 产权的权能

马克思在其著作中，对以所有权为核心的产权权能进行了深入分析，形成了产权权能理论，并且将产权的基本权能分为以下

---

① 《马克思恩格斯全集》第 46 卷（上），人民出版社 1979 年版，第 468 页。

② 洪名勇：《马克思土地产权制度理论研究——兼论中国农地产权制度改革与创新》，人民出版社 2011 年版，第 57 页。

③ 《马克思恩格斯全集》第 4 卷，人民出版社 1965 年版，第 180 页。

④ 洪名勇：《马克思土地产权制度理论研究——兼论中国农地产权制度改革与创新》，人民出版社 2011 年版，第 57 页。

⑤ 《马克思恩格斯全集》第 4 卷，人民出版社 1965 年版，第 180 页。

几项：所有权、支配权、管理权、收益权、占有权、索取权。

（1）所有权。所有权是指主体将其占有的财产、生产资料等有形物或无形物独自使用并排斥他人拥有的产权权项，恩格斯曾指出："垄断就是财产所有权。"[1] 所有权的独占性不只是意味着主体对于特定财产的排他性占有，而且意味着主体可以获得自己所占财产带来的收益，因此，所有权与收益权紧密联系在一起，比如，房屋所有权与房租、资本所有权与利息等。所有权的排他性意味着两个独立的主体不能同时对同一财产享有所有权。所有权的主体还可以依据主体身份对其他权能进行处分，包括所有权本身的处分行为，如对物品的买卖交易等。所有权是基础性产权，对其他各项产权的权能产生重要制约作用。

（2）支配权。支配权是指财产主体可以对财产进行生产和交易的产权权能。支配权使主体可以依靠财产获得生产利润或财产增值的能力，是主体对财产进行排他性占有的重要目的。马克思在分析借贷关系时指出："货币资本家在把借贷资本的支配权出让给产业资本家的时间内，就把货币作为资本的这种使用价值——生产平均利润的能力——让渡给产业资本家。"[2] 这表明财产主体，可以依据对财产的所有权将支配权进行出让，受让方可以集聚不同主体的财产支配权，但要承担对财产所有权主体的财产责任。

（3）管理权。管理权是指对支配权所支配的财产进行生产或交易活动时进行具体组织管理的权能，管理权受支配权的制约和限制。在社会化大生产的背景下，社会信用以及金融信用的发展，管理权从所有权和支配权中逐渐分离，股票市场的产生，职业经理人的出现都是这种产权权能变化的具体表现形式。马克思曾说："资本主义本身已经使那种完全同资本所有权分离的指挥

---

[1] 恩格斯：《家庭、私有制和国家的起源》，载《马克思恩格斯全集》第 21 卷，人民出版社 1965 年版，第 66~67 页。

[2] 马克思：《资本论》第 3 卷，人民出版社 2004 年版，第 393 页。

劳动比比皆是。因此，这种指挥劳动就无须资本家亲自进行了。一个乐队指挥完全不必就是乐队乐器的所有者；如何处理其他演奏者的‘工资’问题，也不是他这个乐队指挥职能范围以内的事情。合作工厂提供了一个案例，证明资本家作为生产上的执行职能的人员已经成为多余的了，就像资本家本人发展到最成熟时，认为地主是多余的一样。"①

（4）收益权。收益权是获得由于财产运营而产生的剩余价值或收益的产权权能。收益权可以来自与所有权，也可以来自支配权、管理权等权能。现代社会中，金融机构的信贷业务就是将资本的所有权、支配权、管理权进行分离，由不同主体享有，然后大家共同享有资本带来的收益权。马克思指出："执行职能的资本家不是从他对资本的所有权中而是从资本的职能中，得出他对企业主收入的要求权。"②

（5）占有权。马克思将职能资本家对借入资本的支配称为占有权，他说："作为一种价值，这种价值具有创造剩余价值、创造利润的使用价值；它在运动中保存自己……暂时由它的所有者的占有物变为执行职能的资本家的占有物。"③

（6）索取权。指不同主体依据承担对同一财产的不同产权权能，而对财产产生的剩余价值的要求权。这是产权权能的一项重要权能，在不同的历史阶段，索取权取得的基础也各不相同。在封建社会，地主以对土地享有所有权，获得佃农在土地上创造的剩余价值，这种获得剩余价值的基础是一部分人对另一部分人的统治，农民对地主具有人身的依附性。在现代资本主义市场经济中，职能资本家、货币资本家和土地所有者以及劳动力提供者都是以平等主体出现在经济生活中，对于剩余价值的索取此时以交换为中介，不同主体提供不同的生产要素创造财产的剩余价

---

① 马克思：《资本论》第3卷，人民出版社2004年版，第434~435页。
② 马克思：《资本论》第3卷，人民出版社2004年版，第426页。
③ 马克思：《资本论》第3卷，人民出版社2004年版，第384页。

值，最后再分配创造的剩余价值。

4. 产权结合与分离

在马克思看来，所有的产权权能既可以结合在一起，有一个产权主体行使，又可以将产权的权能进行分离，形成不同的产权组合形式，由不同的主体行使。总体而言，马克思研究了三种产权结合与分离的典型形式。

第一种形式是在所有权私有的形式下，各种产权权能由所有权主体单独一人行使。这种产权形式在我们日常生活中较为常见，比如财产主体对自己财产的处分，财产所有权、占有权、支配权、管理权、收益权、索取权等产权权能全部集中在一起，财产主体自己行使。马克思写道："资本家之所以是资本家，并不是因为他是工业的管理者，相反，他所以成为工业的司令官，因为他是资本家，工业的最高权力成了资本的属性。"[1]

第二种形式是所有权私有的前提下，占有权、管理权、经营权、收益权、索取权等产权权能中的一项或几项与所有权相分离，由不同的主体进行行使，形成独立的产权权能主体。在现代社会中，信托机制的产生就是将财产的所有权、占有权、管理权、收益权、索取权等不同权能进行分离，不同主体享有不同的权能，形成相互独立的产权形式。

第三种形式是在公有所有权的形式下，产权权能中的一项或几项权能从所有权中分离出来，产权的所有权、管理权和占有权等权能由不同的主体行使。我国现阶段的农村地区的家庭承包责任制就是典型的土地所有权、承包经营权由不同主体行使的形式。马克思在其对公有所有权前提下产权结合与分离的研究中，以亚细亚为典型代表进行论述，他指出："在亚细亚的形式中，不存在个人所有，只有个人占有；公社是真正的实际所有者；所以，财产只是作为公共的土地财产而存在。"[2]

---

[1] 《马克思恩格斯全集》第 44 卷，人民出版社 2001 年版，第 386 页。
[2] 《马克思恩格斯全集》第 46 卷（上），人民出版社 1979 年版，第 481 页。

5. 产权在市场经济中的作用

（1）产权是市场经济得以运行的前提。在市场经济中，清晰界定的产权是商品交换的前提，每个商品都应该有明确的产权主体。马克思说："商品不能自己到市场上去，不能自己去交换。因此，我们必须找寻它的监护人，商品占有者。为了使这些物作为商品彼此发生关系，商品临护人必须作为自己的意志体现在这些物中的人彼此发生关系，因此，一方只有符合另一方的意志，就是说每一方只有通过双方共同一致的意志行为，才能让渡自己的商品，占有别人的商品。可见，他们必须彼此承认对方是私有者。"① 马克思的分析说明，有效的商品交换需要以交易双方彼此承认对方已经存在的财产性权利，才能发生有效的交换行为，而这又需要以存在清晰的产权关系为前提。

（2）产权在市场经济中的功能。马克思在其关于产权作用的论述中，除了论述产权是经济运行的前提和基础外，还研究了产权的其他功能。

第一，产权的激励功能。任何经济主体在对产权有了清晰界定后，就会对自己拥有的财产产生交易与其和收益预期，形成对利益的刺激。在产权权能的分离之后，不同的主体拥有不同的产权权能，产权对不同主体依然有激励作用。例如，在资本的产权分割为资本所有权和支配权，其相应的产权主体分解为借贷资本家和职能资本家后，所有权主体的产权主体借贷资本家和支配权的产权主体职能资本家，分别有利息和企业主收入这样两种不同的收益预期对他们产生激励作用，此时，对于借贷资本家来说，具有监督职能资本家进行有效的生产经营管理，以保证他自己获得应有利息的激励，对于职能资本家来说，具有提高绩效以获得相应的企业主收入的激励。②

---

① 《马克思恩格斯全集》第 44 卷，人民出版社 2001 年版，第 103 页。
② 洪名勇：《马克思土地产权制度理论研究——兼论中国农地产权制度改革与创新》，人民出版社 2011 年版，第 72 页。

第二，产权的约束功能。具有清晰界定的产权，意味着个人对财产的支配并不是任意的，是具有明显边界的。任何主体都必须在一定边界范围内对财产进行支配并获益，超过财产的额度经济边界便不会受到保护，这就是产权的约束功能。"仅仅使用和滥用的权利而言，一方面表明私有制已经完全不依赖与共同体，另一方面表明了一个错觉，仿佛私有制本身仅仅以个人意志即对物的任意支配为基础。实际上，滥用对于私有者具有极为明确的经济界限，如果他不希望他的财产从他滥用的权利转入他人之手的话。"①

第三，产权对企业内部管理的高效和稳定功能。在市场经济中，企业对外要清晰的产权为保障创造公平竞争的环境，对内以产权的不同权能的享有者为基础，形成稳定的管理秩序保障正常的生产经营。资本的所有者将资本交由企业职能管理者管理，企业职能资本家再根据生产需要进行资本分配，劳动力要素提供者依据平等的交换原则，向资本提供等价的劳动力。正是因为产权的明确界定，才使得权能在分离的时候，职能资本家才能获得绝对的权威。马克思写道："资本家之所以是资本家，并不是因为他是工业的管理者，相反，他所以成为工业的司令官，因为他是资本家。工业上最高权力成立资本属性。"②

（二）马克思土地产权理论

马克思的土地产权理论同属于马克思产权理论，这一理论体系是马克思产权理论在土地产权的具体应用，包括土地制度变迁理论、土地产权权能理论、纳克斯土地产权制度多样性理论、马克思的土地产权配置市场化理论、马克思土地股份理论等。土地产权权能理论是整个马克思土地产权理论的基础。

---

① 马克思、恩格斯：《德意志意识形态》，载《马克思恩格斯选集》第 1 卷，人民出版社 1995 年版，第 133 页。

② 《马克思恩格斯全集》第 44 卷，人民出版社 2001 年版，第 386 页。

1. 土地产权权能理论

马克思没有明确提出"土地产权"这一概念，但对其著作的概括发现，马克思的土地产权由终极所有权、土地使用权、土地处分权、土地收益权、土地转让权等权能组成。[①]

（1）土地终极所有权。土地终极所有权又称为终极所有权或法律上的所有权，在一些特殊场合，马克思又称其为最高的所有权或股权，是指土地终极所有权主体把土地当作他的意志支配领域而加以保持，排斥他人并得到社会公众的权利。[②] 马克思认为"一些人垄断一定量的土地，把它作为排斥其他一切人的、只服从自己私人意志的领域"[③]，认为这是终极所有权存在的前提。不管土地产权权能以何种形式进行结合与分离，土地客体最终的土地所有权依然归属于终极所有权主体。在目前我国的农村的土地财产权不断变革的今天，无论是家庭承包责任制的"两权分离"还是今天探索的"土地所有权、承包权、经营权三权分离"，土地的最终所有权主体依然是集体，这也是中央文件中明确提出的观点，不能因为土地产权的结合与分离，而改变农村土地所有权主体。

（2）土地使用权。土地使用权是指在权限范围内，土地使用者对可使用土地加以利用并从中获得收益的权利。马克思在其著作中，论述土地所有者与土地使用者之间关系的时候就提出了"土地使用权"这一模糊概念。

（3）土地处分权。土地处分权是指土地的所有者或者土地使用者如何安排土地利用的权利。土地处分权分为最初处分权和最终处分权两种形式。最初处分权是指土地的所有者专有的权利，土地所有者决定自己的土地是自用还是出租、质押的权利。

---

① 洪名勇：《马克思土地产权制度理论研究——兼论中国农地产权制度改革与创新》，人民出版社 2011 年版，第 76 页。

② 洪名勇：《马克思土地产权制度理论研究——兼论中国农地产权制度改革与创新》，人民出版社 2011 年版，第 76 页。

③ 马克思：《资本论》第 3 卷，人民出版社 2004 年版，第 695 页。

最终处分权是指，土地经过出租、质押到期之后，再次回归到土地所有权人或者土地所有权的继承人手中的权利。马克思曾提到："不要忘记，在通常以99年为期的租约期满以后，土地一级土地上的一切建筑物，以及在租赁期间通常加一两倍以上的地租，都会从建筑投机家或他的合法继承人手中，再次回到原来那个土地所有者的最后继承人手里。"[1]

（4）土地收益权。土地收益权是指土地产权主体依据自己的主体身份获得一定利益的权利。例如，土地所有者依据自己土地终极所有者的身份，获得土地租金的权利。我国现行的家庭承包责任制中，农民依据自己对土地的承包权的主体身份，对土地产出品享有所有权的权益。

（5）土地转让权。土地转让权主要包括两个方面：一是土地所有者有权将所有权转让他人；二是土地的其他产权主体依据权限将土地相应权利转让给他人的权利。

马克思土地产权权能理论的核心是土地终极所有权，它是一切权能的基础，具有专属性和排他性。当土地产权所有的产权权能都可以由所有权主体单独集中行使时，马克思称其为完全的土地所有权；当除土地终极所有权外，其他产权权能由一个主体单独行使时，马克思称其为经济意义上的土地所有权或者事实上的土地所有权。

2. 马克思的土地产权权能结合与分离理论

马克思认为土地产权权能既可以全部集中起来由一个主体单独行使，也可以相互分离，由不同的产权权能主体行使，独立行使。但是这种独立和分离并不是任意的和无规则的，而是具有一定的原则性：分离和独立后的土地产权既要可以获得经济利益的实现，又要形成新的经济关系，否则分离和独立没有任何意义。概括而言有三种典型的形式。

（1）全部产权权能结合在一起。土地终极所有权、使用权、

---

① 马克思：《资本论》第3卷，人民出版社2004年版，第876页。

收益权、处分权等权能结合在一起，由一个产权主体行使。马克思以小块土地产权进行了分析，农民个人是土地的终极所有权主体，土地是农民的劳动场所和重要的资本形式，同时土地也提供了主要的生产工具。农民个人享有生产资料的所有权为这种权能结合模式提供了基础，对土地的所有权的享有又为农民的生产方式提供有利的条件。

（2）土地私有产权制度下的结合与分离。土地产权中一项或几项权能与土地终极所有权分离并独立运作。在这种产权的结合与分离的模式中，土地的占有权、使用权等权能与终极所有权分离并形成单独运作享受经济利益的多元产权主体。各个产权主体又通过某种具体的形式相互联系起来，而地租又是土地终极所有权与各个多元产权主体的实现经济利益关系的最终表现。

（3）土地共有产权制度下的结合与分离。在土地共有产权制度下，土地的终极所有权与使用权、占有权的分离，从而形成了土地所有权主体、土地占有权主体和土地使用权主体的多元土地产权主体格局。马克思论述当国家成为土地终极所有权主体时，土地的全部产权是否就由国家这个唯一主体全部行使呢，不再分离出其他的产权主体？马克思提出，如果土地产权不再是私有，而是像亚洲那样，国家作为土地所有者，同时因主权身份与直接生产者产生对立，那么地租与税负就合为一体。国家是最高的地主，土地国有产权制度下，仍然存在国家的终极所有权与直接生产者对土地的占有权、使用权分离的多元主体性。

（三）我国农地财产权利制度理论

我国的农地财产权利制度是以我国传统的财产权制度和理论为基础的，以所有权为中心建立的权利体系。但是随着社会经济的发展变化，农村的家庭承包经营权制度的日趋完善，以所有权为中心的财产权体系，已经不能很好地适应我国现阶段增加农民财产性收入。

1. 我国传统的财产权理论体系

我国传统的财产权理论体系是农村土地权利制度建设和农民

财产权利完善的理论基石，梳理和思考我国传统的财产权理论，对于农地经营权流转具有直接而重大的影响。在我国，传统财产权以所有权为中心原理，然后在所有权的基础上解释占有、用益物权、担保物权等他物权。其主要思路：物权是对世权，具有绝对效力，具有优先性，而所有权就是主体对特定物享有占有、使用、收益、处分并排除其他主体干涉的权利，所有权是最完整、最充分的物权。所有权的部分权能分离出去形成了他物权，指根据法律规定和法律当事人约定，有非所有人在所有人的财产上享有的占有、使用、收益等权能以及在特定情况下的一定处分权。① 自20世纪90年代我国经济的迅猛发展，国家对于法制的关注，物权理论开始成为我国民法学界关注的热点。而经过20多年的法制建设我国的农村土地承包经营关系中的各种法律关系冲突的解决、土地承包经营权为何不能抵押、流转受限等问题在物权理论中依然没有得到很好的解决。因此要全面认识传统物权理论与传统财产权理论的关系，才能认清物权理论对于我国农村土地权利制度立法的价值。

传统的财产权理论的出发点和主要任务就是解决财产的归属问题。我国传统财产权理论认为，物权法是以规范财产归属关系和保障财产归属制度为其任务，债权法是以规范财产流转关系和保障财产流转秩序为其任务。② 因此，在《中国物权法草案建议稿》中正是基于这一理论观点，提出了"中国物权法调整财产归属关系"的观点。③ 财产归属，就是指谁所有或谁是财产的主人，在法律上称为所有权。财产的归属问题也就是所有权问题。传统的财产权理论几乎都是在所有权理论上建立的，物权制度就是以所有权为核心的理论制度。尽管他物权在当代物权

---

① 王利明：《物权法论》，中国政法大学出版社2008年版，第102页。
② 梁慧星主编：《中国物权法研究（上）》，法律出版社1998年版，第3页。
③ 中国物权法研究课题组：《中国物权法草案建议稿·条文、说明、理由与立法参考例》，载《法学研究》1995年第3期。

理论中的重要性日益凸显，但是依然不能脱离所有权单独进行论述，以所有权为中心的财产权理论始终认为，其他权能与所有权分离而形成他物权。"物权是所有权的法律形态"①，所有权是最完整的支配权，物权法更直接地反映着一定社会的所有制关系。②

　　传统的财产权理论虽然认为财产关系的归属性是物权制度的核心问题，但面对非所有人对他人所有财产的占有、使用、收益甚至事实上的处分的行为，需要他物权理论产生。而他物权就是承认非财产权所有人享有财产权所有权人的部分甚至全部权能，这隐含着对于以所有权为核心的传统财产权目的与宗旨的冲突。他物权的存在又不能损害所有权的利益，因此只能将他物权的效力受所有权的效力约束，作为依附所有权存在的一种特殊实现形式，因此他物权也称为定限物权。这样既可以保证所有权的绝对性，又可以保证非所有权人利用财产进行收益的事实，保证了物权理论的完整性和严密性，同时所有权的分离理论，不仅成为马克思产权理论和西方现代产权理论的共识理论，也支撑起中国传统财产权理论体系。我国农村土地权利体系中的，农村土地使用权、农村土地承包经营权均属于他物权，都是以传统物权理论的他物权为蓝本，以所有权为核心设计安排的。

　　2. 我国农地财产权体系面临的困境

　　社会经济的发展变化，公司法人制度的出现、债权物权化和物权债权化的趋势，使得传统的财产权制度面临着困境。在公司法人制度中，尤其国有企业中，出现了国家所有权和企业法人所有权并存的双重所有权现象，这与传统的物权制度中的"一物一权"原则产生冲突。社会的发展使得债权和物权的界限开始

---

　　① 钱明星：《物权法原理》，北京大学出版社1994年版，第16页。
　　② 钱明星：《论我国物权法的基本原则》，载《北京大学学报（哲学版）》1998年第1期。

模糊，"买卖不破租赁"原则的确立，使租赁具有物权性质以及股票的出现标志着"物权债权化"和"债权物权化"两种趋势已经成为社会经济生活中的常态，这都是传统财产权体系所没有的"例外"。

我国传统的财产权制度以确定物的归属为宗旨和首要价值，以物的所有权为核心，以他物权为代表的其他财产权无法突破所有权而成为独立的财产权。但在现代的市场经济中，出现以对物使用价值的充分利用为财产权利制度的首要价值，他物权人要求对物的所有权人支付对价来获得对物的利用和收益，并为提高物的使用效率，他物权人要求摆脱所有权人的束缚的趋势。这种趋势对我国农村土地制度而言尤其重要。我国以公有制为主的社会主义经济所有制形式，我国农村地区土地归集体所有，农民个体拥有使用权。在这种情况下，过分强调土地所有权，势必导致本来就处于弱势地位的农民的土地财产权利得不到有效的保障。同时，随着经济的发展，专业技能人才的出现成为现代生产和经营取得良好效益的保障。土地财产权所有人将财产交给具有专业技能知识和管理能力的人经营，收益往往要比土地财产所有人自己经营和管理得更好，这也是国家在政策文件中鼓励培养职业农民队伍的原因所在。专业技能人才作为非土地财产所有人能够创造出更高的生产效率，因而成为土地利用的趋势。但当非财产权所有权人创造出新增财富远高于原有财富时，对于新增财富如何分配成为一个需要去面对的问题。是像传统财产权理论规定那样以所有权为核心要素，新增财富附属于土地所有权人，他物权人仅仅能获得相应的对价，还是承认财产利用人作为不依托所有权而独立的物权主体有分享新增财富的权利？当土地财产所有权人将土地交由专业技能人士或者企业运营管理后，土地所有权人能否依据是土地终极所有权人而对企业运营进行限制？这些都是取决于财产权利体系中如何界定财产所有权人和财产利用人之间的法律地位，如何界定二者之间的权利义务关系，如何能够保障既保护土地财产所有权人的利益，又能保障财产利用人的生产积极性，发挥其专业技能的优势，如何对财产利用人的生产经营进行规范，又能处理好效率与公平的关系等，总之，这都是对我国现阶段以所有权为核心的农地财产权体系需要处理的问题。非财产所有权人与财产所有权人的法律地位也对我国传统的财产权体系产生了挑战。

第二章　三权分置下的农地经营权流转制度创新

一、农村承包土地三权分置的一般问题

（一）三权分置的含义

三权分置的含义是在其历史演进的脉络中逐步形成的，即坚持农村土地集体所有原则下，推动承包权与经营权分离，形成所有权、承包权、经营权三权分置机制。十一届三中全会以来，我国农村一直实行的是家庭联产承包责任制，按照这种制度，承包土地的所有权归集体、承包经营权则归农户享有，这就是我们所说的农村承包土地"两权分离"的模式。而十八届三中全会提出要将目前的土地承包经营权再次分离为土地承包权和土地经营权，这成为我国新一轮农村土地制度改革的基本方向，最终则是要形成农村承包土地所有权、承包权、经营权三权分置的格局。中央将三权分置作为改革的基本方向的主要目的在于促进农村承包土地经营权的流转，进而实现农业产业化、规模化的发展。2014 年中央 1 号文件全面部署了此轮农村改革的各项工作，2015 年 11 月，中共中央办公厅、国务院办公厅印发《深化农村改革综合性实施方案》明确要求"在农村耕地实行所有权、承包权、经营权'三权分置'的基础上，按照依法自愿有偿原则，引导农民以多种方式流转承包土地的经营权，以及通过土地经营权入股、托管等方式，发展多种形式的适度规模经营"。总的来说，对一系列三权分置政策的基本解读就是要落实所有权，稳定承包权，放活经营权。具体来说，首先就是将落实农村土地集体

所有权作为基本前提，不能改变；其次要通过一系列政策措施的出台稳定农民的土地承包关系，使其保持长久不变，更能保护农民的利益。在坚持保护耕地政策的基础上，使农民享有对承包土地占有、使用、收益以及基于物权所产生的流转、经营权抵押权利，甚至能实现担保的作用。改革措施的实行，必须有改革方略来指引。新一轮农村承包土地制度改革方略的核心就是"三权分置"思想，围绕这一核心，改革必然呈现新局面。

（二）三权分置的历史演进

党的十一届三中全会之前，在人民公社体制下的农村，土地归集体所有、集体使用，没有土地承包经营权的概念，也没有所有权与承包经营权（使用权）的分离。十一届三中全会之后，我国广大农村在很短的时间内就建立起了以家庭联产承包责任制为主、统分结合的双层经营体制，这种制度最大的特点就是将农村土地的所有权与承包经营权①进行了分离：所有权归集体，承包经营权归农户，集体与农户之间通过签订土地承包合同的方式，农户享有了特定地块的土地使用权、收益权和经营自主决定权，这在当时城乡二元结构的客观情况下适应了经济社会发展的规律，取得了相当可观的生产经营收益。从我国农村土地制度的演变过程来看，两权分离的最初阶段，由于受计划经济的影响，集体所有权的权能还是很强大的，虽然将土地承包经营权划给了农户，但集体所有权仍然可以通过发包权、生产经营计划权、统一经营权、收益分配权等对农户的承包经营权进行限制。

从1984年开始，根据中央的一系列政策出台，农村土地上的各项权能开始进行重新分割，集体所有权的权能不断被收缩，农户的承包经营权逐步扩张，总体的趋势就演变为农村土地上负载的各项权能不断地由集体让渡给农户。在接下来的30年中，中央出台的各项政策都是在逐步地赋予农民更多的土地权利，使

---

① 曾在不同文献中称作"生产经营自主权""土地使用权""土地承包权""承包地使用权"，《农村土地承包法》颁布施行后稳定地使用"土地承包经营权"。

农民在农村土地的占有、使用、收益、处分方面享有更实实在在的权利。具体来说，农村集体经济组织不能在与农民意愿违背的情况下而采取产生农户土地承包现状改变的行为，如强制收回或不断延长土地的承包经营期限等都是中央相关文件甚至行政法规所禁止的；在农地的使用和收益方面，给予农民更充分的自由，保障农民的生产经营收益；在农地的处分方面，虽然《物权法》的法律条文将土地承包经营权限定在占有、使用、收益上，但特定限制条件下的处分权如包含灵活多样的流转方式下的处分权，却是客观存在的，而且这在《农村土地承包法》中也是有所体现的。[①]

同时，在近30年中，城乡二元格局的土崩瓦解，催生越来越多的农民进城务工，人地分离已成普遍现象，农民对承包土地的依赖性明显减弱，农村承包土地流转面积不断扩大，承包权与经营权分离的实际已以各种形式在多个地区存在，而中央的政策也在随之不断变化，土地承包关系不断调整，土地承包经营权实现了从生产经营自主权向用益物权的过渡，甚至有朝"准所有权"转变趋势。在此背景下，2014年中央一号文件要求，"在落实农村土地集体所有权的基础上，稳定农户承包权，放活土地经营权，允许承包土地的经营权向金融机构抵押融资"，即在原有的农村承包土地所有权与承包经营权两权分离的基础上，实行农村承包土地所有权、承包权与经营权三权分离。一号文件提出承包权与经营权再分离，"并非对现实生活的创造和超越，而是对已有再分离现象渐入性的法律调整，是对初次分离无法为现实生活中已有再分离现象提供法律调整机制不足的补充"[②]，从而形成所有权、承包权、经营权三权分置的农村承包土地制度改革的

---

① 《农村土地承包法》第32条：通过家庭承包取得的土地承包经营权可以依法采取转包、出租、互换、转让或者其他方式流转。

② 张力、郑志峰：《推进农村土地承包权与经营权再分离的法制构造研究》，载《农业经济问题》2015年第1期。

基本框架。2015 年 10 月在北京召开的十八届五中全会指出，"要稳定农村土地承包关系，完善土地所有权、承包权、经营权分置办法，依法推进土地经营权有序流转，构建培育新型农业经营主体的政策体系"。中央对于农村深化改革的方向已经明确，中央构建三权分置政策体系的尝试已经开始，在三权分置实现的前提下，土地经营权流转才依法有序进行。

（三）三权分置的理论基础

三权分置的提出是此次承包地改革的最核心的内容，是重大理论创新，然而问题却在于三权分置在我国现行的法律框架内找不到依据。自十一届三中全会以后，我国农村土地实行家庭联产承包经营责任制度，反映在法权上就是之后的《物权法》《土地承包法》，这两部法律都规定了农村承包土地集体所有权与农户土地承包经营权的"两权分离"，但是在现行法律框架内找不到土地承包权与土地经营权这样的权利术语。鉴于此，在中央提出"三权分置"的政策之后，法学界展开了观点迥异的讨论。

一部分学者持反对的观点，其主要理由仍在于：我国目前的法律体系当中，尤其是《物权法》中只有"土地承包经营权"这一用益物权的规定，并没有细分为"土地承包权"和"土地经营权"，"土地承包经营权"作为用益物权的一种，是一个独立的整体，不能分割。而且，根据物权法定原则，既然法律没有明文规定，那么土地承包权与土地经营权就不能独立地作为一种物权类型。有学者就认为"将土地承包经营权分离为土地承包权和土地经营权，缺乏法理支撑，按照这种方式构建的农地产权结构无法在法律上得以表达"。①

当然也有不少专家学者立足于能够用法学理论来解释这一政策，以期在今后立法中支持并完善这一制度，使其具备合法性。我们是倾向于后者的，并希望能在遵循物权法基本原理的前提

----

① 高圣平：《新型农业经营体系下农地产权结构的法律逻辑》，载《法学研究》2014 年第 4 期。

下，寻觅一种较为合理的解释：

首先，不能因现行的法律中没有明确规定而否认新类型物权的存在，必要时可以通过对物权法的扩张解释来确定某一权利的物权属性。2007 年通过的《物权法》明确涉及的物权类型不多，[①] 但土地承包经营权作为物权法明定的物权形式，是无可争议的。但众所周知，承包经营权作为土地承包合同的基础内置性条款，在家庭联产承包责任制之后，《民法通则》实施之前并无法律规范将其视为物权而加以规范，但这并不影响其产生类似物权的法律效果。通常情况下，承包人具有要求发包人交付土地的请求权，依约对承包土地享有占有、使用及收益等权利。

我们并没有因当时的法律没有明确规定土地承包经营权为物权，而按照严格的物权法定主义拒绝承认它们为物权，不赋予其物权效力，否则权利人将难以有效地抵御第三人的不法侵害（债权毕竟只有相对性，无对世的效力）。

因法律本身具有的滞后性，必然会在新类型"物权"发生到被物权法承认之间存在时间差，这时就有必要对物权进行扩张解释。现在的土地承包权、土地经营权所处的法律地位与当初土地承包经营权类似。按照现行的有关农村承包土地的物权法理论，土地所有权归集体所有，这是基本确定，不用质疑的，土地承包经营权作为用益物权被纳入《物权法》中规定，这样的权利体系在改革开放初期是能够适应经济的发展，但随着越来越多的农民进城务工以及农业产业化、规模化发展的迫切需要，土地的利用模式也必然要发生改变，随之而来的就是权利类型及内容的变化。

---

① 2007 年颁布的《物权法》只明确了如下的物权类型：所有权（含国家所有权、集体所有权、私人所有权、建筑物区分所有权）、用益物权（含土地承包经营权、建设用地使用权、宅基地使用权、地役权，同时该法确认，海域使用权、探矿权、采矿权、取水权、养殖权和捕捞权受法律保护，这些权利在性质上属于准用益物权）、担保物权（含抵押权、质权、留置权）及作为类物权的占有制度。

其次，"稳定承包关系并保持长久不变"使得农民享有的土地承包经营权更加具有准所有权性质。提出三权分置的目的是促进土地经营权的流转，而在中国，所有权是不能流转的，流转的是使用权。按照现在中央的规定本身来讲，要"稳定承包关系并保持长久不变"，作为用益物权的土地承包经营权，如果保持承包关系长久不变的话，那就是永远是他的了，不用再担心承包权到期的问题，这一权利就拥有了永久性，加之物权本身的对世性，那它基本上就具有了所有权的属性，因此可以看成准所有权（或称为类所有权）性质（再如建设用地使用权，其所起的作用跟所有权差不多）。换个说法来解释，基于改革开放以来我国对土地承包经营权的立法的基本趋势是在不断强化这种权利，在"长久不变"的政策背景之下，农民对于土地的支配性质的权利事实上是在朝着所有权的方向发展，还有认为农村土地承包经营权在本质上是一种"相当所有权"，因其带有对集体土地所有权进行质的分割的性质，应当被当作传统民法中的农地所有权一样来看待的物权。这些观点虽采用的概念不同，但都认为土地承包经营权的权利内容及性质在向所有权方向靠近，这与世界各国他物权内容不断发展、用益物权地位不断提高的规律与趋势是相一致的，如在《德国民法典》制定之初就对地上权界定为重要的"类所有权之权利"，认为其是经济发展特别是城市发展所必需之要件。因此，我们认为将其看成准所有权（或称为类所有权）性质还是比较适宜的。

最后，土地承包经营权这一准所有权派生出土地承包权和土地经营权两项独立的权利。我们的结论是，当用益物权达到准所有权（类所有权）的属性之时，我们允许其再派生出用益物权，由于这一派生的用益物权不是由典型的所有权派生出来的，我们暂且称其为准用益物权（类用益物权）。[1] 那么在承包土地的相关权利体系中，土地承包权与土地经营权，则可以被解释为土地

---

① 梁慧星：《物权法总论（第五版）》，法律出版社 2010 年版，第 76 页。

承包经营权这一准所有权所派生出的准用益物权。由此，我们可以较清晰地厘清土地所有权、承包权、经营权三种权利的内容及关系。而实践中，随着经济的不断发展，社会的不断进步，新的物权在不断地产生，一些权利虽因表现形式、构成要件等原因无法被传统的用益物权或担保物权认可，但却丝毫不影响其具有一定的物权效力的属性，而《物权法》又不能不断地修改，那么就可以通过对物权，尤其是用益物权的扩张解释、扩充用益物权范畴及内涵来实现对这些权利所具有的物权效力的解释。将用益物权做扩大解释，将非典型的用益物权囊括其中，能够最大限度发挥资源的配置作用，实现权利的流转，创造新的财富。同时，此时无须采用逐一列举的方式，仅需法律明确的授权，赋予其物权性即可。

（四）三权分置的权利主体及内容

1. 所有权的主体及内容

（1）所有权主体的确定。我国《宪法》中明确规定土地所有方式只有两种：国家所有和集体所有，[①] 而农村土地除了对于法律特别规定归国家所有的之外都应是集体所有，那么很显然这部分土地的所有权主体就是集体。但是，由于没有一部法律特别明确地规定"集体所有"的具体所有者是谁，集体土地所有权主体问题就成为后续农村土地立法及实践中一直被探讨的问题。在我国现行的有关农村土地问题的法律之中，包括《民法总则》相关条款、《农业法》、《土地管理法》以及《农村土地承包法》等，使用了不同的主体称谓，"集体、农民集体、集体经济组织、农村集体经济组织、集体经济都有使用"。[②] 2007 年颁布的

---

① 《宪法》第 9 条：矿藏、水流、森林、山岭、草原、荒地、滩涂等自然资源，都属于国家所有，即全民所有；由法律规定属于集体所有的森林和山岭、草原、荒地、滩涂除外。第 10 条：农村和城市郊区的土地，除由法律规定属国家所有的以外，属集体所有。

② 唐欣瑜：《农民集体权利主体地位的追溯、缺陷与重塑》，载《民法年会论文集》，2015 年版，第 164 页。

《物权法》第 59 条第 1 款规定 "农民集体所有的不动产和动产,属于本集体成员集体所有","本集体成员"作为集体土地所有权主体的地位被明确。这不是简单的概念改变,而是立法者深思熟虑的结果,放弃了更具政治色彩的集体经济组织的概念,较之抽象的 "农民集体"使所有权主体更加明晰化,通过本集体成员资格的判断就能确定集体土地所有权的实质主体。而且,"本集体成员"作为集体土地所有权主体,突出了成员的主体性,更加注重农民权益的保障。

同时,《物权法》第 60 条对集体土地所有权的行使主体(或称为代行主体)作出了明确规定。① 理论上,集体土地所有权主体是本集体成员,应由集体成员共同形成决议来行使,而在实践中决议形成的形式及过程又很难由集体成员直接行使。通常,各地实践基本上都是通过代行主体来实现所有权的相关权能,也就是物权法中所规定的农村集体经济组织、村民委员会、村民小组等来实现。对此,我国《农村土地承包法》第 22 条对此也进行了具体的规定,② 内容与《物权法》的规定相一致,而且最高人民法院的司法解释也确认了上述三个组织都可以作为集体土地所有权的主体。③ 由此我们可以确定,将农村承包土地所有权的实质主体认定为农民集体成员全体最为贴切。其他常见的组织形式

---

① 《物权法》第 60 条:"对于集体所有的土地和森林、山岭、草原、荒地、滩涂等,依照下列规定行使所有权:(一)属于村农民集体所有的,由村集体经济组织或者村民委员会代表集体行使所有权;(二)分别属于村内两个以上农民集体所有的,由村内各该集体经济组织或者村民小组代表集体行使所有权;(三)属于乡镇农民集体所有的,由乡镇集体经济组织代表集体行使所有权。"

② 《农村土地承包法》第 22 条:农民集体所有的土地依法属于村农民集体所有的,由村集体经济组织或者村民委员会发包;已经分别属于村内两个以上农村集体经济组织的农民集体所有的,由村内各该农村集体经济组织或者村民小组发包。村集体经济组织或者村民委员会发包的,不得改变村内各集体经济组织农民集体所有的土地的所有权。

③ 最高人民法院《关于审理涉及农村土地承包纠纷案件适用法律问题的解释》第 24 条规定:"农村集体经济组织或者村民委员会、村民小组,可以依照法律规定的民主议定程序,决定在本集体经济组织内部分配已经收到的土地补偿费。"

如农村集体经济组织、村民委员会、村民小组等通常情况下只是具有了行使权利的外观，是农村承包土地所有权的代行主体。代行主体在行使所有权权利时，必须充分尊重集体成员的意思，按照法定程序进行。

所有权的实质主体实际上就是集体成员，即为承包权主体，对于成员资格认定问题，我们将在下节论述。

（2）所有权的权利内容。所有权作为物权的最重要形式，其本身包含的占有、使用、收益、处分等各项完整的权能，但是用益物权的存在就是对所有权的限制。在农村承包土地的权利体系当中，所有权的权利内容也当然受到土地承包权、土地经营权的限制。在过去注重强化农地"集体所有权"的农地制度中，集体所有权代行主体大都通过发包、调整、收回、收取土地承包费等方式来强化所有权。而我们能够看到，新的农地制度的大趋势是在不断强化农民的承包经营权，全盘打乱重新发包或者大规模调整的合法性依据已基本不存在。中央也明确提出，"尊重集体所有权，不宜通过扩大其调整和强制收回农户承包地的权利来体现，也不宜通过收取土地承包费、参与土地流转资金分配来体现"。通过分析、梳理，我们认为，在土地集体所有的现行法律框架内，土地承包权和土地经营权都从土地所有权中分离之后，所有权权能必然受到承包权和经营权的限制，此时，所有权应充分发挥其在集体成员资格确认、土地征收补偿、土地用途监督等方面的权能。

2. 承包权的主体及内容

（1）承包权主体的确定。承包权的主体与所有权的实质主体应该是一致的，即为集体成员。农民作为集体成员，是农村承包土地的所有权主体，依据其身份就可以与集体经济组织签订土地承包合同，就能获得土地承包的权利。除此之外，农民享有的承包权的性质为成员权，依据该权利，农民可以参与集体事务的决策、可以取得土地的承包经营权、可以分享集体收益等，这在

《物权法》中有明确规定。[①] 农户因集体成员资格而取得土地承包权，所以集体成员资格的具备与否关系到每一位农民的切身利益，而目前成员资格确认这一涉及身份性的问题法律没有明确解释，理论上也有争议，实践中更是经常存在行政乱干预、村干部权力独大、司法审查不严等乱象，其主要表现是：一是相关土地立法没有对集体成员资格给出一个清晰的范围，没有说明确认的标准及程序等，只是在立法中使用了"集体成员"这一概念；二是由于没有明确的标准，村级组织及基层行政机关在处理此类问题时没有参考，自由裁量权太大，认定标准很混乱；三是没有明确标准，司法机关在处理此类纠纷时也不能确定准确的成员资格身份案件。另外，在实际生活中，由于生老病死、婚丧嫁娶、人口流动等原因，集体成员并不是一成不变的，而是一个动态的集合体，如何判定是否具有本组织成员的资格，便成为理论与实践共同的难题。理论界在结合可操作性下，大多数观点认为可将户籍作为判断依据。

除此之外，还要考虑其他因素，如"对集体所尽的义务、是否以集体土地作为基本生活保障、出生和收养、结婚和离婚以及集体长期形成的习惯法"[②] 等因素。

而实践中，户籍也确实是当前农村地区确定村民资格的主要标准。而家庭联产承包责任制之下的承包主体是以农户为单位，在"稳定承包关系并保持长久不变"的政策下，我们认为在目前的承包地和现有集体成员范围内，可以继续坚持以农户为承包权主体，家庭内部成员之间为特殊的共有关系，在生老病死、婚丧嫁娶、人口流动等情况下，流动人口可申请有偿退出，若其放

---

① 《物权法》第59条第2款："下列事项应当依照法定程序经本集体成员决定：（一）土地承包方案以及将土地发包给本集体以外的单位或者个人承包；（二）个别土地承包经营权人之间承包地的调整；（三）土地补偿费等费用的使用、分配办法；（四）集体出资的企业的所有权变动等事项；（五）法律规定的其他事项。"

② 张先贵：《集体土地所有权改革的法理思辨》，载《中国土地科学》2013年第10期。

弃有偿退出权，则由其家庭成员继受取得承包权。

（2）承包权的权利内容。从物权法的角度来看，土地承包经营权（未分离出经营权之前）的用益物权属性就决定了其会对集体土地所有权（派生用益物权的母权）进行一定程度的限制，所有权的部分权能必定会让渡给土地承包经营权。农民依据其集体成员资格从而获得土地承包经营权，依据其身份参与分配集体土地收益。承包权的权利内容应在发包方与承包方签订土地承包合同时就予以明确，此时的承包权与经营权并没有分离，农民从发包方取得的承包土地权利是包括经营权内容和承包权内容的。但是，土地承包经营权的取得是基于权利人的身份特征，土地要素和劳动力要素的初始配置不具有市场引导的特性，因权利人职业偏好、社会各行业收益水平的差异，以及职业选择的可能性等条件的不同，必然会有很大一部分农民不再从事农业生产。特别是在农业经营的比较收益较低、社会职业选择的可能性较大时，农村土地承包经营人脱离所承包的土地、放弃农业经营的可能性就越大。话虽如此，在现有的土地承包经营体制下，土地承包经营权对于农民来说，除了生产功能外，还具有社会保障的功能，不能轻易地完全转让或放弃。而且，土地承包经营制度规定土地承包经营权是依身份取得，且这种身份权利不能任意取得，不能随意转让，这就产生了身份权利不可变更与财产权利流动运作的冲突。

农村承包土地实行所有权、承包权、经营权"三权分置"的改革措施之后，之前享有土地承包经营权的农民可以自由选择是否分离承包权与经营权，是否将经营权流转给他人。承包权人可以选择继续占有、使用、经营承包地，也可以将占有、使用、经营让渡给他人，自己保留承包权，还可以将分离出的土地经营权设定抵押、入股、信托等。一旦承包权人选择将土地经营权进行流转，经营权人会通过土地经营权流转合同取得承包土地的占有、使用权，这就必然出现土地承包经营权人与实际经营人之间划分土地权利的需要。一般来说，流转之后的土地承包权人所保留的权利通常包括五个主要内容：土地流转收益权、获得征收补偿权及安置权、土地收回权、有偿退出权、继承权和剩余权。

3. 经营权的主体及内容

（1）经营权主体的确定。未提出三权分置之前，由于农民享有的土地承包经营权本身具有社会保障的性质，而且考虑到国家粮食安全，必须要保障土地的农业用途，所以国家在土地流转主体方面设定了非常严格的限制，一般都只限于在本集体范围内的农户之间进行流转。三权分置制度构建的根本目的是要促进经营权流转，十八届三中全会通过的《中共中央关于全面深化改革若干重大问题的决定》提出"鼓励土地承包经营权在公开市场上向专业大户、家庭农场、农民合作社、农业企业流转"，这就要求对经营权主体不再有身份上的限制，不用受集体经济组织成员资格问题的约束，而使得土地流转更加具有开放性，使具有农业生产能力的农民大户、农业公司、农业合作社、农业信托公司等各类型主体能真正进入农业领域，做大、做强农业产业。因此我们认为，应制定细则适度放开对土地经营权流转对象的限制，允许工商资本、企业进入农业生产领域，向农业输入现代化的生产要素和现代化的经营模式，从而激发农业生产的活力。

但是，放开经营权主体身份限制的同时，在制度设计上还要规范受让主体维持农业生产，防止非农身份主体持有大量资本进入农地领域后进行非农生产。一方面，相关部门在经营权流转过程中要进行监督，必须对受让主体的农业生产经营能力进行考察，从资金、技术、物质装备以及管理条件上都能表明其能够进行农业生产的主体才能流转，严格限制不具有农业生产经营能力的主体受让经营权。另一方面，为防止经营权人不遵守农业经营承诺、不按照土地规定用途开发利用土地，要规定相应的处罚责任。可在流转合同签订之时要求其缴纳保证金，若违反合同约定使用农地则不予退还，已有多个地区采取这一措施来避免"农地非农化、非粮化"，如浙江、江苏等地。

　　（2）经营权的权利内容。土地承包经营制下本应达成的立法目的，在于使土地利益在国家、集体和个人之间进行合理、公平的分配，进而形成有利于土地资源高效配置的激励与约束机制。历史证明，在土地生产力既定的前提下，任何土地制度借以实现上述目标的正确方法和有效手段，就是赋予和维护最直接的生产经营者以充分、有效的土地产权。在我国目前的社会生产力水平下，土地经营的模式正在向多样化的现代农业发展，而三权分置这一重大的土地制度变化的核心内容之一就是要明确在土地经营权流转的情况下最直接的生产经营者享有的经营权的权利内容，并对其进行法律保护，平衡三权主体间的利益关系。作为流转客体的土地经营权至少应包括的权利内容为：自主经营决策权、获得经营收益权、获得征收补偿权、获得农业补贴权以及经营权处分权。

二、三权分置下的农地经营权

（一）农地经营权的界定及历史发展

　　在我国的实践中，农村承包土地上负载的权利体系经历了从两权分离到三权分置的演进过程，农户承包权和土地经营权都是中央新提出的概念，如何界定其内涵、外延、性质、功能对理论研究以及改革实践都具有重大意义。

　　在我国现行家庭承包经营制度体系及新的土地政策下，目前农地上负载的权利包括三项，即所有权、承包权和经营权。实际上承包权、经营权两个新概念是在农地权能不断变更、价值实现方式不断发生变化的过程中而提出的，主要目的是适应农地流转的要求。首先，作为社会主义国家，土地所有权归集体或国家所有，这是不能变化的，但因国家或集体是较为宽泛、抽象的所有权主体，其与广义的所有权的权利内容及特征还是有所区别的。之后，十一届三中全会以来，我国农村开始实行的是家庭联产承包责任制，按照这种制度，承包土地的所有权归集体、承包经营权则归农户享有,这就是我们所说的农村承包土地"两权分离"的模式。在这种模式下,农户享有的土地承包经营权赋予农户对土地占有、使用、收益和部分处分权利以及集体成员资格。农户因集体成员资格而具备承包资格,农户与农地所在集体签订承包合同的实质就是从集体中分割农地的所有权,因此虽然现行法律将土地承包经营权界定为用益物权,但因其获得只需具备集体成员资格,而且承包期限越来越长以至于到现在提出的"永久不变",这在某种程度上可以看作是土地承包经营权的准所有权性质。基于法律规定下的土地承包经营权赋予合法农户的身份性权利(或称成员性权利),因此严格来说也是不能任意流转的。进而,十八届三中全会提出要将现行的笼统的土地承包经营权具体细分为土地承包权与土地经营权。把经营权定义为农户依承包关系取得的对农地的自主经营、收益获得、征收补偿获得、农业补贴获得、处分经营权等内容。推行以土地所有权、承包权、经营权为核心的"三权分置"改革,是综合总结我国长期农村土地所有权改革实践经验,结合现实需求,面向未来提出的顶层设计。最终目的在于促进农村承包土地经营权的流转,进而实现农业产业化、规模化的发展。

(二)农地经营权的法律属性

在前文对三权分置理论基础的叙述中,我们将土地承包权和经营权的法律性质诠释为基于土地承包经营权的准所有权属性所派生的准用益物权。也就是说,土地经营权可以被认为是基于土地承包经营权而创设的一种用益物权,而在农村土地所有权上设定的一种用益物权实际上就是土地承包经营权。在土地承包经营权这一基础权能下可以再分离部分权利,设为新的用益物权。但是这种划分不能单纯地理解为将农村土地承包经营权机械地割裂为承包权和经营权,而是说土地承包经营权的所有人能够在权限范围内自主选择。如果去除农村土地承包经营权的占有、使用和收益权,其他的即视为经营权。但是需要注意的是,分离出经营权并不等同于消灭农村土地承包经营权。经营权到期后,承包经营权人的权能就继续完整享有。本质上，承包权与经营权分置就是土地承包经营权的行使和实现方式，即土地承包经营权人在土地承包经营权之外创设经营权这一用益物权之后，其依然享有土地承包经营权，设定经营权可以视为一种实现土地承保经营权的方式。

1. 土地经营权不同于土地承包经营权

土地经营权是从土地承包经营权中分离出的独立用益物权，其与土地承包经营权存在着诸多不同：首先，土地经营权的主体范围更广。上面提到土地承包经营权是一种身份性权利，其是农户依据其集体成员的身份签订承包合同而取得，但土地经营权人则无须具有相应的身份要求，即使是非集体经济组织成员，也可以成为土地经营权人。这里的主体可以是个人或者是从事农业生产经营的企业等。其次，土地经营权以土地承包经营权的存在为基础。依法取得土地承包经营权的农户可以依据自身情况自主选择经营权的创设与流转，决定是否分离农村土地承包经营权的占有、使用和收益权能，使土地经营权独立。经营权的分离独立，不能导致土地承包经营权的消灭。一旦经营权到期，土地承包经营权人的权能就自动恢复完整。最后，二者权利内容不同。农户享有的土地承包经营权的权利内容范围更广，应是囊括分离后的承包权和经营权的全部权能。农户选择创设、分离的经营权权利内容只是土地承包经营权权利内容的一部分，即自主经营决策权、获得经营收益权、获得征收补偿权、获得农业补贴权以及经营权处分权。

2. 土地经营权不同于土地承包权

土地经营权与土地承包权均为依据土地承包经营权基础上的创新，二者都是独立性权利。土地承包经营权人享有创设土地经营权并使之流转的权利。需要注意的是，流转之后承包权仍由土地承包经营权人所有，并未发生转移。承包权与经营权有很密切的联系，但也存在根本不同：首先，主体范围不同。因承包权是土地承包经营权分离出经营权后的权利，其权利主体范围不发生变化，与土地承包经营权人的主体范围一致，须是集体经济组织成员。而经营权人的范围则不受集体经济组织成员资格的限制。也正因承包权主体的限制性决定了承包权是不能任意流转的，而土地经营权的主体范围不受限，决定了其具备可流转性，更有利于土地的开发利用。其次，两种权利涉及内容不同。虽然土地承包经营权是两种权利的基础，但彼此相独立，并未混同。承包权人所保留的权利通常包括五个主要内容：土地流转收益权、获得征收补偿权及安置权、土地收回权、有偿退出权、继承权和剩余权。经营权权利内容则一般为自主经营决策权、获得经营收益权、获得征收补偿权、获得农业补贴权和经营权处分权。

（三）农地经营权的权能范围

作为流转客体的土地经营权至少应包括的权利内容为：

1. 自主经营决策权

承包权人选择将土地的经营权让渡出去，那该承包地的占有、使用则归经营权人享有，经营权人在使用承包地的过程中不受任何人的限制，可以自主决定其使用方式，这是经营权人的自主决策权。这种自主经营决策权保障了经营权人及时根据市场供求关系的变化而调整各种作物的种植面积、决定资源投入的配置等，提高农业生产效率，获得收益。经营权是用益物权，具备物权对世性属性，其自主经营不受任何人干涉，但是应该遵守经营权流转合同的约定以及法律的强制性规定，原则上自主经营决策权的权利范畴不能超出原土地承包经营权权利内容，不得改变农地用途和长期抛荒，须进行实际的农业生产活动。

2. 获得经营收益权

经营权人通过与承包权人签订经营权流转合同、支付流转费用而获得承包地的经营权。经营权人既可以选择自己进行实际的农业生产，也可以行使经营抵押权而获得收益，但是这种权限的范围只能是在土地经营约定的范围内行使。经营权人据此可以获得收益。这是经营权人通过合同获得土地的初衷，通过重新配置资本投入要素比例，包括改善农地生产条件，提高农地肥力，规模经营，提高农业生产效率，进而在支付流转费用的基础上，获得农地产出收益。

3. 获得征收补偿权

对于土地经营权人能否获得土地的征收补偿款的问题，最高人民法院《关于审理涉及农村土地承包纠纷案件适用法律问题的解释》第22条第2款规定："承包方已将土地承包经营权以转包、出租等方式流转给第三人的，除当事人另有约定外，青苗补偿费归实际投入人所有，地上附着物补偿费归附着物所有人所有。"这条规定实际上肯定了农作物的所有人如果为经营权人的话，其有权获得对于青苗部分补偿的费用。我们认为，对经营权人的补偿不应该仅停留在对青苗补偿费的层面上，经营权人从承包权人处受让承包地之后，为了实现规模经营、提高生产效率，一般都会对土地进行生产能力的投入，以改善农地的生产条件。如果投入相当数量资金改善土地，在这部分投入还没得到回报时土地就被征收了，损失又得不到相应的补偿，会挫伤经营权人的积极性，阻碍农业规模化的发展。因此，征收补偿款中除地上附着物、青苗补偿费应当给予经营权人以外，对于签订长期流转合同的，获得经营权时是基于长期经营的目的，在经营过程中，深耕细作，而非短期掠夺式经营种植，这对土地保持良好耕种状态和提高土地生产能力有一定益处，应予以相应补偿，具体补偿办法将在后文进行阐述。

4. 获得农业补贴权

我国的农业补贴政策在最初实施时其目标就是"谁种地谁获得补贴"，但在目前的农村实践中，一般都是"谁的土地谁获得补贴"，也就是说实际上是由承包权人在获得补贴。这对于实际种植农地的经营权人来说是显失公平的。国家对于农业各种形式的补贴应该是要向实际的农业经营主体倾斜，向种粮大户倾斜，向规模经营倾斜。

5. 经营权处分权

经营权人可以多种方式流转土地的经营权，也可以通过设定抵押等形式来实现融资目的。可以将土地经营权进行抵押、担保，也体现了土地经营权的处分权能。需要注意的是，经营权人可通过抵押实现为农业生产融资的目的，但是经营权人不得再将经营权进行分离或者设立更次一级的某种经营权，其在处分经营权时必须是权利整体的处分，否则会导致土地权利体系更加混乱。

三、三权分置下农地经营权的流转

（一）农地经营权流转的界定

农村土地（以下简称农地）是指农村集体或国家所有、由农民承包使用的耕地和其他依法用于农业生产的土地。农地流转，是指农业生产用地流转（《土地管理法》规定的"建设用地"和"未利用地"不在本书讨论范围），从严格意义上讲，农地的所有权和承包权是不能随意流转的，农地流转实质上就是农地经营权的流转。因此，农地经营权流转是指享有土地承包经营权的农户将土地经营权流转其他主体，并以此获得相应补偿或收益的行为。需要注意的是，这一行为只是流转的土地的经营权，实质上就是"保留承包权，转让经营权"，在经营权流转之后，承包权并不因此消灭。经营权转让到期后，承包人又自动恢复经营权的权利拥有状态。

（二）农地经营权流转的传统方式

目前我国法律中使用的"土地承包经营权流转"概念，其实质大部分为土地经营权的流转。《农村土地承包法》第10条规定"国家保护承包方依法、自愿、有偿地进行土地承包经营权流转"。《物权法》第128条规定"土地承包经营权人依照农村土地承包法的规定，有权将土地承包经营权采取转包、互换、转让等方式流转"。在农村实践中，农地承包经营权流转方式主要有以下几种：

1. 转让

《农村土地承包经营权流转管理办法》第 35 条规定："本办法所称转让是指承包方有稳定的非农职业或者有稳定的收入来源，经承包方申请和发包方同意，将部分或者全部土地承包经营权让渡给其他从事农业生产经营的农户，由其履行相应土地承包合同的权利和义务。转让后原土地承包关系自行终止，原承包方承包期内的土地承包经营权部分或全部灭失。"据此，发包方与受让方之间重新确立了新的土地承包合同关系。转让使农户失去土地承包经营权的同时，原有的土地生活保障被削弱。所以，《农村土地承包法》第 41 条规定："承包方有稳定的非农职业或者有稳定的收入来源的，经发包方同意，可以将全部或者部分土地承包经营权转让给其他从事农业生产经营的农户，由该农户同发包方确立新的承包关系，原承包方与发包方在该土地上的承包关系即行终止。"法律如此规定的初衷在坚持土地对于农户的社会保障功能，要求转让方（原承包方）必须有稳定的非农职业或者有稳定的收入来源的资格，从而避免农户盲目流转土地，实现农户流转土地后仍能维持基本生活的目的。

2. 转包

转包是现行农村土地承包经营权流转的主要实现方式。《农村土地承包经营权流转管理办法》第 35 条规定："转包是指承包方将部分或者全部土地承包经营权以一定期限转给同一集体经济组织的其他农户从事农业生产经营。"土地转包后，原土地承包关系不变，原土地承包合同规定的权利和义务仍然由转包方负担，转包方依旧是土地承包经营合同的主体。接包方只对转包方负责，责任的基础是转包合同。需要注意的是，接包方的资格限制只能为同一集体经济组织的其他农户。由此可见，转包适用于对于因种种原因而暂时或无法进行农业生产且不愿意放弃承包经营权的承包经营权人。此时双方对转包条件、补偿、期限等进行协商约定，能够最大限度实现资源的优化配置。这种流转方式具有高度的灵活性，在农村中较为普遍运用。

3. 出租

《农村土地承包经营权流转管理办法》第 35 条规定："出租是指承包方将部分或者全部土地承包经营权以一定期限租赁给他人从事农业生产经营。出租后原土地承包关系不变，原承包方继续履行原土地承包合同规定的权利和义务，承租方按出租时约定的条件对承包方负责。"出租无须经发包人许可，但出租合同须向发包人备案。土地出租与土地转包都是流转了土地经营权，承包方保留了承包权。其区别在于土地转包是将土地流转给同一集体经济组织，土地出租是将土地流转给同一集体经济组织外的单位或个人。

4. 互换

《农村土地承包经营权流转管理办法》第 35 条规定："互换是指承包方之间为方便耕作或者各自需要，对属于同一集体经济组织的承包地块进行交换，同时交换相应的土地承包经营权。"互换的前提是存在两个有效土地承包经营权，两个土地承包经营权属于同一集体经济组织发包，双方农户在自愿的基础上，对承包经营权进行的微调。该种调整使得双方的权利和义务发生了变化，虽无须发包人同意，但要向发包人备案，并变更土地承包合同。

5. 代耕

代耕是指承包方将其承包的土地委托给第三人短时间代替其经营的行为，按农业行为所处的不同阶段可细分为代种、代耕、代收。代耕是广义的全称概念。代耕行为基于熟人社会关系，代耕流转期限一般较短，而且时间也不固定，无须经发包方同意，通常不签订书面合同。对于代耕涉及的时间、条件等多为口头约定，这种情况下，原承包合同关系不会发生改变。《农村土地承包法》第 39 条规定："承包方将土地交由他人代耕不超过一年的，可以不签订书面合同。"代耕实际上也是经营权的流转，但是比转包时间更短，且没有正式契约，属于关系契约。

6. 托管

托管是指承包方将自己承包的土地委托给农业服务组织或者种植大户代为经营管理的行为。托管行为大多在双方签订的协议约束下进行，通常情况下，委托方向受托方支付一定的费用。托管期间原承包合同规定的权利义务可以由承包方履行，也可在协议中明确由托管方履行。此种流转方式与土地出租的区别在于，受托方只收取一定的服务费用，土地经营的收益由农户获得，土地经营的风险也由农户承担。

（三）农地经营权流转的制约因素

1. 权利间的冲突与博弈

（1）集体所有权与承包权冲突问题。

一是集体所有权对农户承包权的侵犯问题。理论上，集体土地所有权的实现应该是在集体成员通过规定程序共同形成决议的基础上由集体土地所有权作为代行主体代为行使所有权。通常情况下是村民委员会来行使，而目前的农村土地承包制度中规定土地承包经营权则由农户直接行使，主体不同，那么就不可避免地会在两种权利的行使中产生冲突。

集体所有权对农户承包经营权的侵犯时有发生，危及一些地方农村社会稳定。早期主要体现为多留机动地，频繁调整土地承包关系，不少地方没有将承包期延长到中央规定的 15 年、30 年。后来主要体现为通过"两田制"和"反租倒包"，以壮大集体经济、增加集体经济组织收入之名，行加重农民负担之实。再后来这种冲突尤其体现在农村土地流转的过程中，集体为了招商引资、发展规模经营，会通过各种方式对农民自发流转经营权进行限制，或者强制农民流转，强迫农民将土地承包经营权入股、入社。这些情况的反复出现，都是对农户承包经营权的侵犯。而尴尬的是，目前的法律规定一定程度上鼓励了这种现象的出现。《农村土地承包法》以及农业部《农村土地承包经营权流转管理办法》中均规定农民如果通过转让方式流转承包经营权，必须向发包方提出申请、经发包方同意，最高法也通过司法解释的方式肯定了发包方同意这一流转要件,① 这些规定一定程度上为集体所有权与农户承包权之间的冲突埋下了伏笔。

二是承包权对集体所有权的扩张。新的农地制度提出要稳定农户承包关系并保持长久不变,承包期被无限延长。实行农村土地家庭联产承包责任制以来,承包期限在最初的《关于1984年农村工作的通知》中规定为15年,这一期限在1993年中央农村工作会议上提出再延长30年的政策方针,接下来一系列的指导方针的方向为不断地稳定承包经营权,直到现在提出的承包关系"长久不变",这样的土地政策从外部对集体土地所有权的权利内容施加了制约,在"长久不变"的政策背景之下,农民对于土地的支配性质的权利事实上是在朝着所有权的方向发展,还有认为农村土地承包经营权在本质上是一种"相当所有权",因其带有对集体土地所有权进行质的分割的性质,这就会导致两种权利之间必然会产生冲突。在过去注重强化农地"集体所有权"的农地制度中,集体所有权代行主体大都通过发包、调整、收回、收取土地承包费等方式来强化所有权,而新的农地制度中农户承包经营权不断得到强化的大趋势使得打乱重新发包或者大规模调整的合法性依据已基本不存在,集体所有权与承包权之间的冲突必然会存在。

(2)承包权与经营权的冲突问题。

一是承包权保障属性受到威胁。三权分置的背景下,承包权与经营权分离后,经营权人从承包权人处获得占有、使用土地的权利,按照上面我们的分析,经营权作为准用益物权,其具有物权属性,可以直接对抗承包人,由此可能形成土地经营权一权独大,逐渐吞噬农户承包权和集体所有权的风险。尤其是在农户承包关系长久不变的土地制度下,如果承包权人签订长期合同而将

---

① 最高人民法院《关于审理涉及农村土地承包纠纷案件适用法律问题的解释》第13条:承包方未经发包方同意,采取转让方式流转其土地承包经营权的,转让合同无效。但发包方无法定理由不同意或者拖延表态的除外。

土地经营权长时间流转出去，那么经营权人的权利则不能受到有效制约。承包权人长期流转经营权，如果未能寻得稳定工作，未能纳入城镇的社会保障体系，等其年老想回到农村务农时可能会因为经营权流转期限未到而生活无以为继，承包权本身所负载的对农民的保障属性则无法实现。

二是承包权和经营权分离后的利益平衡问题。土地承包权与土地经营权作为并存于同一土地上的两个独立的权利，两权间的利益协调直接影响到"三权分置"制度实施的实际效果。首先，对于经营权流转期限问题会存在承包权人与经营权人之间的利益博弈。"农业是弱质产业，短期内难有成效，如果经营权分离出来的时间过短，农业投资就难以回收，经营权人就无法稳定投资；如果允许农地长期流转并一次性交付租金，就等于变相出售经营权，农民手中剩下的承包权的价值堪忧。"① 其次，除分离期限外，在经营权分离的对价上，也存在二者之间的博弈：承包权人肯定希望流转价格越高越好，并且价格越高其流转土地经营权的意愿越强烈；而经营权人肯定希望流转价格越低越好，这样其更有把握在后期的农业生产中收回投入，获得利益。二权利人对分离期限与分离对价的博弈不可避免，所以在处理这一问题上要兼顾二者利益：一方面，要防止强势的工商资本通过农业规模化生产对农民利益空间的挤压，使收入水平本就比较低的农民受到更严重的剥削，要保证承包权人能够比较稳定地长久地从承包土地中获取利益；另一方面，不能挫伤经营权人规模生产的积极性。这就需要在农地三权分置、促进土地经营权流转的过程中，必须平衡所有权、承包权和经营权三权主体之间的利益，在农业规模化经营中实现多方共赢。

2. 土地法律法规不健全

总体来说，我国现行的农村承包土地的相关立法不系统、不

---

① 潘俊：《农村土地"三权分置"：权利内容与风险防范》，载《中州学刊》2014 年第 11 期。

具体，甚至相互之间还存在矛盾和冲突，与承包地实践相比，存在滞后性，未充分发挥法律应有的作用。实际指导农村承包地实践的更多情况下是政府的土地政策和措施。这一方面根源于我国几千年集权、人治的统治，另一方面源于家庭承包责任制的推行，本身就是一场自下而上的制度革新活动，政府的政策和措施在其过程中起着直接作用；而相关立法一直处于比较被动的地位，一般都是处于对农村基层土地创新实践活动的进行认可和规范，凸显了法律制度供给不足的问题。

"三权分置"的制度设计，目前在政策层面上已经逐步探索形成了一个较完善的农村土地权利体系，并且在实践中也已逐步推行，但在法律层面上还没有跟进，依旧缺乏相对完整、成体系的法律规范，尚未实现将政策性的制度上升为规范性的法律。在我国现行的与农村土地相关的法律中，包括《农村土地承包法》《物权法》《土地管理法》等，均未涉及农村土地所有权、承包权、经营权三权分置的内容，更没有明确的对三权的权利内容、权能边界、权利主体进行界定和划分。尤其是分离后的农村土地承包权和经营权，作为两个独立的用益物权，在法律体系上存在上位法律的空白；另外，对于经营权流转的相关问题也只停留在地方性法规、规章以及政策文件层面上，缺乏法律上的依据和保障，大规模的规范流转困难重重。

3. 配套制度不完善

（1）土地承包确权登记制度不完善。稳定农村土地承包关系长久不变的基本前提就是要进行农村承包土地的确权登记颁证工作，而且确权登记颁证对于促进农村土地经营权流转、实现农业规模化经营具有重要意义。但目前土地承包确权登记制度的不完善引发了许多实践中的问题：首先是由于确权登记颁证工作的滞后，引发农村土地权属关系非常混乱，争议很多，许多过去因各种原因而导致的证地不符等历史遗留问题难以解决，在目前的确权登记颁证过程中极易诱发权属争议。其次，我国自改革开放实行家庭联产承包责任制以来，一直都有农民自发地流转承包地，只是在这些土地流转的实践中，因为没有统一明确的专门法律的规范和指导，再加上农民缺乏必要的法律意识，存在许多不规范，甚至违法流转的现象，由此导致的土地流转纠纷日益增多，不利于土地经营权流转的长久发展，阻碍了新型农业经营体系的构建。通过确权登记颁证使土地承包权权属明确、产权清晰就显得尤为必要。

（2）土地征用补偿分配制度问题。现行的《土地管理法》规定土地征收过程中的补偿标准按照农业用途给予产值的倍数补偿（6~10 倍或 4~6 倍），按照这个标准最终的补偿分配为："补偿款的分配格局是政府占 60%~70%，村级组织占 25%~30%，农民仅占 5%~10%。"[①] 征收利益的分配存在严重失衡。首先，政府拿到 60%~70% 的高比例，可能导致低廉的征地补偿款与高昂的土地出让金之间的巨额"剪刀差"。其次，除了政府的收益之外，农村承包土地的土地补偿费大部分给了村级组织，小部分给了被征地农户，这是对农民权利的侵害，这与保护农民财产权的初衷有所偏离，侵害到集体成员生存权与发展权，"九三学社进行的一项调查表明，在全国的失地农民中，有 60% 左右的人生活十分困难，有稳定经济收入、没有因失地影响到基本生活的只占 30% 左右"。[②] 最后，目前的土地征收补偿制度中没有明确对于承包权与经营权分离的情况下如何分配承包权人与经营权人之间的补偿款，在最高法的司法解释中提到"承包方已将土地承包经营权以转包、出租等方式流转给第三人的，除当事人另有约定外，青苗补偿费归实际投入人所有，地上附着物补偿费归附着物所有人所有"[③]，但是农业是长期投入的产业，尤其对于签订长期土地经营权流转合同的经营权人来说，如果仅仅

---

① 陈明：《农地产权制度创新与农民土地财产权利保护》，湖北人民出版社 2006年版，第 147 页。

② 王卫国：《21 世纪中国民法之展望——海峡两岸民法研讨会论文集》，中国政法大学出版社 2008 年版，第 365 页。

③ 最高人民法院《关于审理涉及农村土地承包纠纷案件适用法律问题的解释》。

对青苗或其所有的地上附着物进行补偿，难以补偿其对提高土地生产能力的投入。况且土地经营权定性为准用益物权，理论上具备物权属性，在征收补偿方面也应从物权层面考虑，而不仅仅是现存的青苗及地上附着物的价值。因此，新的土地制度下，为实现保护农民权利的目的，必须调整土地征收补偿制度，重视所有权、承包权、经营权三者的物权属性，尤其是承包权与经营权的用益物权属性，维护其在土地征收补偿中应享有的土地利益。

（3）农业补贴制度不合理。一般意义上的农业补贴指的是"对农业的财政补贴，即国家为了实现特定的农业产业政策目的而将财政收入依法定的标准和方式转移给特定的农业生产经营者的国家行为"。① 近些年来，我国也相继制定了许多农业优惠政策来促进农业的发展，如对种粮农民的直接补贴、良种补贴以及农机购置补贴，中央出台这些补贴政策旨在稳定农业生产安全，保障农民较为稳定的收入水平，并且激发农民从事农业生产的积极性，从而保证国家粮食安全，按照这一初衷应该是"谁种地谁获得补贴"，但由于《农业法》及其他有关土地的立法中没有对农业补贴的具体规定，而在农村土地经营权流转的现实情境中，实际上是由承包权人在获得补贴。这对于实际种植农地的经营权人来说是显失公平的。

四、三权分置下农地经营权流转制度创新

（一）完善三权间利益协调机制

1. 所有权与承包权冲突的协调

（1）所有权实现形式的转变。集体所有权是我国农村土地所有权归属的主要法律模式，但对于集体所有权制度的正当性，学者们还是存在争议的。很多学者认为，土地集体所有权已经仅仅是一种意识形态的选择、政治制度的选择，在法律层面已经没

---

① 黄河：《论我国农业补贴法律制度的构建》，载《法律科学》2007 年第 1 期。

有存在的实质意义。但是，在农村社保体系不健全、经济发展差距较大的严酷的现实面前，集体所有权能够在很大程度上吸收农村剩余劳动力，为集体成员提供最低层次的物质保障。这种情况下，土地资源就发挥了巨大的作用。正视和反思集体所有权的内涵和功能时无法回避这一现实因素。我国农地制度的发展变化在过去几十年中本身就是在不断的强化农户的土地承包经营权，用益物权的权能不断扩大，对集体所有权的权利已经明显挤压，现在提出三权分置包括要尊重所有权，那么原来既有的权利内容已失去合法性依据的前提下，就要转变所有权的实现形式，不宜再通过扩大其调整和强制收回农户承包地的权利来体现，也不宜通过收取土地承包费、参与土地流转资金分配来体现，而应充分发挥其在集体成员资格确认、土地征收补偿、土地用途监督等方面的权能。

（2）承包权的法律保障。对于承包权，因在现行的法律当中没有关于承包权的表述，所以承包权的保护应主要体现在法律保障层面。一是要立法明确承包权主体的集体成员资格问题，同时要继续在法律中明晰承包权的各项权能，既包括对土地的基础权利，也要构建相关的自治性权利、集体收益分配权等成员权制度；二是要积极回应中央"稳定承包关系长久不变"的土地政策，将承包权"永久不变"写进法律，使农民对土地的承包权利有可靠的法律保障；三是承包权的权利性质及内容应该明确化，应包括土地流转收益权，获得征收补偿权及安置权，土地到期收回权，有偿退出权，继承权和剩余权；四是要在农村土地征收补偿制度中单独列出关于承包权的权利被剥夺或限制时应该得到补偿的情况及标准。承包权是农民重要的土地财产权利，具有物权属性及财产属性，其权利被剥夺时理应单独进行补偿。现行的土地征收补偿标准中只有安置补助费，未凸显其财产属性，不尽合理，应予增加。

2. 承包权与经营权冲突的协调

（1）合理控制经营权流转期限及价格。上面我们提到，土地承包权与土地经营权之间的利益协调直接关系到"三权分置"的改革效果，关系到能否在促进农业规模化经营的同时实现农民土地财产权益的实现。然而，两类权利主体间利益的协调仅凭市场机制是不够的，需要在土地流转过程中逐步探索形成相关的流转惯例或标准。

首先，要合理控制经营权流转的期限。在我国土地流转实践中，多数流转合同签订的期限都较短，甚至很多流转合同是一年一签，这严重影响经营权人对土地生产能力投入的积极性，制约着农业规模化经营的发展。而几乎没有农民愿意将经营权永久的流转出去，因为现阶段土地对于农民所发挥的保障作用还是非常重要的，除非是农民有退出承包权的意愿，鉴于目前相关法律及政策禁止承包权的转让而通过经营权流转期限为永久的方式变相退出承包权。那么，在流转期限的限制方面，应充分考虑农业生产的投资回收周期较长这一性质，有必要确定一个流转期限的范围。我们认为，综合考虑农业生产特点和农村土地产权的基本情况，经营权流转的最低期限应考虑设置为 4～5 年，以平衡承包权人和经营权人利益。至于最长流转期限，由于农民本身对流转期限较长、流转后对其影响较大的流转方式有较强的防范意识，且实践中长期流转经营权的情况也确实很少，因此我们认为没有必要设置具体的期限为最长期限，但不能超过农村土地的承包期限，更不宜直接签订期限为"永久"的流转合同，否则会对承包权产生强烈的冲击，产生一系列的问题。至于确有永久流转经营权意愿的农民，可通过承包权有偿退出的形式来实现。

其次，要加强经营权流转的价格监管。为防止市场经济的自发性、盲目性和滞后性，导致农村土地经营权价格不合理变动，要充分运用宏观调控手段，实现农村土地经营权流转价格的合理化，使农业生产经营利润能在承包权人及经营权人之间得到合理分配。可允许政府或者其他有相关资质的中介机构介入经营权流转过程，由政府或中介机构根据农村土地的地形、生产能力等特点，对要流转土地的经营权价值进行评估，确定相应的土地流转参考价格。在这一参考价格的基础上设定浮动范围，在具体的流转过程中再根据流入土地的经营效益以及粮食价格变化等情况来最终确定土地流转价格，这样的动态价格制定相对于一次性确定好流转价格更加合理，均衡地分配农业生产经营利润，保障农民获得更为长远的土地利益。

（2）经营权流转风险保障机制。

首先，要合理确定土地经营权流转规模。农村承包土地三权分置的目的是促进经营权流转，实现农业规模化经营，提高农地的生产效率，但在政策的执行过程中也要把握好度，防止因短时间大规模流转而造成的工商企业垄断定价，大肆挤压农民利益的问题。具体来说，在流转规模的问题上，我们可以参考 2014 年 11 月中共中央办公厅、国务院办公厅印发的《关于引导农村土地经营权有序流转发展农业适度规模经营的意见》中对此表明的两点要求："一是土地经营规模的务农收入相当于当地第二、三产业务工收入；二是土地经营规模相当于当地户均承包土地面积的 10~15 倍。"总之，要以理性的态度慎重对待，要充分认识农地经营权流转是一个不平衡、循序渐进的过程，不可一哄而起、齐头并进，要参考当地的城镇化进程、农村劳动力转移规模等实际情况，同时要同步推进当地农业社会化服务水平。

其次，要切实保障农户自愿流转土地经营权。促进土地经营权流转，实现农业规模化经营是我们的政策目的，也是新的土地制度的初衷，但在流转过程中一定要尊重农民意愿，不能用强制办法，而是在示范和引导的前提下，根据农民意愿进行流转。农民会有自己生活的经验及思考问题的方式，在涉及财产利益的问题上，他们也会结合自身的实际情况作出有利于自己的决定，包括是否流转自己承包地的经营权，采用哪种流转的方式以及流转的期限、价格等。

最后，要健全农村承包土地经营权流转的监管和风险防范机制。尤其是对于工商资本投入农地经营领域，要建立严格的对经营权受让主体的资质审查、农地用途监管等，避免农地"非农化""非粮化"现象的出现。探索建立农村承包土地经营权流转的风险保障金等制度。

（二）完善三权分置下农地经营权流转的相关法律法规

在建设社会主义法治国家的大背景下，农地制度的改革不能再仅仅依靠一项项政策来推进，必须要及时转换农村土地制度变革方式，要将改革寓于立法中，实现从政策规定到法律界定的质的飞跃，重新构造农村土地权利制度和法律框架，建立主要依靠法制手段管理农地、保护农民权益的新机制。

首先，应该修改、完善土地基本法。依据实践中已经存在的土地权利关系，对土地基本法中与事实相抵触或过时的内容尽快修改，将已经成熟的土地政策上升为土地基本法的内容，即以法律巩固现有的事实秩序。一是作为上位法的《物权法》应明确肯定农村土地所有权、农村土地承包权和农村土地经营权的物权属性，对三项权利在占有、使用、收益和处置方面的权能边界进行划分，明晰三权权利主体所享有的权利和应当承担的义务。二是要尽快修改、调整《农村土地承包法》和《土地管理法》中关于农村土地承包经营权方面的内容，以《物权法》的修改为参照，从法律上承认农村土地所有权、承包权、经营权的三权分置。

其次，尽快制定农地流转方面的专门法律法规，主要包括：《农村土地承包经营权流转条例》、《农村土地承包经营权流转登记条例》以及《农村土地承包经营权流转合同管理条例》等。从规范和保障经营权流转实现的角度，至少应包括以下内容：经营权权利主体条件及范围、流转具体程序、流转合同基本内容、经营权转让的最低期限和最高期限以及流转要坚持依法、自愿、有偿原则等。

此外，要逐步推出各具体职能的法规、规章，健全土地立法体系，如《土地租赁法》和《土地信托法》等专门性的法律法规，在相关立法中尽快将土地经营权抵押合法化。

(三) 完善配套制度建设

1. 完善土地承包确权、分离登记制度

承包权作为用益物权，对其尽快进行确权登记颁证工作更有利于对农民权益的保护。确权登记颁证，把农民对承包土地的各项权利明明白白的确定下来，并进行权利登记备案、发放权利证书，将农村土地承包权固化到具体的农户，能够提升农村土地承包经营权确权登记的法律效力，这也是明晰土地权利、依法有序进行土地经营权流转的基本前提。具体操作过程中要把握"确地到户"的基本原则，对于"确权确股不确地"的特例要从严掌握，切实强化对农民土地承包权的物权属性的保护，为其合法的土地权益提供有效法律保障。

同时，应该完善分离登记制度。在对承包土地进行确权登记颁证工作的基础上，还应当完善农村承包土地承包权和经营权的分离登记制度。承包权与经营权都是从所有权中分离出来的用益物权，具有物权的对世性和对抗性。经营权人可以直接支配其经营的土地，这种支配权应该是排他的。所以在承包权、经营权分离的过程中对经营权的设立、流转等行为进行登记公示很有必要，有利于第三人对权利的知晓与保护。而且，这几年正大规模地推进承包地的确权登记颁证工作，这是一个很好的契机，为承包权与经营权分离登记制度的建立提供了方便，通过登记生效主义实现承包权与经营权分离未来实现并不遥远。已有部分农村土地承包权人具备一定的土地流转风险防范意识，在实际的土地流转中，他们倾向于采用签订合同并经政府登记的土地流转模式，以更好地保护自己的土地权益。

2. 健全土地征用补偿制度

根据上文的分析我们得知，在"三权分置"的农地权利体系下，所有权、承包权、经营权三个权利的权利内容都包括土地征收补偿权，所以在新的土地制度层面就应考虑平衡三者之间在土地征用过程中的利益分配问题。中央对于农村土地征收制度改革总体基本思路是："缩小土地征收范围，规范土地征收程序，

完善对被征地农民合理、规范、多元保障机制，建立兼顾国家、集体、个人的土地增值收益分配机制，合理提高个人收益。"①

在这一基本思路引领下，改革首先应该由原来的按照农业产值倍数补偿的理念转变为按市场价值补偿，由此解决政府在土地征收中获益最大的现状，切实保护农民的财产权利。其次，村级组织和被征地农户之间的补偿款分配问题应通过立法统一标准，全国按照一个固定的比例分配补偿款给农户，其余部分分配给村集体，村集体再根据自身情况决定补偿款用途，或留作集体经济发展资金或平均分配给集体成员。目前，各地实践中采用的这一比例在 70% ~ 80%，或固定或浮动，我们建议全国统一固定比例为 75%，接近各地目前标准。最后，对于承包权人与经营权人之间补偿款分配问题，应在目前的基础上（青苗费及地上附着物补偿）再适当向经营权人倾斜，一方面是对经营权人权利的保护，另一方面激发经营权人开发土地、提高土地生产能力投入的积极性。具体标准制定中，可根据土地经营权流转合同期限的长短确定不同的比例，比如，对于低于 5 年的经营权流转合同，除原有的补偿款之外，经营权人可获得 5% 的土地补偿款，5 ~ 10 年的合同，可获得 10% 补偿款，10 ~ 15 年的合同，可获得 15% 的补偿款等。具体比例数额要把握在合理的范围内，既能保障经营权人的土地征收补偿权实现，又不能定得过高打消农民流转经营权的积极性，需要更深入的研究分析之后确定。

3. 优化农业补贴政策

有学者的数据调查显示"当下一些地区以承包人而不是农地经营者为农业补贴发放对象且农业补贴金额较低的做法并不利于农村土地经营权的流转，这一做法会减弱转出户土地转出意

---

① 2015 年 8 月，中共中央《深化农村改革综合性实施方案》。

愿，增强转出户对土地的依赖"①，可见完善农业补贴法律制度确有必要。我们建议在《农业法》中专门设置一章，将有关农业补贴政策的目的、补贴标准法律化、制度化，大的方向是政府应该考虑将农业补贴发放给粮食种植户等实际的农地经营者，并与农地承包关系脱钩，比如将现行的"三项补贴"（农作物良种补贴、种粮直补、农资综合补贴）合并为"农业支出保护补贴"，补贴给实际经营者，优化补贴支持方向。"保持与现有政策的衔接，调整部分存量资金和新增补贴资金向各类适度规模经营的新型农业经营主体倾斜，合理确定支持力度，不认为'垒大户'"②，中央新的政策也是这一方向。不仅如此，在农业比较利益偏低的现实条件下，加大农业补贴的强度且将农业补贴发放给农地经营者，能有效地提高其收入水平，刺激其转入土地的积极性，这样才能切实保障农业补贴向各类适度规模经营的新型农业经营主体倾斜，提高农业补贴政策效能。

（四）创新农地经营权流转方式

农地经营权流转是新形势下土地改革的核心内容，对于实现和保障农民土地财产权具有重大意义。我们应该清醒地看到，伴随着农业生产方式的升级换代，农业产业化已是大势所趋。土地流转中的新情况、新问题也随之而来。传统的自发流转土地方式很难适应新时期的需求。怎样创新土地流转机制，如何规范流转环节，从实际上切实实现农民收入增加，促进经济增长，实现社会的长期稳定，已成为"三农"工作中迫在眉睫的重大课题。2015 年年初中共中央办公厅、国务院办公厅印发的《关于引导农村土地经营权有序流转发展农业适度规模经营的意见》（以下简称《意见》）明确指出要鼓励创新土地流转形式，支持有条件

---

① 冀县卿、钱忠好、葛轶凡：《如何发挥农业补贴促进农户参与农地流转的靶向作用——基于江苏、广西、湖北、黑龙江的调查数据》，载《农业经济问题》2015年第 5 期。

② 2015 年 8 月，中共中央《深化农村改革综合性实施方案》。

的地方制定扶持政策，鼓励引导农户长期流转承包地并促进其转移就业。争取实现在不改变土地集体所有性质、不改变土地用途的前提下，确认土地权属，综合土地整治，创新土地经营权流转模式，最大限度地提高农村土地的利用效率。全国各地充分结合当地实际情况，以农村土地改革为突破口推进农村土地流转，先后探索和推广了多种土地规模经营模式。

1. 农地经营权抵押方式

国务院印发的《意见》提出要实现所有权、承包权、经营权三权分置，形成土地经营权流转的格局，鼓励创新农村土地流转形式，其中很重要的一项就是要"稳步推进土地经营权抵押、担保试点，探索建立抵押资产处置机制"。在农村承包土地经营权流转较好的地区开展承包土地经营权抵押贷款试点，对于完善农村承包土地权能、提高农民贷款的可得性具有积极作用。但是通过对目前农村农地经营权抵押现状的考察发现，由于相关配套制度未完全建立，这就对交易双方的积极性有不利影响，也非常不利于农地经营权抵押贷款试点工作的开展。总结起来需要在土地资产评估机制、抵押资产处置机制、风险补偿机制、农村信用体系等方面不断完善相关制度。令人鼓舞的是，近日，中国人民银行联合相关部委发布农村"两权"（农村承包土地的经营权和农民住房财产权）抵押贷款试点办法，进一步明确了政策要求，标志着试点正式进入实质性操作阶段。尽管农村"两权"抵押贷款在不少地方已经试点多年，但在顶层设计、法律授权等层面与此次试点不可同日而语，国家试点是在政策与法律空间基本廓清的前提下进行探索，从而将在更高层面深化农地金融创新。

2. 农地经营权信托方式

土地流转信托是指农村土地承包经营权人在一定期限内将土地经营权委托给信托公司，并与之签订信托合同，而后信托公司在对土地进行归整、改良以及完善基础设施建设之后再将土地出租给第三方经营。其中，信托公司将从第三方处获得的收益进行处理后再向作为受益人的农户分配。在坚持农地集体所有不变、农村土地农业用途不变的双前提下，流转信托保证了农民土地承包经营权稳定，实现了较高的土地流转经济价值。在操作的过程中，信托公司为流转的实现提供了资金保证，并实现了土地经营权的最大流动性。

在保证土地所有权和实现收益权分离的基础上，土地流转信托无疑是我国农村土地经营权流转重大的实践创新。这种模式具有促进动农业现代化，推动新型城镇化，长久高效保护农村土地，最大限度解决土地闲置，杜绝农业用地流失，直接提高土地利用率等优势。在我国浙江绍兴、福建沙县、湖南益阳等地都进行了有益的土地流转信托实践，取得了较好的成果。可以说，土地信托流转使土地流转规范化、市场化和有序化，从根本上保护了农民的土地财产权利，使农民能够享有土地增值收益，分享农业现代化和城镇化的成果。

3. 农地经营权入股方式

土地经营权入股是指以土地经营权为资产进行投资公司或农民专业合作社的行为。土地经营权与土地承包经营权在入股期间均不会改变原有的承包关系。实践中，土地承包经营权入股对实现土地流转具有重要的推动作用，而且入股这一土地流转形式的流转对象呈现多元化趋势，除集体经济组织内部成员间的流转外，近年来部分工商企业、专业合作社、家庭农场、种粮大户等初具规模经营主体作为受让方也大量参与到农村土地流转市场当中去，并有上升之势。

最高人民法院《关于审理农业承包合同纠纷案件若干问题的规定（试行）》第 21 条规定："承包方依照法律、法规和政策的规定，以其承包经营的标的物入股，仍按照承包合同的约定，向发包方行使权利和承担义务的，人民法院应当准许。"承包经营标的物入股的实质即土地承包经营权入股。该规定从侧面肯定了农户以其土地承包经营权入股的合法性。土地股份合作可促进农村集体经济的发展，因而有必要将其纳入规范创新范畴。

但是，目前我国土地承包经营权入股还存在诸多问题，如土地承包经营权入股的正当性争议，平等协商、自愿、有偿原则的落实障碍，改变入股土地的农业用途时有发生，土地入股经营失败后处置困难等。完善土地承包经营权入股制度是一项需要长期调研、分析的工作，不可能一蹴而就，也不是单单凭借某一法律法规的制度建设就能完成的，需要全面、系统的制度建设过程。

4. 农地经营权流转证券化

土地证券化作为一种更为新型的农地经营权流转方式，其本质即是"以土地收益作为担保发行证券，在不丧失土地产权的前提下，利用证券市场的功能，将不可移动、难以分割、不适合小规模投资的土地转化成可以流动的金融资产"。①

农地经营权证券化是推进农地流转方式创新、农地改革的有效途径。其重要作用主要体现在以下几个方面：一是为农地经营权流转设立了一个新的载体，有利于农地经营权在更大范围内流转，提高土地的利用效率的同时更有利于实现农户土地的资产性收益。二是土地证券化为农业发展和土地改良筹措了急需的发展资金。三是有利于规模经济的形成和机械化程度的提高，从而推进农业现代化。四是有利于地产市场的形成和发育。

在实际操作过程中，土地证券化主要有两种模式：第一种是基于土地抵押贷款的证券化。一般是首先由享有土地承包经营权的农户以土地经营权为抵押向商业银行或者信用合作社等金融机构申请贷款，之后金融机构将这些土地经营权抵押贷款委托给投资银行，投资银行将这些零散的贷款进行组合，由政府提供信用担保从而提高证券级别，投资银行再将这些贷款的相关服务委托给商业银行等金融机构代理，最后由商业银行对外发行相关证券出售给投资者并获得资金。但是，由于目前我国农地抵押尚未进入广泛的正常运转，相关法律法规也都不太健全，导致这种模式在实际应用中并不普遍。第二种是基于土地收益的证券化，也可以看作是基于土地资本化的证券化。随着

---

① 常焕焕等：《浅析农村土地证券化》，载《北方经济》2010 年第 23 期。

我国证券市场的不断成熟和完善，未来收益证券化的对象已经不仅仅局限在传统的信用资产和信用契约领域，而是扩展到了特定资产的未来预期收益。基于土地未来预期收益的现金流发行股票，成立土地股份有限公司成为土地证券化更好的选择。土地收益流高、预期能给股东创造较大财富的甚至可以申请上市融资。对于农地证券化来说，其支撑资产是农地未来预期收益的现金流，原始权益人并不需要将农地产权真实出售，这种做法不仅符合我国证券市场的发展趋势，也能在现行的法律规定下最大限度保护农户的财产性权益。

5. 其他

除上述几种土地经营权流转创新方式之外，理论界及实践中还出现了一些较为新颖的农地经营权流转方式，如"综合农协""土地银行"等。

（1）综合农协。所谓"综合农协"，是指以专业农户和兼业农户为主要成员，以互助合作为基础，跨地域、跨行政村、覆盖全体农户的新型农村合作组织，并通过该组织提供与"三农"相关的购销、加工、商业、信用合作、农技推广、文化教育与福利事业等多功能服务，促进农业的可持续发展和农村的繁荣稳定，是兼有社会功能与经济功能的职业农民团体。

这种新型的合作组织不同于农民专业合作社的主要特征在于：第一，设立基础是一定的地域，而非某种特定的产品或产业；第二，面向特定地域内的广大农户，而非仅面向同类农产品的生产经营者或者同类农业生产经营服务的提供者及利用者；第三，提供与农业生产、生活有关的综合性的经济服务和社会服务，而非仅"提供农业生产资料的购买，农产品的销售、加工、运输、贮藏以及与农业生产经营有关的技术、信息等服务"。

与农民专业合作社不同，综合农协目前并未在全国范围内推行，而是在地方政府的支持下散见于山西、湖北、四川、河南、安徽等地。其中，最为典型和成功的当属山西永济的蒲韩农协。

蒲韩农协是一个为当地农户提供生产和生活资料的共同购买、共同运销、小额贷款、农技推广、品种改良、文化教育等综合性服务的组织。其内部分为经济服务和社会服务两大部门，前者主要包括青年有机农场、农资连锁店、有机联合社和城乡互助中心等板块，主要从事经营性活动；后者主要包括农民学习中心、老年康乐中心、文化传播中心等，主要从事非经营性的服务活动，而社会服务所需的全部经费均从协会经济性收入中划拨。协会的盈余，则在留够公共积累后，依社员和协会发生的营利性业务的多少予以返还。

与蒲韩农协模式相类似的还有湖北建始县河水坪地区新农协综合发展协会、安徽南塘兴农农资专业合作社以及浙江瑞安农村合作协会等。这些合作组织虽然在名称、运行模式上不尽相同，但由于均具备前文所述的不同于农民专业合作社的主要特点，故均被学术界划入"综合农协"范围。

上述综合农协模式能否成为中国今后农村合作组织的发展方向，在学术界尚存争议。支持者认为，其代表中国农民合作组织的发展趋势，是解决"三农"问题的"一剂良药"。反对者则认为，其在中国并不具有可适用性，大力发展农民专业合作社才是破解"三农"难题的途径。我们认为，农民专业合作社固然有其不可替代的作用，但综合农协是农民新型合作组织的发展方向。从实际运行效果看，其意义和价值主要体现在以下几方面：一是其面向社区内的所有农民提供生产、供销、金融以及生活等全方位的服务，这使得其可以最大限度地把处于弱势地位的小农组织起来，满足其多样化需求。这一点具有农民专业合作社所无法比拟的优势。二是其以自身的经济力量为所在社区提供服务，弥补了农村公共服务的不足，无论是农民、社区还是当地政府均从中受益。三是其所具备的某种意义上的公益性使其能够与政府建立起良好的伙伴关系。

综合农协的上述作用，并非农民专业合作社能够替代，这使得它的存在具有新的生命力。虽然综合农协对当地农村经济和社会发展具有积极的作用，但由于其在现行的法律及政策框架内并无明确依据，基本上处于自发运作状态，使得其在实践运行中不可避免地遭遇到诸多困境：其一，发展方向困境。如前所述，目前综合农协在中国的实践只局限于地方层面，各地模式呈现出孤立、分散的特点，尚未形成一套科学的体系架构，故其发展方向和前景尚不明朗，学术界对其究竟应当发展为一种新型的自上而下的农民合作经济组织，还是农民利益表述组织，抑或社区组织尚存争议，从而对其在全国范围内的推广带来难度。其二，法律地位困境。实践中的综合农协均将自己界定为非营利组织，从而多选择了以社会团体法人的形式登记注册，但它们又同时以合作经济组织的形态提供服务，这使其并不完全符合社团法人特征。其三，经营活动合法性困境。根据中国《社会团体登记管理条例》及相关规定，社会团体不得以自身名义从事营利性经营活动，只能以其投资设立的企业法人或非企业法人的名义从事经营。而实践中的综合农协往往突破了这一限制。其四，组织制度建设困境。目前，综合农协大多以《社会团体法人登记管理条例》取得了社团法人身份，但该条例只是从行政管理的角度对社会团体的登记程序予以规定，至于其制度建设方面则未设明文。这使得综合农协在组织结构、民主管理等实质问题上并无明确依据可循。其五，与乡镇政府、村委会、集体经济组织关系的困境。综合农协弥补了农村公共服务的一定不足，但又在一定程度上架空了具有公共服务职能的乡镇政府、村委会及集体经济组织，对这些组织职能的行使造成了一定的冲击。所以，如何处理与上述组织的关系，同样困扰着综合农协。

　　综上所述，综合农协这种在实践中出现的新型合作组织对于农村经济、社会的发展具有十分积极的意义，若能对其加以规范引导，合理设计，必能在"三农"问题的解决上发挥大作用。但目前制度供给严重不足，使得综合农协在运行中遭遇诸多法律困境，从而影响了其功能的发挥。因此，如何从法律的角度为综合农协的发展提供制度设计和法律保障，是促进综合农协发展和改善农村治理结构首先要解决的问题。

（2）土地银行。土地银行也成为农地流转制度探索创新的一种形式，河南省临颍县是较早开展土地银行的试点之一，成立了河南省第一家"土地银行"，具有一定的示范意义。顾名思义，土地银行就是农户可以像到银行存钱一样，将自己的承包土地存入土地银行，通过与土地银行签订存入合同而持有"存折"，获取"利息"。"存折"和"利息"代表着农民的土地经营权和土地收益。为了完整地开展土地存贷业务，土地银行的主要职能除了办理土地经营权存贷、抵押、贷款的核心业务之外，相关配套职能也应在其职能范围内，如科学评估土地级差，提供土地供求信息，土地他项权证融资贷款，提供耕种的综合服务等。

土地银行作为农村土地流转的一种探索和实践，有利于破解农业生产经营中存在的"地块碎，劳力弱，缺投入，缺服务"等制约因素。其优势主要体现在以下两个方面：

第一，土地银行是一种新型制度安排。相较于过去农村承包土地"反租倒包"等流转形式，更大程度地避免了乡镇政府或村集体对农民土地财产权益的侵害。"土地银行通过市场化运作方式，评估耕地价格后，以土地承包经营权作为货币化形式存入土地银行获得利息收入。流转主体根据土地银行整理后的耕地价格贷出土地，付出贷地利息。因此，土地银行是突破行政色彩的新型土地流转制度安排。"[1]

第二，土地银行是一个新型经营服务平台。土地银行作为一个市场化的土地产权交易平台，除了土地存贷业务的办理之外，还负责其他相关配套职能，如土地存贷信息发布、土地价格评估、耕种服务等，有了这样的经营服务机构的存在，才能有效实现农户承包土地的资产价值。土地银行是顺应农村土地承包经营

---

　　① 李艳华：《土地银行：农地流转制度的探索创新》，载《河南日报》2015年12月22日。

权确权到户政策而形成的新型经营平台，是撬动农业农村经济发展的新型融资平台。

　　总之，土地银行在国家制度框架内，以部分产权即土地承包经营权进行交易及抵押，是土地产权经营制度的创新实践，对我国农村土地产权改革将起到重要的推动作用。

第三章 农地经营权抵押的制度探讨

一、农地经营权抵押的一般问题

（一）农地经营权抵押的界定

1. 农地经营权抵押的含义

农地经营权抵押是指，在不改变土地用途的前提下，承包方农户或农业经营主体不移转土地占有而以承包土地的经营权作担保向金融机构融资的行为。借款人届期不能还款时，银行业金融机构有权就处置抵押物的收益优先受偿。[①] "农地经营权抵押是充分发挥土地的资产功能、破解农村土地规模经营融资难题而采取的一种农地金融创新形式。"[②] 在抵押关系中，抵押人是以农地经营权作为贷款担保的农地经营者，抵押权人是接受农地经营权担保的金融机构，抵押标的是农地经营权，而不是农地本身，农地经营权是一种纯粹的财产权利——从土地承包经营权中分离出的经营权。农地经营权抵押对于优化土地资源配置、提高土地利用率以及增加农民财产收入具有重要作用。

2. 农地经营权抵押的法律特征

（1）抵押的主体。在农地经营权抵押关系中，主体是抵押人与抵押权人。抵押人的范围包括：第一，在经营权与承包权属

[①] 参见中国人民银行、银监会于 2016 年 3 月 15 日通过的《农村承包土地的经营权抵押贷款试点暂行办法》。

[②] 靳丰轩等：《农户农地经营权抵押贷款意愿影响因素研究——以山东省沂水县为例》，载《江苏农业科学》2012 年第 40 卷第 10 期。

于同一主体——土地承包经营权人时，抵押人为集体经济组织中以家庭承包方式取得土地承包经营权的土地承包经营权人。此时，土地承包经营权人所抵押的并非土地承包经营权，而是从土地承包经营权中分离出的土地经营权，经营权抵押之后，土地承包经营权人依然保留完整的承包权。第二，通过合法流转方式获得承包土地的经营权的农业经营主体。此时农业经营主体不限于本集体经济组织成员，只要是农业生产者就足矣。目前，我国存在的新兴农业经营主体种类很多，比如，农业产业化龙头企业、农业专业合作社、家庭农场等。抵押权人为发放抵押贷款的银行业金融机构，目前直接为农地经营权抵押人发放贷款的金融机构主要是农村信用合作社和中国农业银行下设的市县级分支机构。

（2）抵押的客体。农地经营权抵押的客体是从土地承包经营权中分离出的土地经营权。在我国，土地承包经营权是物权法设定的物权类型，其用益物权性质不言而喻。然而，三权分离后的承包权与经营权作为两项新的权利类型，并非法定，因此，需要在现行的土地承包经营权制度基础上对二者分置进行法的构造以达到顺时应变的调适和发展。在"长久不变"的政策背景之下，农民对于土地的支配性质的权利事实上是在朝着所有权的方向发展，土地承包经营权作为用益物权，实际上具有准所有权的属性，当用益物权达到准所有权（类所有权）的属性之时，我们允许其再派生出用益物权，由于这一派生的用益物权不是由典型的所有权派生出来的，我们暂且称其为准用益物权（类用益物权）。① 那么在承包土地的相关权利体系中，土地承包权与土地经营权，则可以被解释为土地承包经营权这一准所有权所派生出的准用益物权，农业经营者用以抵押的是从土地承包经营权中分离出的经营权。因此，农地经营权的抵押不再牵连农民的承包权，而是一种可以单独进行抵押的财产权利。也就是说，农民的承包权永远不会因为抵押权的实现而消灭，这是党中央稳定现有

---

① 此概念出自梁慧星：《物权法总论》，法律出版社 2010 年版。

土地承包关系并保持长久不变的政策意蕴。

（3）抵押的设立。《农村土地承包法》第 37 条规定："土地承包经营权采取转包、出租、互换、转让或者其他方式流转，当事人双方应当签订书面合同。采取转让方式流转的，应当经发包方同意；采取转包、出租、互换或者其他方式流转的，应当报发包方备案。"从这一规定来看，土地承包经营权的流转需当事人双方签订书面合同。2016 年 3 月 15 日中国人民银行印发的《农村承包土地经营权抵押贷款试点暂行办法》（以下简称《暂行办法》）第 6 条规定："通过家庭承包方式取得土地承包经营权的农户以其获得的土地经营权作抵押申请贷款的，应同时符合以下条件：（一）具有完全民事行为能力，无不良信用记录；（二）用于抵押的承包土地没有权属争议；（三）依法拥有县级以上人民政府或政府相关主管部门颁发的土地承包经营权证；（四）承包方已明确告知发包方承包土地的抵押事宜。"第 7 条规定："通过合法流转方式获得承包土地的经营权的农业经营主体申请贷款的，应同时符合以下条件：（一）具备农业生产经营管理能力，无不良信用记录；（二）用于抵押的承包土地没有权属争议；（三）已经与承包方或者经承包方书面委托的组织或个人签订了合法有效的经营权流转合同，或依流转合同取得了土地经营权权属确认证明，并已按合同约定方式支付了土地租金；（四）承包方同意承包土地的经营权可用于抵押及合法再流转；（五）承包方已明确告知发包方承包土地的抵押事宜。"从以上规定可以得出，如果是集体经济组织内部的土地承包经营权人以农地经营权抵押贷款，无须以取得发包方同意为前提，只需明确告知发包方承包土地的抵押事宜即可。如果是流转后获得承包土地的经营权的农业经营主体进行经营权抵押贷款，则需取得承包方同意，并且承包方明确告知发包方承包土地的抵押事宜，无须取得发包方同意。农地经营权自土地承包经营权中分离出来后即成为一项独立的、纯粹的财产权，不涉及承包人的身份与失地风险问题，因此无须像流转土地承包经营权一般有如此之多的限制。

此外，根据《物权法》第 185 条的规定，当事人双方设立抵押权的，应当采取书面形式订立抵押合同。可见，农地经营权抵押的设立必须订立书面的抵押合同，但是抵押权是否需要登记，并无规定。根据《暂行办法》第 14 条的规定："借贷双方要按试点地区规定，在试点地区农业主管部门或试点地区政府授权的农村产权流转交易平台办理承包土地的经营权抵押登记。受理抵押登记的部门应当对用于抵押的承包土地的经营权权属进行审核、公示。"也就是说，是否需要登记，要根据试点地区的规定办理。

（4）抵押的效力。农地经营权抵押的标的为农地经营权，而农地经营权所作用的对象为该经营权所覆盖的土地，但对于经营权抵押效力是否及于地上种植物，学者们看法不一：一种观点认为，农地经营权抵押的效力不及于地上种植物，农地经营权与地上种植物是两项相互分离的权利，两者并不是不可分的关系，将地上种植物与经营权一并抵押后，农地经营权人无法获取农作物的收益。[①] 另一种观点认为，农地经营权抵押的效力应该及于地上种植物，因为地上种植物影响土地经营权评估价值高低，且债务人到期无法履行债务时债权人对经营权进行处分，必然涉及地上种植物。[②] 有学者曾就"四荒"土地承包经营权作为抵押物的情况下，抵押的效力是否及于附合物或曰附属物的问题发表过看法，观点如下：如果附合物为树苗、农作物种子、花草等，它们被栽种于土地之中时，与"四荒"土地承包经营权所作用的土地附合，那么它们成为土地的组成部分，具有"四荒"土地承包经营权的客体地位。如果从价值的角度看，"四荒"土地承包经营权客体的价值提高，"四荒"土地承包经营权本身的价值

[①]　房绍坤：《论土地承包经营权抵押的制度构建》，载《法学家》2014 年第 2 期。

[②]　高影：《土地承包经营权抵押风险防范制度研究》，华中师范大学 2015 年硕士学位论文。

很可能也随之增加，似乎可以说抵押权的效力及于这些树苗等附合物。但另一方面，树苗等与土地附合，成为"四荒"土地承包经营权的客体的组成部分，在民法的构成上，毕竟不是"四荒"土地承包经营权本身所包含的成分，加之作为"四荒"土地承包经营权的客体的土地新添了附合物，"四荒"土地承包经营权的交换价值未必因此而提高，所以，为慎重起见，不宜把"四荒"土地承包经营权的客体的附合物作为"四荒"土地承包经营权抵押权的效力所及的对象。①

我们认为，虽然地上种植物依附于土地之上且影响农地经营权价值的评估，然而地上种植物毕竟不是农地经营权本身的成分，不宜认定为抵押权效力所及的对象。目前，各地开展的农地经营权抵押普遍缺乏科学的农地经营权价值评估机制，金融机构对农地经营权发放贷款的意愿并不强烈，且最终贷款额度的确定要依评估后的农地经营权的价值来确定，本就满足不了借款人的资金需求，将地上种植物的价值算入农地经营权的价值之中确实有利于提高借款人的贷款额度，这也是各地普遍采取的做法，但这并不能说明地上种植物就是抵押权效力所及的对象。

3. 农地经营权抵押的历史沿革

农地经营权抵押是农业经营主体对自己所享有的土地上的权利进行处分的一种方式，涉及如何在保护农民权益的前提下发挥土地财产功能的问题，我国立法对土地流转向来持谨慎态度，对土地承包经营权抵押一直处于摸索中。

1986 年，我国颁布了意义重大的《民法通则》，《民法通则》第 80 条第 3 款规定："土地不得买卖、出租、抵押或者以其他形式非法转让。"由此可知，土地不得抵押。由于当时经济发展落后，土地承包经营权的流转需求并不大，并未进一步规定土地承包经营权能否抵押。

1995 年，农业部颁发《关于稳定和完善土地承包关系的意

---

① 崔建远：《物权法》，中国人民大学出版社 2014 年版，第 461、462 页。

见》，其中规定要建立土地承包经营权流转机制，在发包方同意的前提下，允许承包方在承包期内依照法律的规定，通过转包、转让、互换、入股的方式流转承包标的，具体采取何种流转方式，由双方协商确定。流转承包土地时需签订书面承包合同，并报发包方和农业承包合同的管理机关备案。该《意见》对土地承包经营权的流转方式进行了列举说明，虽然并没有采纳抵押作为流转的方式之一，但并未明令禁止。

同年，《担保法》通过并施行，其中对土地承包经营权可否抵押采取"二元化"的区别对待。根据该法第 34 条和第 37 条的规定，经发包方同意后的荒山、荒沟、荒丘、荒滩等荒地的土地使用权可以抵押，但耕地、宅基地、自留地、自留山等集体所有的土地使用权不得抵押。可见，土地承包经营权可否抵押取决于所承包土地的类型，《担保法》之所以依据承包土地类型的不同而区别规定，主要是由于耕地承载着社会保障功能，如果允许抵押，农民很可能会失去土地。

2002 年，《农村土地承包法》颁布，该法以承包方式的不同规定了不同的土地流转方式，根据该法第 49 条的规定，允许土地承包经营权抵押的条件是，土地承包经营权是通过招标、拍卖、公开协商等方式获得的，且权利人已经依法登记并取得土地承包经营权证或林权证，至于通过家庭承包方式取得的土地承包经营权能否抵押，该法并未明文规定。[①] 与《担保法》的规定相比较，《农村土地承包法》将土地承包经营权能否抵押的条件由土地类型变为土地的承包方式，未明文禁止通过家庭承包取得的土地承包经营权抵押，并且以"其他方式流转"作为兜底，为土地承包经营权抵押预留了空间。

2005 年 7 月，最高人民法院发布《关于审理涉及农村土地承包纠纷案件适用法律问题的解释》，该司法解释对土地承包经

---

① 《农村土地承包法》第 32 条规定："通过家庭承包取得的土地承包经营权可以依法采取转包、出租、互换、转让或者其他方式流转。"

营权能否抵押表明了态度,其中第 15 条规定:"承包方以其土地承包经营权进行抵押或者抵偿债务的,应当认定无效。"该司法解释之所以如此规定,其本意在于,土地承包经营权在性质上实为集体土地使用权,根据《担保法》第 34 条和第 37 条的规定,依法经发包方同意的"四荒"等荒地的土地使用权可以抵押,耕地等集体土地使用权不得设定抵押,且以土地承包经营权设定抵押权,在抵押权实现时存在很多难题:首先,抵押权的实现很有可能导致土地承包经营权人丧失这项极为重要的权利,从而沦为失地农民,造成极为严重的社会问题;① 其次,土地承包经营权与一般抵押物不同,其变现途径十分有限,不能够在市场上自由转让,其本身的特殊性质决定此项权利难以向货币进行转化。而"四荒"土地本身不承载农村的社会保障功能,其获得方式体现了"四荒"土地的市场化与自由化特征,因此,"四荒"土地承包经营权可以按照市场经济中的规则进行流转。

2007 年,广受各界关注的《物权法》出台,其最重要的意义首先在于,将土地承包经营权定性为用益物权,结束了学界对于土地承包经营权属物权性质还是债权性质的争论。② 然而,针对土地承包经营权抵押问题,《物权法》基本上承袭了《农村土地承包法》的规定,再次确立"二元化"的处理模式。该法第 128 条规定:"土地承包经营权人依照农村土地承包法的规定,有权将土地承包经营权采取转包、互换、转让等方式流转。"该条确立土地承包经营权的流转方式参照《农村土地承包法》的相关规定进行,但是根据第 184 条的规定,耕地、宅基地、自留地、自留山等集体所有的土地使用权不得抵押,结合第 133 条和第 180 条的规定则表明,《物权法》继续坚持"四荒"土地承包

---

① 高圣平:《农地金融化的法律困境及出路》,载《中国社会科学》2014 年第 8 期。
② 高圣平:《新型农业经营体系下农地产权结构的法律逻辑》,载《法学研究》2014 年第 4 期。

经营权可以抵押，耕地、宅基地等集体所有的土地使用权不得抵押的立场。[①]

2008 年，党的十七届三中全会《中共中央关于推进农村改革发展若干重大问题的决定》（以下简称《决定》）提出："允许农民以转包、出租、互换、转让、股份合作等形式流转土地承包经营权，发展多种形式的适度规模经营。"该《决定》虽未提出以家庭承包方式取得的土地承包经营权可以抵押，但是提出发展多种形式的适度规模经营，规模经营的前提是具备充足资金用于农业生产经营活动中，这为农地经营权抵押奠定了基础。

2009 年 3 月，央行和银监会联合下发《关于进一步加强信贷结构调整促进国民经济平稳较快发展的指导意见》，提出要增加农村信贷供给，扩大农村有效担保物范围，并首次明确"有条件的地方可以探索开办土地经营权抵押贷款"。

2010 年中国人民银行、银监会等在总结试点经验后决定，在不改变土地集体所有性质、不改变土地用途、不损害农民土地承包权益的基础上，探索开展农村土地承包经营权和宅基地使用权抵押贷款业务。

2013 年，中共中央国务院《关于加快发展现代农业进一步增强农村发展活力的若干意见》（以下简称 2013 年中央一号文件）要求全面开展农村土地确权登记颁证工作、引导农村土地承包经营权有序流转、发展多种形式的适度规模经营等，为开展农村土地经营权抵押贷款提供了重要基础保障。

[①] 《物权法》第 133 条规定："通过招标、拍卖、公开协商等方式承包荒地等农村土地，依照农村土地承包法等法律和国务院的有关规定，其土地承包经营权可以转让、入股、抵押或者以其他方式流转。"第 180 条规定："债务人或者第三人有权处分的下列财产可以抵押：（一）建筑物和其他土地附着物；（二）建设用地使用权；（三）以招标、拍卖、公开协商等方式取得的荒地等土地承包经营权；（四）生产设备、原材料、半成品、产品；（五）正在建造的建筑物、船舶、航空器；（六）交通运输工具；（七）法律、行政法规未禁止抵押的其他财产。抵押人可以将前款所列财产一并抵押。"

2013 年党的十八届三中全会通过《中共中央关于全面深化改革若干重大问题的决定》，强调："赋予农民对承包地占有、使用、收益、流转及承包经营权抵押、担保权能，允许农民以承包经营权入股发展农业产业化经营。"首次提出允许以土地承包经营权进行抵押。

2014 年，中共中央、国务院《关于全面深化农村改革加快推进农业现代化的若干意见》（以下简称 2014 年中央一号文件）进一步明确指出："在落实农村土地集体所有权的基础上，稳定农户承包权、放活土地经营权，允许承包土地的经营权向金融机构抵押融资。"这表明，在原有"两权分离"基础上将土地承包经营权分设为承包权和经营权，实行所有权、承包权、经营权"三权分置"，并以农地经营权进行抵押。

2014 年 11 月，中共中央办公厅、国务院办公厅发布了《关于引导农村土地经营权有序流转发展农业适度规模经营的意见》，《意见》提出"实现农村土地所有权、承包权、经营权三权分置，坚持农村土地集体所有权，稳定农户承包权，放活土地经营权，引导土地经营权有序流转。抓紧研究探索集体所有权、农户承包权、土地经营权在土地流转中的相互权利关系和具体实现形式"。该《意见》正式提出"三权分置"思想，并提出要放活土地经营权，并研究土地经营权在土地流转中的具体实现形式。抵押作为新近提出的土地经营权流转方式的一种，自然是研究之重点。

2015 年 8 月国务院印发《国务院关于开展农村承包土地的经营权和农民住房财产权抵押贷款试点的指导意见》，该文件明确要按照"三权分置"和经营权流转的有关要求，稳妥有序开展承包土地的经营权抵押贷款业务。

2015 年 11 月 2 日，中共中央办公厅、国务院办公厅印发《深化农村改革综合性实施方案》，该《实施方案》深入解读了"落实集体所有权，稳定农户承包权，放活土地经营权"的内涵，提出要抓紧修改有关法律，出台农村承包土地经营权抵押、担保试点指导意见，该《实施方案》为规模经营主体以土地经营权进行抵押融资提供了理论依据。

2015 年 12 月 27 日，第十二届全国人民代表大会常务委员会第十八次会议通过全国人大常委会《关于授权国务院在北京市大兴区等 232 个试点县（市、区）、天津市蓟县等 59 个试点县（市、区）行政区域分别暂时调整实施有关法律规定的决定》，授权国务院在北京市大兴区等 232 个试点县（市、区）行政区域，暂时调整实施《物权法》《中华人民共和国担保法》关于集体所有的耕地使用权不得抵押的规定，该《决定》从法律上保障了农地经营权抵押的合法性。

2016 年 3 月 24 日，央行下发《农村承包土地经营权抵押贷款试点暂行办法》，该办法为各试点地区推进承包土地的经营权抵押贷款提供了具体指导。

综上所述，我国对于农村土地承包经营权抵押持谨慎态度，从"两权分置"模式下不允许农村土地承包经营权抵押，到提出"三权分置"，以农地经营权抵押贷款，释放土地融资功能，体现出我国对农民财产权保护的重视。

（二）农地经营权抵押的必要性

1. 拓宽融资渠道，增加农民财产收入

农地作为农民拥有的重要财富之一，具有稀缺性和不可再生性。由于我国的特殊国情，农地所有权归属于集体，农民享有的是土地承包经营权，因此，农民无法以农地买卖来达到增加财产的目的，农民所拥有的土地承包经营权则是农民增收的途径，而我国《物权法》《农村土地承包法》等涉及农地流转的法律对农民土地承包经营权的流转作出了一系列限制，在现行法下，土地承包经营权人的融资方式非常有限，这导致长期以来农民无法充分发挥土地的利用功能。土地承包经营权作为财产权应当尽可能地体现出增加农民财产的价值，而实际上，土地承包经营权的让与性很有限，农民的财产增值一直较低。过去不允许土地承包经营权抵押是由于我国农村社会保障体系非常不健全，农民又没有其他收入，因此，承载着保障功能的土地承包经营权成为农民安身立命之本。如果允许农地抵押，农民可能会因抵押权的实现而丧失生活来源，因此放开抵押限制的条件尚不成熟。

然而随着农业经济的发展，农民需要更多的资金从事农林牧渔的经营或购置生产资料与机械设备，农业生产本身成本高，前期投入大，且容易受自然风险和市场风险的影响，而农民能够抵押的其他资产十分有限，没有有效的抵押品是农民"贷款难"的最大原因，且越是以农业收入为主要来源的农户，其抵押意愿越强烈。而承包权与经营权分离之后，农民可以在承包地位不变的基础上以农地经营权抵押融资，届期不能偿还金融机构贷款时只失去一定期限的土地经营权，无须再为完全失去土地上所拥有的一切权利而顾虑，农民能够获得大量的农业生产资金，全身心投入农业生产中。因此，农地经营权抵押能够挖掘农民享有的土地权利，并将经营权自然地融入市场经济中，充分发挥其自身的经济价值，拓宽农民融资渠道，提高金融机构提供贷款的积极性，为农民财产收入的增加创造条件。

2. 促进土地规模化经营，实现农业现代化发展

我国从 20 世纪 70 年代末开始实行家庭联产承包责任制，将集体土地进行以户为单位的均田分配，调动了农民进行农业生产的积极性，促进了生产力的发展，这在当时对于解决农村人口温饱问题具有十分重要的作用，然而这同时也导致土地细碎化经营的局面，不能有效发挥农地的利用效率。时至今日，土地细碎化经营已成为土地集约化、规模化经营的障碍。我国虽是农业大国，"然而农业发展现状不容乐观，发展水平既落后于美国、澳大利亚等农业资源禀赋丰裕的国家，又落后于荷兰、以色列、日本等农业资源禀赋稀缺的国家，同时也滞后于我国工业化、城镇化、信息化发展。2013 年农业的劳动生产效率分别为第二产业的 1/5，第三产业的 1/4。从世界各国农业发展规律来看，适度规模化是走向农业现代化的必经之路。各地实践也再次证明，农业规模化经营带来的经济效益确实要

比细碎化经营高"。①

随着城镇化的加快，农民早已不再将自己束缚于土地之上，而是选择进城务工，农民对农地流转的需求越来越大，然而现行法律制度出于对农地保障功能的情调，对农地流转方式与流转条件做了诸多限制，这导致农民宁愿选择撂荒，也不愿意因为流转土地造成将来可能失地的结局。而农地承包权与经营权分离后，农民不再有失地的担忧，更倾向于将土地流转给农地经营大户，如家庭农场、农民专业合作社等新型农业经营主体，但是苦于土地不能抵押，即便农业经营主体可以通过流转来经营他人土地，却无资金支持前期投入与后续发展（包括购置现代化农业生产机械设备、购买种子和化肥等基本生产资料、聘请专业技术人才等），据一些学者的实地调查，随着农户土地面积的增加，农户对农地抵押的需求意愿呈现递增趋势。② 在当前阶段，农地抵押融资能够切实解决规模经营主体的资金需求，而农地经营权抵押为实现土地规模化经营提供了条件，新型农业经营主体可以将流转获得的农地经营权进行抵押获得资金支持，进一步促进农地的流转集中，实现土地集约化与规模化经营，加快农业产业结构的优化升级，使土地资源得到优化配置，提高劳动生产效率，推动农业现代化进程。

3. 打破城乡二元化结构，加快农村城镇化进程

"城乡二元结构"是我国在新中国成立初期实行"重工业优先发展战略"之后形成的，由于城乡之间资源配置长期处于不平衡状态，导致农村发展相对滞后，农村与城市之间矛盾加剧，给社会的发展带来不稳定的因素。近年来，"三农"问题一直深受国家重视，从党中央出台的一系列政策性文件中可以看出，打

---

① 张力、郑志峰：《推动农村土地承包权与经营权再分离的法治构造研究》，载《农业经济问题》2015 年第 1 期。

② 于丽红、兰庆高、戴琳：《不同规模农户农地经营权抵押融资需求差异及影响因素——基于 626 个农户微观调查数据》，载《财贸经济》2014 年第 4 期。

破城乡二元化结构，发展农业经济，加快农村城镇化进程是新时期发展经济的重大目标。虽然城乡差距在短时间内彻底消除的可能性不大，然而，农村向城市的转变是一个必然的结果，同时也并非能够一蹴而就。打破城乡二元结构，就要使资源得到优化配置，一方面，要将大部分农民从土地上解放出来，投入到第二、第三产业的建设中去，为土地规模化经营创造条件，为农民增加收入拓宽渠道；另一方面，当前农村城镇化更多地表现为"就地城镇化"和"整体城镇化"，"即农民进入城镇的措施，只是改变其户口成为城市居民，他们的居住地甚至都不改变；而且，多数情况下他们要整体入市，一个个自然村的农村居民转变成为城市居民"。① 此情况下，不能简单地剥夺农民所享有的土地权利，而是适时改变土地利用权利体系，以适应时代潮流。承包权与经营权分离后，将经营权作为一项纯粹的财产权利进行抵押，可以转移农村剩余劳动力，解除土地对农民的束缚，同时还会吸引城镇非农身份主体携带资金进入农村进行农业现代化经营，为农业经济的发展注入新鲜血液。如今农业现代化发展要在市场经济的背景下进行，最大限度地达到资源的优化配置，农地经营权抵押在这一环节中具有重要作用。

（三）农地经营权抵押的现行制度

有关农村土地承包经营权抵押的相关规定，见于《担保法》、《农村土地承包法》、《物权法》、《农村土地承包经营权流转管理办法》及《关于审理涉及农村土地承包纠纷案件适用法律问题的解释》等法律规范中。

1.《担保法》的规定

《担保法》是最早明文规定土地承包经营权可否抵押的法律，该法第 34 条第 5 项规定："下列财产可以抵押：……（五）抵押人依法承包并经发包方同意抵押的荒山、荒沟、荒

---

① 孙宪忠：《中国农民"带地入城"的理论思考和实践调查》，载《苏州大学学报》2014 年第 3 期。

丘、荒滩等荒地的土地使用权";第 37 条第 1 项和第 2 项规定:"下列财产不得抵押:(一)土地所有权;(二)耕地、宅基地、自留地、自留山等集体所有的土地使用权,但本法第三十四条第(五)项、第三十六条第三款规定的除外……"由此可知,《担保法》依据土地性质的不同对抵押作出了不同的规定,对于荒山、荒沟、荒丘、荒滩等荒地的土地使用权允许抵押,但对耕地、宅基地、自留地、自留山等集体所有的土地使用权作出不得抵押的规定。

担保法之所以依据土地性质的不同对抵押作出不同的规定,主要考虑到农村土地承载着社会保障功能,且保护耕地是发展农业经济的前提。由于我国的特殊国情所形成的城乡二元化结构导致农村的发展长期处于滞后状态,相较社会保障体系相对健全的城镇地区,在农村地区,土地是农民最基本的生产资料,是农民生存与发展的最根本保障。农民靠土地安身立命,并将毕生心血倾注于土地之上。在社会保障体系不完备的大环境下,土地就是农民的"社会保障",失去土地,农民将失去一切。立足于此,立法者在制定法律时考虑的是,既然土地承载着社会保障功能,那么,农民失去土地就相当于失去生活的最主要经济来源,农民该如何生存?因此,涉及农村土地的法律制度的设计,应着眼于保障农民的权利。法律规定以家庭方式承包的土地经营权禁止抵押,是稳定农村经济发展、保证农民生产之本、综合考虑各种因素的结果。

2. 《农村土地承包法》及其司法解释之规定

《农村土地承包法》第 32 条规定:"通过家庭承包取得的土地承包经营权可以依法采取转包、出租、互换、转让或者其他方式流转。"第 49 条规定:"通过招标、拍卖、公开协商等方式承包农村土地,经依法登记取得土地承包经营权证或者林权证等证书的,其土地承包经营权可以依法采取转让、出租、入股、抵押或者其他方式流转。"根据土地承包方式的不同,《农村土地承包法》规定了不同的流转方式:通过招标、拍卖、公开协商等方式取得的土地承包经营权可以抵押，未规定通过家庭承包方式取得的土地承包经营权是否可以抵押，其实是明确了农村土地承包经营权可以进行抵押的范围。以当时的立法背景来看，虽未明确禁止抵押作为以家庭承包方式取得的土地承包经营权的流转方式，但立法者并不赞成抵押作为流转的一种方式，原因与《担保法》禁止农地抵押大致相同。土地作为农民赖以生存的基础，如果允许农民将土地承包经营权抵押给金融机构，一旦出现抵押权实现的情形，农民将失去土地这一基本的生活保障。但该法第32条的"其他方式流转"的规定似乎又可以说是一项兜底性的条款，抵押是否可以包含于"其他方式流转"之中，学者的观点并不一致。

2005年，最高人民法院《关于审理涉及农村土地承包纠纷案件适用法律问题的解释》通过，该司法解释第3条规定："承包合同纠纷，以发包方和承包方为当事人。前款所称承包方是指以家庭承包方式承包本集体经济组织农村土地的农户，以及以其他方式承包农村土地的单位或者个人。"第15条规定："承包方以其土地承包经营权进行抵押或者抵偿债务的，应当认定无效。"将农村土地承包方式分为家庭承包方式和其他方式，与《农村土地承包法》的规定相一致，但是与《农村土地承包法》不同的是，《农村土地承包法》允许以其他承包方式取得的土地经营权进行抵押，但是《司法解释》作了"一刀切"的规定，即禁止任何土地承包经营权抵押行为。依据该《司法解释》的规定，实践中所有的土地承包经营权抵押都无效，这与《农村土地承包法》的规定不相符，且造成实践中诸多纠纷与矛盾。

《农村土地承包法》与《司法解释》的规定虽有不同，但是仍然禁止以家庭承包方式取得的土地承包经营权进行抵押，原因与《担保法》制定之时一致，立法者最大的考虑是土地所承载的社会保障功能，在社会保障体系没有得到明显完善之前，允许以家庭承包方式获得的土地承包经营权抵押一直阻力重重。而以其他方式获得的土地承包经营权因其并不承担社会保障功能，抵押权的实现并不会对抵押人造成威胁，因此，《司法解释》的"一刀切"规定不仅与更高位阶的法律相冲突，而且造成了诸多矛盾与冲突，应遵从《担保法》和《农村土地承包法》的规定，允许以其他方式获得的土地承包经营权按照市场化规则进行抵押。

3. 《农村土地承包经营权流转管理办法》的规定

《农村土地承包经营权流转管理办法》第 34 条规定"通过招标、拍卖和公开协商等方式承包荒山、荒沟、荒丘、荒滩等农村土地，经依法登记取得农村土地承包经营权证的，可以采取转让、出租、入股、抵押或者其他方式流转，其流转管理参照本办法执行"。该办法以《担保法》中的规定为基础，将《农村土地承包法》第 49 条条文中所规定的"农村土地"明确为"荒山、荒沟、荒丘、荒滩"。将农村土地的范围按照《担保法》对"四荒"土地的规定进一步明确化，依然遵从《担保法》二元化的处理方式，相当于从侧面排除了以家庭承包方式取得的土地承包经营权抵押的可能性。

4. 《物权法》的规定

《物权法》第 128 条规定："土地承包经营权人依照农村土地承包法的规定，有权将土地承包经营权采取转包、互换、转让等方式流转。流转的期限不得超过承包期的剩余期限。未经依法批准，不得将承包地用于非农建设。"第 133 条规定："通过招标、拍卖、公开协商等方式承包荒地等农村土地，依照农村土地承包法等法律和国务院的有关规定，其土地承包经营权可以转让、入股、抵押或者以其他方式流转。"第 180 条规定："债务人或者第三人有权处分的下列财产可以抵押：（一）建筑物和其他土地附着物；（二）建设用地使用权；（三）以招标、拍卖、公开协商等方式取得的荒地等土地承包经营权"；第 184 条规定："下列财产不得抵押：（一）土地所有权；（二）耕地、宅基地、自留地、自留山等集体所有的土地使用权，但法律规定可以抵押的除外。"

《物权法》对于土地承包经营权抵押的规定与《农村土地承包法》的规定一致，对土地承包经营权的流转方式作了列举式规定，另外明确规定耕地、自留地、宅基地等集体所有的土地使用权不得抵押，依旧坚持了二元化处理模式，但《物权法》明确了土地承包经营权的物权属性，结束了长期以来对于土地承包经营权性质的争议。

二、农地经营权抵押的现状分析

（一）农地经营权抵押模式

1. 宁夏同心模式

同心县地处宁夏中部干旱地带，自然条件恶劣，属于国家级贫困县。受农业基础条件的限制，农业经济发展十分落后，农民生活条件较差。为了提高生活水平，挖掘农地的致富潜力，同心县人民早在 2003 年就开始对土地经营权抵押进行探索。土地是当地农民最重要的财产，种植业是农民经济收入的主要来源，长期的低收入无法满足农业生产的需要，农民连购置最基本的农业生产资料的费用都无法保证。苦于没有资金，农业生产规模无法扩大，农民收入无法提高，农业经济的发展处于恶性循环的状态中。传统的小额信贷和联保贷款覆盖面小，金额少，难度高，无法满足农户需要，使得许多农户靠民间借贷或者高利贷满足农业生产的资金需求。2003 年，王团镇北村的村干部为了让农民脱贫致富向当地信用社申请用土地经营权进行抵押贷款，获得信用社的同意和农户的积极响应。在召开村民大会之后，王团镇北村成立土地协会作为担保组织，农民自愿以土地入股协会成为会员，由土地协会出面从会员中挑选出经济条件相对较好、信誉度较高的农户，以协会总担保和会员联保的方式从信用社申请贷款。从此之后，同心县以土地经营权进行抵押贷款渐渐覆盖全县各村，并在实践中形成了极具同心县特色的抵押贷款模式。

"据该模式发源地王团镇北村的村书记王友云介绍，从 2003～2007 年只发生了一次不良贷款，效果显著但担心土地协会没有法律地位会影响其效力，所以在 2007 年将土地协会改制为土地承包经营权流转合作社。"[①] 目前，同心县土地经营权抵押模式如下：以每一个行政村为单位，由村委会牵头成立土地承包经营权流转合作社，协会会长、副会长及常务会员由村民选举产生。农户可以承包地的部分土地经营权申请入股该合作社，由合作社考察批准后成为会员，为了预防风险，合作社会为每一位入社农户建立账户，并且会员之间需以自组织的方式形成三户联保小组。农户需要向信用社申请贷款时，首先由合作社对其抵押贷款的书面申请进行审查核实，同其签订土地承包经营权抵押转让协议书，其次由合作社与信用社签订总担保协议，待信用社审查担保协议各项之后向贷款人发放贷款。

按照贷款人与合作社所签订的协议书的规定，如果贷款农户因经营效益太差未能按时偿还贷款，则由联保担保人或合作社代其清偿债务，同时贷款人的土地经营权交由合作社处置，由指定的会员接收土地经营权。贷款人与担保人或者合作社可以在自愿的基础上，商定一个转包或出租承包地的协议，协定用转包或出租土地的收益价值来偿还担保人为其代付的贷款金额，直到农户还清代贷款，即可重新赎回土地承包经营权。

同心县的农地经营权抵押服务于普通农户的贷款需求，作为经济欠发达、土地资源不丰富、土地确权和流转及相关服务刚刚起步的地区，农户的小块农地并不足以成为向信用社贷款的有效抵押品，因此，"在地缘、血缘关系的基础上，同心县成立土地承包经营权流转合作社，搭建起了连接普通农户与正式金融机构间的桥梁，由此而形成的社员联保及合作社担保实现了'群体信用'的融资功能；同时，土地经营权抵押又为维持'群体信

---

① 汪显生、郭中兴：《土地承包经营权抵押贷款：两权分离及运行机理——基于对江苏新沂市与宁夏同心县的考察》，载《经济学家》2014 年第 4 期。

用'提供了坚实的基础，也即两者相辅相成"。① 当然，仅有村民的"自我约束"还不够。为此，同心县引入利益激励约束机制，一是实行贷款万元以下利率少上浮 10% 的优惠措施。二是将信用好、不欠信用社旧贷的行政村推荐给政府，对贷款利息予以补贴。三是对积极还贷的农户，贷款额度视农户经营项目资金所需情况进行追加。这些手段大大提高了贷款农户的积极性。如此一来，金融机构的放贷风险大大降低。

实践证明，土地承包经营权反担保贷款释放了沉睡多年的耕地融资功能，农民"贷款难"、银行"难贷款"的矛盾在很大程度上得到化解，已成为当地农民高度认可、风险可控的贷款模式。可以说，同心县自发开展的土地经营权抵押是一种自下而上的反担保模式，这种模式在普通农户缺乏抵押品的情况下因地制宜的选择。但随着城镇化进程的加快，不少农村社区异质性凸显，人际信任流失，社会资本变得匮乏，不得不依靠陌生社会中比较正式的制度信任。因此，宁夏同心县的试验可复制性差。此外，同心县的土地经营权抵押是在土地未确权的情况下进行的，虽然有"土地流转合作社"提供反担保，但是信用社也有担忧：土地亩数准不准确、土地有没有矛盾纠纷、土地是否确权等，这些都是问题，因而贷款额度受到很大限制。为了避免风险，同心的信用社规定每家农户以承包地的不超过 2/3 的亩数入社流转贷款，每户每年只能贷一次，年初放贷，年末清本还息。同时由于土地界限不清，贷款一般都是一两万元的数额，未能充分解决农户的资金需求。

2. 福建地区土地经营权抵押模式

（1）明溪县土地经营权抵押模式。"明溪县是福建省最早开展农村土地承包经营权抵押贷款的地区，也是首批省级农村土地

---

① 汪显生、郭中兴：《土地承包经营权抵押贷款：两权分离及运行机理——基于对江苏新沂市与宁夏同心县的考察》，载《经济学家》2014 年第 4 期。

承包经营权抵押贷款试点县。"① 由于福建省处于东南沿海经济带且是国内最早实行改革开放省份，明溪县农村劳动力大都外出务工，这就造成土地撂荒现象严重，加之农地小规模经营使得土地利用率低下，农村留守劳动力面临高龄化以及资金不足的困境。在这一背景下，明溪县于 2006 年开始探索如何用农地经营权抵押贷款，并于 2007 年出台了《农村土地承包经营权抵押贷款管理办法》支持土地承包经营权抵押贷款。实践中，明溪县县农业部门牵头建立了县乡村三级农业服务中心，贷款人需在农业服务中心办理农地经营权抵押申请备案，然后才能向金融机构申请贷款。申请贷款时需提供经农业服务中心备案确认的抵押登记申请书及土地经营权权属证明和地上种植物情况说明材料，金融机构对贷款人的申请材料进行审核并对土地经营权抵押价值进行认定后与贷款申请人签订抵押合同并到县农业局办理抵押登记，由农业局出具农地经营权抵押登记证，最后由金融机构发放贷款。发生借贷双方约定的实现抵押权的情形，抵押权人与抵押人依法协议以抵押财产折价或者拍卖、变卖该抵押财产所得的价款优先受偿。

为了防范贷款风险，明溪县人民政府在 2013 年出台了《关于进一步促进农村土地承包经营权流转的通知》，建立农村土地流转贷款担保风险补偿机制，对发放贷款的金融机构进行补偿。在当地政府的大力扶持下，当地土地经营权抵押贷款发展情况良好，"截至 2014 年 6 月末，明溪县农村信用社累计发放农村土地承包经营权抵押贷款 1292 万元，涉及土地流转抵押面积 9475 亩，受益农户 175 户，受益企业 2 家，贷款余额 389 万元，尚未出现不良贷款，被誉为'明溪模式'"。② "明溪模式"与同心县

---

① 林建伟、刘伟平：《信贷供给：土地承包经营权抵押贷款的关键因素》，载《福建论坛（人文社会科学版）》2014 年第 10 期。

② 林建伟、刘伟平：《信贷供给：土地承包经营权抵押贷款的关键因素》，载《福建论坛（人文社会科学版）》2014 年第 10 期。

抵押模式的不同之处在于，"明溪模式"并非是为普通农户土地经营权抵押服务的，而是为有一定经营规模的农业大户服务的。"明溪模式"的突出之处在于政府部门的介入。农业部门作为抵押登记单位直接参与抵押贷款过程之中，加之政府部门设立风险补偿机制，给金融机构发放贷款提供了良好的外部环境。相比"同心模式"，"明溪模式"是一种"农业经营主体＋政府部门＋金融机构"的抵押担保模式。

（2）其他县区农地经营权抵押模式。2010 年，中国农业银行福建省分行获得中国农业银行总行批准，先后在福建省内漳浦、清流等地的 6 个台湾农民创业园和泉州永春开展农村土地承包经营权抵押贷款业务，继续扩大土地经营权直接抵押模式。①而建瓯市作为福建南平市农村土地经营承包权抵押贷款试点，于 2014 年成立农村土地流转中心和林权流转服务中心，积极探索各种土地承包经营权贷款模式。其中，农村信用社针对单一农户，推出"农户联保＋土地承包经营权担保"模式，该模式是在农户联保基础上，以农户联保小组成员的土地承包经营权作为反担保向信用社抵押贷款，若出现风险，由联保成员中的其他成员代还贷款后，可依法处分协议抵押的土地承包经营权，从处分所得价款中优先受偿。②该模式弥补了"明溪模式"中普通农户无法获得抵押贷款的不足，实现了单一农户贷款的愿望。此外，建设银行则推出"公司＋农户土地经营权担保"模式，该模式类似同心模式，由农业产业化龙头企业为农户贷款提供担保，农户以其拥有的土地承包经营权反担保给企业，当贷款出现风险时，先由农业产业化龙头企业负责代偿，其再通过对土地承包经营权的处置收回代偿资金。为解决农村土地流转的资金难题，邵

---

① 林建伟、刘伟平：《农村土地经营权抵押贷款的实践与启示——以福建省漳浦县为例》，载《中共福建省委党校学报》2014 年第 10 期。

② 林建伟、刘伟平：《土地承包经营权抵押贷款的实践异化与制度回归——来自福建省试点情况的分析》，载《东南学术》2015 年第 1 期。

武市人民政府成立了邵武市土地流转服务中心和农村土地流转信托有限公司，并设立土地流转贷款担保专项资金，专门为辖区内涉农金融机构发放农村土地承包经营权抵押贷款提供担保，形成专项担保基金担保模式。[①]

3. 山东枣庄模式

枣庄市在 2008 年开始开展以"颁发土地使用产权证、创建农村土地使用产权交易平台、发展农村土地合作社——一证一所一社三位一体"为核心的农村土地使用产权制度改革，改革实现了"村集体拥有土地所有权、农民拥有土地承包权和合作社拥有土地经营权"的三权分离，以盘活农村土地资源，解决农业规模化经营过程中缺乏资金、农民贷款难的问题。[②] 枣庄对农地经营权抵押的尝试是从产权确权、登记和颁证开始的，农民在土地承包期内，可依法单独对其土地承包经营权行使使用、经营、流转、转让等权利，也可将土地入股土地合作社。如果农户申请加入土地合作社，合作社向农户颁发农村土地使用产权证，与农户签订《土地承包经营权委托经营协议书》，发给农户合作社成员证，确定其社员身份，并对入社农户的土地办理登记入册手续。另外，为了使双方的权利、义务和责任更加明确具体，合作社与农户还要签订《土地流转合同》。签订这两份文件后，合作社就合法拥有了入社农户的土地使用权，实现了"农民拥有土地承包权，合作社拥有土地经营权"的两权分离。合作社可至县政府成立的产权交易所申请颁发合作社土地使用产权证，如果农民需要以其土地承包经营权抵押贷款，首先要向土地合作社提交贷款书面说明，由合作社向银行提出书面贷款申请，并提交土地使用产权证。届时，由银行对申请贷款的土地使用产权进行

---

① 林建伟、刘伟平：《土地承包经营权抵押贷款的实践异化与制度回归——来自福建省试点情况的分析》，载《东南学术》2015 年第 1 期。

② 刘俊杰等：《农村土地产权制度改革对农民收入的影响——来自山东枣庄的初步证据》，载《农业经济问题》2015 年第 6 期。

信用等级评估，由政府指定机构对土地承包经营权进行价值评估（价值评估的标的物是土地收益——土地上的种植物），信用社发放的抵押贷款额度为评估价值的 30% ~ 50%。此外，政府规定用于抵押的土地面积不得超过全部土地的 1/3。土地合作社与银行签订贷款合同后，到土地交易市场办理抵押登记。如果贷款人到期无法偿还所欠银行款项，银行有权将抵押物在土地交易市场公开拍卖，拍卖标的物为合作社抵押的土地上现有的以及在期限内即将产出的农作物。为了提高金融机构对农地经营权抵押贷款的积极性，"枣庄市探索建立了'保、贴、补、扶'的激励机制。保费补贴，也即引入农业保险机制，合作社承担 20% 的保费，政府补贴 80%，其中区级财政补贴 60%、镇级财政补贴 20%，使合作社抵押风险降到最低"。[①]

在改革进程中，枣庄市在 2008 年到 2013 年，在全部乡镇成立农村土地产权交易所，于 2011 年成立了由市政府设立的枣庄市土地融资担保有限公司，专门为土地抵押贷款提供担保服务，在 2013 年，成立了首家农村产权交易中心，规范市场交易行为，形成了市、县、乡三级的使用产权交易市场，市级农村产权交易市场建立后，枣庄市逐渐放弃以土地使用产权抵押的模式，形成交易—鉴证—抵押的模式。[②] 具体流程是：首先，由产权交易中心为农业经营主体出具《枣庄市农村产权交易鉴证书》，由普惠农村资产评估事务所对借款人资金需求进行评估，作为银行授信的参考；其次，贷款人向农商行提出贷款申请，农商行委托金土地融资担保有限公司提供担保；最后，担保公司对贷款人审查后又进而由农商行发放贷款。

枣庄市在农地经营权抵押的实践过程中对于抵押制度的构建

---

① 《"两权"抵押破解"两难"瓶颈——山东枣庄探索推进"两权"抵押融资纪实》，载中国金融新闻网，http://www.financialnews.com.cn/dfjr/xw_115/201510/t20151026_85907.html。

② 张龙耀、王梦珺、刘俊杰：《农民土地承包经营权抵押融资改革分析》，载《农业经济问题》2015 年第 2 期。

相对完善，对经营权抵押的确认、登记、评估、交易、担保等都进行了规定，此外，还建立了风险规避、收益分配、矛盾调处和司法保障等机制，为金融机构放贷提供了保障。[①] 农地经营权抵押，使规模经营主体获得了有效的融资渠道，激活了土地融资功能，农地规模化经营逐渐发展壮大。

4. 江苏新沂模式

新沂市是江苏省首个农地抵押贷款试点地区，其农业经济以两花（花卉苗木、花生）、两水（水产、水稻）、瓜菜和规模化畜禽养殖为主。新沂市于 2008 年成立农村土地流转交易中心以及土地股份合作社后，于 2009 年颁布《关于开展农村"一权一房"抵（质）押贷款的试行意见》（以下简称《意见》），根据《意见》的规定，土地经营权抵押的前提条件是土地产权关系清晰，依法取得新沂市人民政府颁发的"农村土地承包经营权证"。2012 年，新沂全市的 16 个乡镇均参与了试点，试点贷款主要由新沂市农村商业银行发放。"2010~2012 年，贷款余额分别为 7620 万元、9821 万元和 11856 万元，分别有 1326 户、1569 户和 1973 户农户获得该贷款。"[②]

为接下来开展土地承包经营权抵押贷款试点工作作了良好的准备工作。新沂市在实践中的具体做法是：首先，将单个农户的小面积土地集中到村委会，由村委会将土地集体流转给规模经营主体，并与其签订土地流转合同。规模经营主体凭借土地流转合同到镇农经服务中心（相当于土地流转交易服务中心）办理土地经营权登记，领取土地经营权证书，然后持流转经营合同与土地经营权证书到金融机构提交抵押贷款申请；当地村委会对其抵押申请进行初审，镇农经服务中心进行复审；双审通过后，由农

---

　　① 赵金颖等：《威廉姆森分析范式下农地经营权抵押贷款问题研究——以山东枣庄市为例》，载《国土与自然资源研究》2016 年第 1 期。
　　② 黄惠春、祁艳、程兰：《农村土地承包经营权抵押贷款与农户信贷可得性——基于组群配对的实证分析》，载《经济评论》2015 年第 3 期。

经服务中心负责对抵押的土地进行价值评估并办理抵押登记手续。此外，财政部门为农村土地承包经营权抵押设立了风险补偿基金，如果抵押人到期不能还款，金融机构可以得到风险补偿，并拍卖剩余年限的土地经营权。

新沂市开展的是一种以村委会为中介，实现土地向规模经营主体集中而后进行抵押贷款的模式。以集中的土地经营权作为抵押物，有利于提高金融机构参与抵押贷款的积极性，然而普通的单个农户无法凭其土地经营权获得贷款。

5. 黑龙江克山模式

黑龙江省克山县位于松嫩平原，地处于全国唯一一个现代农业综合配套改革试验区之内，2010 年克山县被确定为农村土地承包经营权抵押贷款试点县，在土地经营权抵押的逐步探索中，克山县走出一条符合当地实际，具有可持续性的抵押贷款道路。为保证农地经营权抵押贷款的顺利进行，克山县政府依托县农经部门和村委会建立了县、乡、村三级土地流转服务体系，全面开展土地经营权抵押融资登记业务。其农地经营权抵押贷款流程大致如下：首先，由贷款人以一定期限内的农地经营权为抵押物向所在村的土地流转服务站提出申请，村土地流转服务站对其相关资质进行审查并向贷款人出具抵押物权属证明材料；其次，由贷款人持抵押证明材料到乡镇土地流转服务中心进行土地经营权抵押备案，并由乡镇土地流转服务中心对抵押的土地经营权进行综合评估，贷款人到县土地流转服务大厅申请办理抵押登记，由县土地流转服务大厅出具抵押权证；最后，贷款人到银行申请贷款，银行审查相关材料之后与贷款人签订贷款合同，贷款人再将抵押贷款的相关材料和抵押贷款合同提交县土地流转服务大厅，县土地流转服务大厅登记备案后上网公示，贷款银行在 7 个工作日内将贷款发放到贷款人。如果贷款出现风险，由县土地服务中心将农民土地流转出去来偿还贷款，或以土地农作物收益作价归还贷款。

"克山县针对不同土地规模的贷款人形成了不同的抵押贷款

模式，针对普通农户、家庭农场、种植大户这一类型经营主体，探索推行了'自有土地经营权＋信用农户土地经营权补充担保'抵押贷款模式；针对合作社这一规模群体，分门别类探索和创新了抵押贷款模式：对村集体领办型合作社推行'村集体机动地经营权＋入社土地经营权'抵押贷款模式；对农机专业合作社实行'土地经营权＋固定资产附属担保'抵押贷款模式；对省星级合作社实行'土地经营权＋担保公司担保'抵押贷款模式；对能人领办型合作社实行'流转到合作社土地经营权＋土地当年收益权和农业保险赔偿辅助抵押'抵押贷款模式。"[1]

在推进农地经营权抵押贷款的过程中，克山县将土地经营权确权、评估、抵押三个环节的工作由县土地流转中心下放到乡镇土地服务中心，大大节约了贷款人申请贷款的时间，贷款人直接到信用社就可以办理贷款。可以说，克山县农地经营权抵押贷款的顺利进行得益于其三级土地流转平台的建立，此外，为推进银农对接，建立信用信息共享机制，克山县政府于 2013 年成立全省首家农村信用信息中心，为金融机构进行贷前调查提供参考，"还成立了县、乡、村三级监管组织，对抵押评估、资金使用、作物收获、产品销售等环节进行监督，防止出现逃贷、赖债行为"。[2] 为打造融资担保平台，克山县还筹建了信贷担保公司，为规模经营主体贷款提供担保，帮助经营主体突破担保难"瓶颈"。金融机构在放贷过程中，规避了风险，增加了放贷的积极性。

（二）农地经营权抵押中存在的制约因素

当前，各地进行的农地经营权抵押处于初期阶段，且各地区农业经济发展水平不一，农地经营权抵押的基础条件不同，也就

---

① 李晨曦：《农村土地承包经营权抵押贷款的实践与思考——以黑龙江省克山县为例》，载《中国农业资源与区划》2015 年第 8 期。

② 田凤、张伟宾、穆向丽：《"四权"抵押贷款唤醒"沉睡的资本"——黑龙江省克山县创新农村金融服务》，载《中国畜牧业》2015 年第 12 期。

自然生成了不同的农地抵押模式，虽然各地区形成的农地经营权抵押模式均在不同程度上取得了成绩，拓宽了农业经营主体融资渠道，为农业现代化经营提供了资金，然而农地经营权抵押毕竟还停留在政策层面，并未在上升为法律上的明文规定，在各地的实践中，无论是发达地区开展的农地经营权抵押，还是贫困地区进行的探索，都面临以下问题：

1. 农地抵押的法律制度存在不足

当前由于法律对"土地承包经营权抵押"采取"一棒子打死"的管理办法，[1] 导致各地开展农地经营权抵押因存在法律障碍使得金融机构供给意愿较低，抵押贷款工作难以顺利进行。农村土地所承载的社会保障功能是现行立法禁止土地承包经营权抵押的主要原因，现行法律不仅禁止以家庭方式获得的土地承包经营权抵押，更没有关于"三权分离"理论的规定。目前各地开展的多样化的农地经营权抵押融资大多数是在中央政策的支持下，通过地方立法将农地经营权抵押在一定区域内合法化。考察各地抵押实践可知，"大部分地区并不直接涉及农户承包权，而是以农地经营权（或者使用权、收益权）设定抵押，从而避免与当前《土地承包法》《物权法》《担保法》等法律的直接冲突。尽管如此，农地承包经营权抵押实际上仍未获得全国层面高位法的支撑，地方出台的法律法规仅获得当地司法部门的认可，这也使地方政府实际上承担了农地承包经营权抵押融资改革的风险，同时也降低了金融机构参与农地抵押贷款的意愿，尤其是那些属于垂直管理的大型商业银行和股份制商业银行"。[2] 由于法律明文禁止土地承包经营权抵押，在各地实践中，金融机构基于规避法律风险的考虑，实际上并不仅仅是以土地承包经营权抵押

---

① 伍振军、张云华、孔祥智：《土地经营权抵押解决贷款问题运行机制探析——宁夏同心县土地抵押协会调查》，载《农业经济与管理》2011年第1期。
② 张龙耀、王梦珺、刘俊杰：《农民土地承包经营权抵押融资改革分析》，载《农业经济问题》2015年第2期。

作为放贷依据，绝大多数情况下还需要贷款主体提供其他形式的抵押或者担保作为补充，以组合担保方式开展农地经营权抵押贷款业务，① 这是因为在"两权分离"的制度框架下，集体经济组织以外的成员无法成为土地承包经营权的实际权利人，因此，一旦出现抵押权实现的情形，农地的可转让范围极其有限，土地承包经营权作为抵押标的并不能在市场上自由、有效的流转。② 2014 年中央一号文件确定实行农地"三权分离"，提出以承包土地的经营权进行抵押，虽然在政策上保证了农民不失地，然而通过上文对现行法律的分析可知，"三权分离"的法律制度缺位，农地经营权抵押缺乏法律支撑，造成农地经营权抵押效应不显著，金融机构参与农地经营权抵押贷款的意愿不强烈，仅向少部分规模经营主体发放农地经营权抵押贷款，普通农户的信贷需求并未得到满足。③ 未来进一步拓展农地经营权抵押需修改《物权法》《担保法》《土地承包法》等法律，明确以农地经营权进行抵押，并制定抵押相关配套制度。

2. 农地流转市场不完善

（1）缺乏健全的农地流转服务平台。农地经营权抵押需要中立的、市场化的第三方流转服务机构为银行与贷款人的有效对接搭建平台，由于农地经营权抵押处于探索阶段，从各地实践情况来看，农地流转服务机构绝大多数是依托政府职能部门成立各级农村土地流转中心，这些机构承担了公益服务、纠纷调解等各种职能，一些试点地区虽然建立了县、乡、村三级农地流转服务中心，但是大多是建立时间短，对借贷双方的信息掌握程度并不高，信息公开化程度低，农地流转服务中心多是将贷款人的信息

---

① 林建伟、刘伟平：《农村土地经营权抵押贷款的实践与启示——以福建省漳浦县为例》，载《中共福建省委党校学报》2014 年第 10 期。

② 林建伟、刘伟平：《农村土地经营权抵押贷款的实践与启示——以福建省漳浦县为例》，载《中共福建省委党校学报》2014 年第 10 期。

③ 刘俊杰等：《农村土地产权制度改革对农民收入的影响——来自山东枣庄的初步证据》，载《农业经济问题》2015 年第 6 期。

逐级上报，但并未形成良好的信息反馈功能，导致供求双方信息不对称，土地流转服务中心的信息平台作用没有充分发挥出来。金融机构因对贷款人信息了解不全面，出于防范风险的考虑，不轻易发放贷款，即便发放贷款，贷款额度也并不高。除此之外，在农户出现违约的情况下，金融机构只有通过土地经营权流转平台将抵押品变现才能获得违约补偿，如果农地经营权处置变现困难，金融机构发放贷款的积极性将大大降低。毕竟，在市场经济的大环境下，效益是每一个市场参与主体的最终目标。

在以上农地经营权抵押试点中，明溪县成立了乡（镇）土地流转服务中心和村级土地流转服务站，为农地经营权抵押提供服务，但是这些平台因供求双方信息不对称，导致金融机构不敢轻易放贷，影响了农地经营权抵押贷款的实现。此外，各地土地流转服务中心提供的职能混乱且模糊，机构性质不明确，违背了土地流转服务中心设立的初衷——成为集管理、宣传、辅助为一体的农村土地管理机构。[1] 同样作为试点地区的江苏新沂市，据一些学者的调查，由于农地流转市场尚不健全，金融机构不愿意发放此类贷款，其试点村和非试点村的贷款发生率差异并不显著。

（2）缺乏有效的农地经营权价值评估机制。保障农地经营权价值评估结果公平公正是抵押有序进行的前提。[2] 目前，抵押试点地区最普遍的一个问题就是没有设立专业的评估机构，缺乏专业的评估人员，大多数试点中的评估机构临时由政府职能部门牵头成立，由政府公职人员兼任市场专业技术人员，难以确保专业化和市场化的运作，使得农地经营权抵押贷款比小额信贷还要低，不利于全面准确体现农地经营权的价值。有的试点规定对于农地经营权的价值由贷款人评估或者由贷款人与金融机构协商确

① 邹翔翔等：《土地经营权抵押的促进机制——以构建新型土地流转服务中心和农业风险防控体系为例》，载《经营与管理》2016年第3期。
② 龙治良：《"三权"抵押贷款掣肘》，载《中国金融》2015年第21期。

定，更使得农地经营权的价值难以确定。此外，"在实际操作中，也没有统一的农地经营权抵押价值评估标准，有的试点地区，农户土地承包经营权证上只注重农户土地总面积，对每块具体土地的市值只作了粗略描述甚至没有记载，对于土地上附着物的估价更没有参考标准，往往造成农地经营权的价值被严重低估，因此贷款金额也大幅低于抵押物的评估价值"。[①]

在同心县，土地价值的认定办法主要是依赖合作社内部成员的议定机制，[②] 中等以上地质的土地经营权原则上按不高于3000元的标准作价。其抵押价值评估方式为：土地经营权评估价值 = 年租地平均收益 × 经营期限 + 地上附着物的预期收入；在福建省，"明溪模式"是按照"土地承包经营权抵押价值 = 年租地平均收益 × 经营期限 + 种养物价值"计算的，土地承包经营权抵押贷款金额不超过土地承包经营权认定价值的70%；[③] 而按照枣庄市规定，贷款额度一般控制在评估价值的30% ~ 50%，最高不超过抵押经营权价值的60%。据学者调查情况看，枣庄市金融机构实际上并没有按照评估价值的1/3放款。2010年枣庄市试点合作社评估价值7.3亿元，然而银行实际放贷4200余万元，仅占评估价值的6%。如能按照评估价值的1/3足额放款，就可基本满足大部分合作社的建设需要。[④]

从抵押试点的价值评估方法和贷款额度来看，各地都因地制宜地制定了农地经营权的价值评估方法，但是实际落实情况却并不容乐观，农地经营权的价值受多方面因素的影响，比如其所处

---

① 黄少青、王周铁、黄元东：《农村土地制度改革背景下两权抵押贷款研究——基于105户调查对象的实证分析》，载《武汉金融》2016年第2期。

② 赵翠萍、侯鹏、程传兴：《产权细分背景下农地抵押贷款的基本经验与完善方向——基于福建明溪与宁夏同心两地试点的对比》，载《农业经济问题》2015年第12期。

③ 林建伟、刘伟平：《信贷供给：承包经营权抵押贷款的关键因素——基于福建省试点情况的考察》，载《福建论坛（人文社会科学版）》2014年第10期。

④ 赵金颖等：《威廉姆森分析范式下农地经营权抵押贷款问题研究——以山东枣庄市为例》，载《国土与自然资源研究》2016年第1期。

地理位置不同，对其价值认定就不同，而且农地种植物极易遭受自然灾害，种植物投放到市场上的价格具有不稳定性，因此，对农地经营权价值的评估变得复杂。特别是由于农地流转长期处于各种限制之中，尤其是农地经营权抵押更是一再被禁，导致农村缺乏像城市那样成熟的土地评估制度，农地经营权价值的评估具有随意性，因此金融机构发放贷款的额度较低，不少规模经营大户实际贷款比预想差很多，也有不少农户因土地价值难以评估而被金融机构拒绝贷款。如果有客观、权威的第三方评估机构，保证农地经营权评估结果的公正，银行能为农户发放更多的贷款，更大力度地解决农户的资金需求。

3. 金融供给不合理

一是当前信贷管理体制不适应土地经营权抵押贷款的需要。① 贷款流程非常复杂，对于农村一些文化程度低的农民而言并不容易接受，这也是影响农民贷款积极性的一个因素。此外，目前涉及农地经营权抵押的金融机构还没能辐射所有村镇，农户贷款要频繁来往于家庭住址与金融机构数次，耽误不少农耕时间，据一些学者的调查，在影响农民抵押意愿的因素中，距离最近金融机构的远近程度影响农民抵押的积极性。二是缺乏有效的第三方担保也造成金融机构不愿放贷，以家庭农场为例，据学者对江苏省开展农地经营权抵押的非试点地区的调查，目前正规金融机构贷款是家庭农场最主要的融资渠道之一，调查统计显示，联保等信用贷款占比最大，联保需要抵押担保等条件，一旦家庭农场申请联保的某一环节不能满足，就无法获得贷款；即使获得了联保贷款，由于这类贷款可获得贷款额度小，也无法满足家庭农场的融资需求。因此，贷款流程复杂、缺乏银行愿意接受的抵押、质押资产、缺乏担保等因素造成了家庭农场的信贷约束。已获得的银行贷款并不能完全满足家庭农场的融资需求，仍然存在

---

① 曹军新：《当前农村土地流转与金融资源配置的综合改革研究——基于地方财政—金融系统视角》，载《经济社会体制比较》2015 年第 1 期。

40%以上的资金缺口，四市的样本家庭农场对于农地经营权抵押贷款存在强烈需求。[①] 三是贷款期限与实际需要不匹配。"银行发放贷款期限大多为 1 年，而土地流转大户、家庭农场等新型农业经营主体从事的特色种养资金投入大、回报周期长，存在贷款期限与需求不匹配的现象。"[②] 四是缺乏专门针对农业融资链上金融产品的创新，金融机构提供的针对农地经营权抵押贷款的产品越多，农业经营主体可享受的服务越多，越倾向于申请农地经营权抵押贷款。然而从目前来看，银行所提供的专业性农地经营权抵押贷款产品和服务很有限。无论在试点地区还是非试点地区，缺乏创新性的抵押贷款产品都使得新生农业经营主体的贷款需求得不到满足。

4. 缺乏有效的风险防范与分担机制

农地经营权抵押贷款存在多方面的风险，也正因此，金融机构发放贷款意愿不强。在西方国家，农业保险基本享有政府的财政支持。但是农业保险在我国还刚刚起步，覆盖面积仅占耕地面积的 1/4，发展模式也不成熟。目前主要体现为政策性农业保险的形式，从保费的收入来看，仅为农业产值的 3.2%，不能对农业损失进行有效的保障。[③] 从各地抵押实践情况来看，农地经营权抵押贷款存在的风险主要体现在以下几个方面：

一是农业保险机制不健全。政策性农业保险覆盖面较低，对农地经营权抵押的风险防范作用很小，远不能满足农业生产的需求。山东枣庄市的农业保险只有小麦、玉米、大棚马铃薯 3 种，政策性农业保险品种少、保额低，加之农业生产前期投入资金较大，中期后期亦需投入不少的人力物力，农作物生产周期较长，

---

① 林乐芬、俞涔曦：《家庭农场对农地经营权抵押贷款潜在需求及影响因素研究——基于江苏 191 个非试点村的调查》，载《南京农业大学学报（社会科学版）》2016 年第 16 卷第 1 期。

② 莫江、李杰：《农地经营权抵押贷款瓶颈》，载《中国金融》2015 年第 6 期。

③ 《十家保险机构申请加入农业保险再保险共同体》，载新浪财经网，http://finance. sina. com. cn/money/insurance/bxdt/20151120/084023805476. shtml。

容易受到各种自然灾害的影响，一旦农业经营遭遇自然灾害，农户收成大减，届期无法偿还金融机构贷款，极易出现违约情况，造成银行难以处置抵押物。而商业性农业保险尚处于缺失阶段，一些地区鼓励保险公司开展商业性保险品种为农地经营权抵押分担风险，但是如何操作以及效果如何仍需在后续实践中进一步查验。

二是缺乏市场化的第三方担保机构。政策性担保机构在县域覆盖率较低，且仅受理少数合作社贷款担保申请，从全国范围内开展农地经营权抵押贷款的地区来看，大多数地区成功的抵押贷款都离不开第三方担保机构，只是存在"政府主导"和"自发形成"的区别罢了。以同心县为例，同心县实行的是抵押反担保模式，将农户的土地入股合作社，以合作社作为担保为农户贷款，如果农户届期无法偿还贷款，由作为担保机构的合作社将贷款人的土地经营权流转给其他社员，以此降低金融机构处置抵押物的风险，并起到了至关重要的作用。而在福建明溪县，政府农业部门充当了担保这一角色，借助政府主导成立的农业服务中心，抵押的农地经营权始终处在政府部门的监管范围内，为金融机构发放贷款提供了前期保障。枣庄市则是由市政府与区政府参股设立土地担保公司，以此满足金融机构提出的附加担保要求，当借款方违约时，由土地担保公司代其偿还。[1] 无论是"政府主导"型担保还是"自发形成"式担保，都表明农地经营权抵押的开展需要第三方担保参与其中。"自发形成"式的担保形式解决了同心县的抵押担保问题，但是，这一担保形式是利用农村熟人社会信息公开这一属性，将分散农户的个体信用上升为集体信用，从而弥补农村信用市场的缺失。伴随着农村经济的发展，人们之间的交往复杂化，相互之间的信任基础逐渐发生改变，很有可能频繁发生信用缺失的危险，因此，并不具有可推行性。而

---

① 赵金颖等：《威廉姆森分析范式下农地经营权抵押贷款问题研究——以山东枣庄市为例》，载《国土与自然资源研究》2016年第1期。

"政府主导"型的担保形式虽然有财政资金做保障，但是农地经营权抵押的目的是为农民增加财产收入，解决国家的农业发展问题，如果抵押人信用缺失的风险一味地由政府承担，那么农地经营权抵押就失去了存在的意义。诚如前文所说，农地经营权抵押终究是要在市场经济中运行，应该由市场化的担保机构来为抵押保驾护航。

三、农地经营权抵押的制度构建

（一）完善农村土地承包经营权法律制度

1. 明确农地经营权为准用益物权

承包权与经营权分置，建立所有权、承包权及经营权"三权分置"的农地权利体系是中国农地权利制度的既定政策选择。[①] 然而现行法律规范中只规定了土地承包经营权，并未出现"承包权""经营权"的概念，按照物权法定原则，经营权并非法定的物权类型，对于承包权与经营权的分离还需建立在土地承包经营权的基础上，"土地承包经营权这一法定权利是我国农地权利制度的支点，对于农地权利的创新职能以农户已经取得的土地承包经营权为前提。作为制度创新产物的经营权等新型农地权利，只有嫁接在土地承包经营权之上，才能存活"。[②]

按照现在中央的规定本身来讲，要"稳定承包关系并保持长久不变"，作为用益物权的土地承包经营权，如果保持承包关系长久不变的话，那就是永远是他的了，不用再担心承包权到期后承包地被收回的问题，那么这一权利就拥有了永久性，加之物权本身的对世性，那它基本上就具有了所有权的属性，因此可以看成准所有权（类所有权）。如上文所言，当用益物权达到准所

[①]　蔡立东、姜楠：《承包权与经营权分置的法构造》，载《法学研究》2015年第3期。

[②]　蔡立东、姜楠：《承包权与经营权分置的法构造》，载《法学研究》2015年第3期。

有权（类所有权）的属性之时，可以在其上派生出用益物权，我们暂且称其为准用益物权（类用益物权）。① 那么在承包土地的相关权利体系中，土地承包权与土地经营权，则可以被解释为土地承包经营权这一准所有权所派生出的准用益物权。由此，我们可以较清晰地厘清土地所有权、承包权、经营权三种权利的内容及关系。而实践中，随着经济的不断发展，社会的不断进步，新的物权在不断地产生，一些权利无法为传统的用益物权和担保物权所包含，但确确实实又具有一定的物权效力，而《物权法》又不能不断地修改，那么就可以通过对物权，尤其是用益物权的扩张解释、扩充用益物权范畴及内涵来实现对这些权利所具有的物权效力的解释。允许用益物权体系包容非典型的用益物权有利于促进权利的流转和创造新的财富，并且这也不需要物权立法一一列举，而只要法律赋予它们物权性即可。

因此，土地经营权应被界定为从土地承包经营权中分离出来的新的用益物权。土地承包经营权是在农村土地所有权上设立的用益物权，在这一权能基础上可以再分离权利，设立新的用益物权。但这并不是将农村土地承包经营权分离为承包权和经营权，而是说享有土地承包经营权的农户可自主选择将农村土地承包经营权的占有、使用和收益权能分离出去，形成经营权。在经营权分离之后，农村土地承包经营权并不因此消灭。本质上，承包权与经营权分置就是土地承包经营权的行使和实现方式，即土地承包经营权人在土地承包经营权之外创设具有物权效力的经营权。土地承包经营权人在其权利上设定经营权这一用益物权后，其依然享有土地承包经营权，经营权的设定只是其行使并实现土地承包经营权的方式。

2. 完善农地经营权抵押登记制度

根据我国《物权法》第 187 条的规定，以招标、拍卖、公开协商等方式取得的荒地土地承包经营权进行抵押，应当办理抵

---

① 梁慧星：《物权法总论》，法律出版社 2010 年版。

押登记，抵押权自登记时设立。这说明我国针对"四荒"土地承包经营权抵押采取的是登记生效主义，而以家庭方式取得的土地承包经营权禁止抵押，与其相关的抵押登记制度并无规定。承包权与经营权分离后，以土地经营权进行抵押应采取何种生效模式，需在现有规定上进行分析。根据《物权法》的规定可知，我国对于不动产物权抵押权的设立提出了应当登记的要求。土地经营权作为一项新的用益物权，其权利的实现建立在对土地这项不动产的直接占有和使用之上，因此，土地经营权抵押登记应该遵从现行法上关于不动产物权抵押登记的规定，即采取登记生效主义。登记生效主义又称为实质主义登记，该体制的特点是登记不仅起到公示的作用，同时也具有决定物权变动是否生效的作用。在农地经营权抵押这一行为中，当事人双方签订抵押合同，还必须予以登记才产生抵押权的设立。登记生效主义最早为《德国民法典》创立，《德国民法典》第873条第一句规定："为转让一项地产的所有权，为在地产上设立一项权利以及转让该项权利或者在该权利上设立其他权利，如法律没有另行规定，必须有权利人和因该权利变更而涉及的其他人的合意，以及权利变更在不动产登记簿上的登记。"第875条第一句规定："为放弃一项地产的权利，如法律没有另行规定，必须有权利人放弃其权利的意思表示，以及该项权利不动产登记簿的涂销登记。"据此规定，不动产权利的登记不仅仅具有确认或者证明不动产物权变动的法律行为的效力，而且还具有决定其能否生效的作用。[①]

　　按照《物权法》的规定，土地承包经营权并未采取登记生效主义，而是自土地承包经营权合同生效时设立。原因在于，土地承包经营权人的资格限定于集体成员，"集体成员之间彼此熟悉，承包土地为人所共知，能够起到相应的公示作用"。[②] 此外，

---

　　① 孙宪忠：《论物权法》，法律出版社2008年版。

　　② 高圣平：《农地金融化的法律困境及出路》，载《中国社会科学》2014年第8期。

对于土地承包经营权的互换、转让等物权性流转方式，也未采取登记生效主义，随着农地流转现象越来越普遍，这些规则已造成现实中出现矛盾纠纷，与农地市场化流转的要求不符。[①] 在促进农地规模化、集约化经营的背景下，应规范农地经营权抵押登记规则，采取登记生效主义。抵押权的设立采取"合同 + 登记"的物权变动模式。[②] 抵押双方签订抵押合同时仅产生债法上的效果，经登记之后，不仅设立了抵押权，同时产生物权变动的公示效力，第三人可以通过查阅登记簿得知物权变动的情况，未经登记的抵押权，不但不能对抗第三人，在抵押双方之间也不能产生物权上的约束力。农地经营权作为一项纯粹的财产权利，流转的速度和频率更高，第三人不知此经营权上有抵押负担而善意取得农地经营权，此时，金融机构将遭受权利损失。因此，应依据不动产物权的一般规则构建农地经营权流转的公示规则，将登记作为抵押权的生效要件，一方面起到一种警醒当事人意识到其所进行之交易的重要性的作用，另一方面对维护市场交易安全具有重大意义。[③]

（二）农地经营权抵押的配套制度改革

1. 完善农地流转市场

（1）完善农地流转服务平台。有效的土地流转服务平台是农地经营权抵押双方信息交流的桥梁和纽带。目前在实践中，大多数地区都建立了土地流转服务中心，或者成立了为农地经营权流转提供服务的机构，为抵押贷款工作的顺利进行提供了帮助，为抵押物的处置变现提供了一定的保障。下一步应该全面开展县、乡、村建立三级土地流转服务平台建设工作，为农地经营权

[①] 高圣平：《农地金融化的法律困境及出路》，载《中国社会科学》2014 年第 8 期。

[②] 高圣平：《承包土地的经营权抵押规则之构建——兼评重庆城乡统筹综合配套改革试点模式》，载《法商研究》2016 年第 1 期。

[③] 高圣平：《农地金融化的法律困境及出路》，载《中国社会科学》2014 年第 8 期。

流转的加快创造良好的环境。今后应在以下方面完善土地流转服务平台：

一是创新与拓展农村土地流转服务中心职能。土地流转服务中心的职能是宣传农地经营权抵押相关政策、提供相关政策法律咨询、提供专业性审核、规范抵押合同文本、对土地流转进行登记、出具产权交易鉴证书等，[①]县、乡、村三级土地流转服务中心应明确分工：考虑到农民文化程度较低、缺乏法律知识，因此村级土地流转服务站应做好农地经营权抵押、流转相关法律与政策的宣传工作，为有抵押需求的当事人提供相关信息咨询服务，整合本村农地经营权流转信息并上报乡级土地流转服务中心；乡级土地流转服务中心为有抵押意向的农业经营主体提供统一的抵押合同文本，协助抵押双方签订农地经营权流转合同，将农地经营权抵押信息上报县级土地流转服务中心；县级土地流转服务中心对抵押合同予以鉴定，赋予其抵押登记的法律效力，并负责将全县的农地经营权抵押、流转信息进行汇总、发布，如果出现抵押权实现的情形，县级土地流转服务中心应积极介入农地经营权的二次流转，为抵押权的实现提供便利。[②]

二是制定完善的监管制度。农地经营权抵押过程中风险重重，设立监管机制能够预防风险，在一定程度上降低风险发生的概率。监管制度主要应从以下几个方面入手：首先，审核农地经营权抵押过程中的各项信息，对抵押人的信用、抵押标的的状况进行充分了解、记录以及实时跟踪管理；其次，对抵押人所得贷款的用途进行监督，确保债务人所得贷款用于农业生产经营活动，[③]出现抵押权实现的情形时，对农地二次流转后的土地用途

---

①　黄少青、王周铁、黄元东：《农村土地制度改革背景下两权抵押贷款研究——基于 105 户调查对象的实证分析》，载《武汉金融》2016 年第 2 期。

②　邹翔翔等：《土地经营权抵押的促进机制——以构建新型土地流转服务中心和农业风险防控体系为例》，载《经营与管理》2016 年第 3 期。

③　唐薇、吴越：《土地承包经营权抵押的制度"瓶颈"与制度创新》，载《河北法学》2012 年第 2 期。

进行监督；最后，土地流转服务中心应制定严格的内部监管机制，对承办农地经营权抵押的工作人员进行监督，设置相应的激励机制与负责机制，始终保持土地流转服务中心在抵押设立过程中的中立性。

（2）完善农地经营权价值评估机制。首先，在开展农地经营权抵押贷款的地区设立专门的价值评估机构。目前，各个试点纷纷由于缺乏专门的价值评估机构与人员，农地经营权的抵押价值大大降低，亟待成立专门的价值评估机构，由具备评估技能的专业人员选定评估机构才能保证评估价值的准确。在缺乏专门的价值评估机构的情况下，目前各地承担农地经营权价值评估角色的或是金融机构，或是由借贷双方协商确定，然而在农地经营权抵押贷款中，银行或其他金融机构无疑是强势群体，很可能因其强势地位而导致农地经营权的评估价值低于实际价值。因此，亟待成立专门的价值评估机构，由专业的评估人员对农地经营权价值进行科学评估，以保障评估结果的公正性。各地可在县级土地流转服务中心设立土地评估机构，评估机构由评估专家、金融机构评估人员或民间评估人员组成，若抵押双方需评估人员对农地经营权的价值进行评估，可由抵押双方协商从评估机构中选择以上两类评估人员共同进行评估。

其次，制定科学的价值评估标准。农地经营权抵押贷款需建立在公平公正的价值评估结果之上，制定科学合理的价值评估标准能够提高农地经营权抵押双方的积极性。在对农地经营权价值进行评估过程中，需综合考虑多方面因素，如土地所在区位、地上种养物品种、先期投入、即期收益、经营年限等，权衡各因素所占比重，合理确定抵押物价值。[①] 实践中，绝大多数地区对农地经营权抵押价值的评估是按照"农地经营权抵押价值 = 年租地平均收益 × 经营期限 + 种养物价值"的标准计算，"将土地经

---

① 陈晓夫、李孟军：《对农村土地承包经营权抵押贷款试点工作的思考》，载《武汉金融》2010年第5期。

营权和地上附着物价值一并考虑，最后通过'外部评估为主 + 内部复核'相结合的方式进行认定"。① 此种计算方法操作简便，但容易造成低估农地经营权的价值，导致最后抵押人得到的贷款更低，不能解决农业经营主体的融资需求。在现有价值评估基础之上，应进一步制定具有普适性的、科学的价值评估标准。

2. 完善农村土地金融制度

"所谓农村土地金融，即为农村地区土地与金融关系的结合和相互衍化，是土地经营者以其拥有的土地产权向金融机构融资的行为关系的总和，它是市场经济条件下农村土地制度以及农村金融体系的重要组成部分。"② 完善土地金融制度的直接目标是实现土地资金化，将土地利用与金融内在结合，释放土地创造财产价值的功能。在农地经营权抵押贷款当中，金融机构作为贷款提供方，对土地金融化起着至关重要的作用。在土地经营集约化、规模化、现代化的背景下，农村土地金融还未充分市场化，没有达到优化资源配置的最佳功效，为促进农地经营权抵押制度的建设，完善农村土地金融制度势在必行。

从国外的土地金融经验来看，德国是最早实施农地金融制度的国家，在土地抵押实践中，德国通过立法设立了农业地产抵押银行，为所有与农业和农村地区有关的项目提供融资便利，抵押银行还发放中长期贷款，贷款金额的 31% 执行优惠利率。并且经过长期的实践和发展，德国逐步形成了由土地抵押信用合作社、农业中央银行、农业地产抵押银行等为主体的完善的农地抵押金融体系。同时，德国还通过建立健全配套法律制度，规范农地抵押贷款业务开展，优化农地抵押业务开展外部环境，降低金

---

① 林建伟、刘伟平：《信贷供给：土地承包经营权抵押贷款的关键因素——基于福建省试点情况的考察》，载《福建论坛（人文社会科学版）》2014 年第 10 期。

② 杨雪、王永聪：《当前我国农村土地金融研究述评》，载《西南金融》2013 年第 11 期。

融运作风险。如制定《德意志农业地产抵押银行法》，明确农业地产抵押银行定位和经营范围，并在提供资本金、免除税收等方面给予政策扶持。① 美国于 20 世纪初期在 12 个农业区分别设立了 12 家联邦土地银行，建立了以联邦土地银行为主体的土地金融体系。联邦土地银行成立之初的资金主要来源于政府出资，之后随着土地银行的发展壮大，政府资金逐渐退出。为了将联邦土地银行辐射到基层，政府鼓励农民组建土地银行合作社，直接面向农户办理贷款。在土地银行的运行中，形成了规范化的农地抵押贷款操作方式、成熟的地籍管理制度和健全的土地金融法律体系，充分保障了金融机构和贷款农户的利益。日本于"二战"后按照行政区划设立了强大的农协系统合作金融，其组织形式采取由下而上参股模式，即农户入股参加农协、农协入股参加信用联合会、信用联合会入股组建农林中央金库，农户以入股形式参与基层农协，在有资金需求时，由农协为农户发放抵押贷款。② 这些基层农协组织享有政府的一系列扶持政策，并有多部法律的保障，其自身也有多重风险防范机制保障其自身的正常运转。

上述国家之所以能够形成完备的土地金融体系，关键在于建立了自中央到基层的土地金融链，不仅有政府的大力支持和法律的保障，其自身也在发展中逐渐完善。我国在农地经营权抵押实践中可充分借鉴国外的有益经验，从以下方面完善农村土地金融制度：

首先，建立完善的基层金融合作组织。基层金融合作组织是直接参与农地抵押的机构，目前我国在开展农地经营权抵押工作中的一个薄弱环节是金融机构在基层的辐射度不高。农村信用社作为服务农村、建设农村的机构，覆盖面相对较广，应该将其作

---

① 王保虎：《从德国两家政策性银行学到的理念》，载《农业发展与金融》2007 年第 2 期。

② 高勇：《农地金融国内外实践的经验借鉴及启示》，载《国际金融》2015 年第 12 期。

为农地经营权抵押的主力军，拓展农村信用社的经营服务是完善农村土地金融制度的重要因素。此外，针对当前农村信用在农地经营权抵押的贷款机制方面尚不成熟，农业经营主体资金需求量大，只依靠农村信用社不能满足贷款需求量的现实情况，应该广泛吸引其他金融机构开展农地经营权抵押业务。作为农业政策性银行的农业发展银行本身具有制定和实施国家土地金融政策、为农业提供指导和资金支持等职能，下一步可全面设立村镇级农业银行网点，与农村信用社协同合作，共同推进农地经营权抵押的进行。

其次，完善与农村土地金融相关的法律制度，使农地经营权的流转得到充分的法律保障，修改现行法关于农村土地承包经营权的相关条文，制定有关农地经营权抵押贷款的法律法规，以保障农民财产权为出发点重构农地权利体系，使农地的流转处于全面的法律制度保护之中。

最后，加快培育农村新兴金融组织，填补农村金融服务空白。目前，农村金融是我国金融体系中的薄弱环节，金融供需矛盾极大限制了农村金融的发展。在发挥国有商业银行和政策性银行对农地经营权抵押的重要作用的同时，不少新兴金融机构已经开始瞄准农村市场，意欲在传统金融缺位的环境下，寻求商业契机。一些新兴互联网金融平台如阿里网商银行、翼龙贷、京金金融、农发贷等从不同的市场需求切入农村经济，提供多产品、多渠道、多层次的农村金融综合服务，致力于打造农村金融生态圈。① 这些新兴金融平台能够及时满足农业生产的融资需求，在完善农村土地金融体系中起着不可忽视的作用。

（三）建立农地经营权抵押的风险防控机制与利益平衡机制

1. 设立风险补偿金

农地经营权抵押存在各种可控或不可控风险，为鼓励金融机构大范围开展经营权抵押，免去其后顾之忧，有必要建立专门的

---

① 《新兴金融平台瞄准农村市场》，载环球网，http：//finance. huanqiu. com/roll/2015 - 12/8123080. html。

农地经营权抵押风险补偿金。在贷款发生违约、变现困难时，由风险补偿金对金融机构的处置亏损和不良贷款进行一定程度的补偿，同时政府也应采取如抵押物收购通道这样的防范措施。目前，有些试点已经设置了政府主导型的风险补偿金，如江苏省新沂市财政部门为农村土地承包经营权抵押设立了风险补偿基金，如果抵押人到期不能还款，金融机构可以得到风险补偿。此外，对风险补偿基金的管理办法也应明确规定，并针对其具有的不同于其他投资性基金的政策性特点，对该基金的投资程序予以严格设置、对投资渠道予以适当限制，以保障补偿资金的安全性和可持续性。

2. 完善农业保险制度

目前，针对农地经营权抵押的政策性保险力度不足，除了政府部门设立农地经营权抵押风险补偿金外，应吸纳保险公司作为农业保险的最主要生力军。对于有学者提出，可针对保险公司设置农地经营权抵押分段投保模式，该模式是根据农作物生长周期将农作物划分时间段向保险公司投保，具有实践性。具体模式设计如下："第一步，根据农作物自然生长的重要节点，将农作物生产周期划分为几个关键阶段。第二步，农业经营主体将处于第一阶段的农业资产向保险公司投保。获得保险公司的承诺，农业资产随之转化为金融资产。该项金融资产经过保险公司的背书，构成农户融资的基础。第三步，银行根据金融资产价值——保险金额的大小，向农业经营主体发放贷款。在保险公司的'担保'下，银行工作的重点只是审查保险合同的受益主体和承保范围及其合法性和真实性。第四步，农业经营主体利用从银行获取的贷款，投入农作物下一阶段生产。第五步，农业经营主体在农作物生长的下一节点继续就增值部分投保，重复第二、三、四步，直至农作物成熟上市销售，并用销售款偿还银行贷款的本金和利息。"[①]此模式是将一次性农业保险变更为分阶段农业保险，加之对农业

---

① 张冀民、高新才：《农民合作社农业资产抵押融资模式研究》，载《经济纵横》2016 年第 2 期。

① 张冀民、高新才：《农民合作社农业资产抵押融资模式研究》，载《经济纵横》2016 年第 2 期。

保险抵押贷款加以规范，是分担农业生产经营风险的有利选择。

此外，应创新农业保险品种，普通农业保险只能对自然灾害给农业生产造成的直接损失给予补偿。因此，可针对农业生产经营的特点，探索开展新型农业保险品种。"在四川省成都市已经开展了如天气指数保险、蔬菜价格指数保险等新型险种，其推出的蔬菜价格指数保险是一项以蔬菜离地价格作为保险责任触发参数的创新型农险产品，当承保蔬菜的平均离地价格低于保单约定的保险价格时，就视为保险事故发生，投保户无须向保险公司报案，保险公司就会自动结算赔款，并将赔款转账支付到户。"① 创新分段投保模式和农业保险品种能够为商业保险公司创造利润，也为农地经营权抵押过程中的风险分担提供了条件，目前各地逐渐开始创新多种保险品种，不仅为农业经营主体提供了进一步贷款的可能，也为金融机构发放贷款吃了一颗定心丸。

3. 设立中立的第三方担保机构

从各地抵押试点中可以看出第三方担保机构对于农业经营主体成功贷款起着重要的作用。目前，我国第三方担保机构很少，实践中多是由各地政府主导建立或是由村集体内部成员自发形成的合作社承担担保机构的角色，在两种担保形式都不具备的试点地区，金融机构为避免风险，往往要求"几户联保"才可能接受贷款申请。上文分析了试点地区在第三方担保机构上存在的问题，可以得知设立中立的第三方担保机构的重要性。在下一步推进农地经营权抵押贷款风险防范机制的过程中，建立中立的第三方担保机构为借款人提供贷款保障，并在后续农业生产经营中监督借款人的生产经营活动。第三方担保机构承担担保与监督的角色，从而使政府渐渐脱离承担抵押贷款风险，使农业与市场进一步接轨，为农地经营权抵押贷款的良性循环提供保障。

---

① 《四川成都探索蔬菜价格指数保险》，载新农网，http://www.xinnong.net/news/20160224/1292422.html。

第四章　农地经营权信托的制度探讨

一、农地经营权信托的一般问题

每项制度的存在都有其深厚的经济基础和社会需求。中共十八届五中全会提出：大力推进农业现代化，加快转变农业发展方式，走产出高效、产品安全、资源节约、环境友好的农业现代化道路。这是继中共十八届三中全会，首次提出"鼓励和引导工商资本到农村发展适合企业化经营的现代种养业，向农业输入现代生产要素和经营模式"后的又一政策导向，基本上确立了新一轮土地制度改革的基调，为工商资本进入农村、参与农村土地流转提供了政策依据。在此背景下，农地流转就再次成为全社会关注的焦点。① "三权分置"制度的发展直接将土地流转制度的发展推至巅峰，从农地转包、出租、互换、代耕（或托管）、抵押等发展至农地信托，农地信托制度作为一种新的流转模式逐渐走进人们的视野。

（一）农地经营权信托的界定

1. 农地经营权信托的背景

现代意义上的信托思想在古代一些国家已经产生了。现有关于信托的最早文字记载，据说是古代埃及人在公元前 2548 年所写的关于信托自己财产的遗嘱。② 法总是具有滞后性，那些关于

---

① 高圣平：《农地信托流转的法律构造》，载《法商研究》2014 年第 2 期。
② 何宝玉：《英国信托法原理与判例》，法律出版社 2001 年版。

信托的文字记载并不足以证明信托这样一种制度已经存在。目前世界上关于信托制度的起源存在一定的争论，主要观点：一是信托起源于罗马法上的遗赠和遗产信托；二是信托起源于英国衡平法上的用益制度。人们目前所谈及的"信托"皆由 14 世纪后英国的衡平法院发展起来的一种法律制度，其中最典型的莫过于"用益制度"，可称为"信托制度"的前身。

　　凡言信托者，几乎无人不援引英国法学史家梅特兰的经典名句："如果有人要问，英国人在法学领域取得的最伟大、最独特的成就是什么，那就是历经数百年发展起来的信托理念。我相信再没有比这更好的答案了。"① 这无关乎信托宗旨与社会道德理念的契合性，而是因为其自身具有的灵活性与普遍性。信托制度作为一项古老的制度，不仅取得了现代的意义，更取得了世界的意义。于 15 世纪英国，为规避沉重税赋而生，历经数个世纪的沧桑，不断沉淀为适应时代发展的新型信托，并在法律界崭露头角，逐步为人民所接纳而成为一项世界性的财产制度。② 当下，人们对"土地问题"的关注度日渐升温，为寻求一个更好、更合理的解决方案，再充分考虑我国特殊"土地政策"的基础上，经多方思考研究，遂决定将"信托"纳入土地管理当中去。

　　2. 农地经营权信托的内涵

　　"信托"，总体而言，是"基于信任而委托"。对于英美法系与大陆法系传统的概念界定思维模式而言，英美法系是采"目的导向"或"效果导向"思维模式，更多关注的是其法律效果，而大陆法系因立法与司法工作的严格分明，更偏向于"要件导向"思维模式，强调在立法环节要明晰法律行为的构成，从而更有利于司法活动的开展。所以，目前法律界对此制度的定性无法达成统一的标准，单是大陆法系的国家就有制度说、行为说与

---

　　① F. W. Maitland, Selected Essays [H. D. Hazeltine, G. Lapsley, and P. H. Winfield (eds.), Cambridge, Cambridge University Press, 1936] 129.

　　② 何宝玉：《英国信托法原理与判例》，法律出版社 2001 年版。

关系说等观点，① 但总方向不会变，即"信任义务的法律化"。根据我国《信托法》第 2 条的规定可知，我国是一个偏大陆法系的国家，即信托是指委托人基于对受托人的信任，将其财产权委托给受托人，由受托人按照委托人的意愿以自己的名义，为受益人的利益或特定目的进行管理或者处分的行为。上述规定很明显已经将我国的信托定位于"行为说"的行列，信托作为一种行为，尤其是能够产生法律效果的行为应当受到信托法的保护，以规范信托法律关系中当事人的权利与义务，这样更加有益于维护委托人的合法权益。

这种思想的出现及成熟源于中华人民共和国第七届全国人民代表大会，会议首次决定起草《信托法》，并将此项重任委以著名的法学家江平教授。引用邓小平同志的经典语录"摸着石头过河"，用此来形容我国当时的信托立法再合适不过了。2001 年以来，《信托法》《信托投资公司管理办法》《信托投资公司资金信托业务管理暂行办法》的颁布实施，标志着我国信托业逐步走向法律规范运行的轨道，并以迅雷之势快速发展起来。

但正如万物生长都存在一定的周期，抑或"瓶颈"期一样，中国信托业自产生以来出现了发展低迷期，迫切需要一定的力量将此打破，最有效的途径莫过于"创新"。有点老生常谈，但毋庸置疑，这就是事实。所以，当信托行业不断承受着来自通道业务收窄和资本管理业务全面放大带来的双重挤压时，迫使信托业的精英们不得不寻找新的空白点，以谋求时机创造另一个增长点。几经周折，人们最终将着眼点置于"土地"之上，试图将信托纳入土地管理过程中发展土地信托业务。何为土地信托，早在《布莱克法律辞典》中就有规定：土地信托指的是委托人将土地及其相关财产权利移转给受托人，受托人享有法律上的所有

---

① 大陆法系国家将信托的概念分为：制度说（认为信托就是一种制度）、行为说（信托是一种基于信任而托付的法律行为）、关系说（认为信托实际上是当事人之间形成的一种法律关系）。

权并依受益人的指示以自己的名义处理信托事务，受理人从中获取所得收益的财产管理制度。[①]

而我国信托制度与农村土地挂钩产生农地信托是在 21 世纪初期。2001 年 2 月，浙江绍兴进行的农村土地信托流转实践，开创了我国农地经营权流转的先河，带动了我国农村土地信托业的整体发展，被称为"绍兴模式"。作为一种新型的农地流转形式，农地经营权信托，从最直观的层面来说，是在农地生产经营过程中引入信托制度，将二者结合。与信托相比，是在共性的基础上谋求个性发展，因此在其共性的信托概念基础上界定其内涵是合理的。根据我国《信托法》第 2 条的规定，可以将农村土地信托定义为：在坚持农民土地集体所有权和土地承包权不变的前提下，农村土地承包人基于对受托主体的信任，将其承包地的使用权信托给受托人，受托人以实现土地收益最大化为宗旨，以自己的名义对土地使用权进行管理或处分，而土地收益由土地承包人享有的民事行为。[②] 农村土地流转主要包括两方面：耕地的经营权流转与建设用地的流转，在此主要讨论前者即承包土地的经营权的流转。农村土地信托符合当下我国农村经济发展的现状，有利于打破土地抛荒现象，把农村劳动力从土地中解放出来，创造更多的财富；同时顺应现阶段我国对农村的土地政策，保证农村农民增收创收。

3. 农地经营权信托的特征

农地经营权信托作为信托行业的新兴发展业务，相对于一般的信托，就是在共性基础上充分发挥自身优势独特发展，即农村土地信托不仅具备信托的共性即独立性、利益性和目的性，还具有自身的特色，主要表现为：

第一，地域性。当信托与农地相结合时，由于农地天然具备

[①] 《布莱克法律辞典》第八版在美国被誉为法律界的"圣经"。

[②] 柴振国：《农村土地承包经营权出资中若干法律问题研究》，中国检察出版社 2011 年版，第 88 页。

的自然属性而使农村土地信托存在地域性特征。在农村土地信托中，信托所针对的是农村土地，是地理位置固定、无法随着人们的主观意志移动的不动产。因此，我们应当按照农村土地设立信托，而不得随意划割。同时农村土地信托的地域性特征也使得信托风险大大降低，相较于一般的信托而言，具有无可比拟的稳定性。当然，这种稳定性离不开国家对农业的政策导向与支持，使得农业发展有章可循。

第二，期限性。一般而言，当事人遵循意思自治而自主决定信托的期限。但由于农村土地信托是以农村土地为基础的信托，极具特殊性，而我国的农村土地以用途为依据分别规定了相应的承包期限，并非永久性的，因此农村土地信托也具有期限性。根据我国《农村土地承包法》第 20 条规定："耕地的承包期为三十年，草地的承包期为三十年到五十年。林地的承包期为三十年到七十年，特殊林木的林地承包期，经国务院林业行政主管部门批准可以延长。"据此，农地信托合同约定的信托财产，即承包土地的经营权仅存在于一定的时间范围内，因此在设立农地信托约定的履行期间时，不应当超过特定土地上剩余的土地承包经营期限。这与我国特色国情紧密相连，不同于其他信托产品。

第三，主体的特殊性。一般而言，根据信托法的设立理念，委托人应当是信托财产的所有权人，有权处分信托财产；一旦信托业务成立，受托人即享有法律意义上的所有权，而受益人作为这项业务的真正权利义务人，享有实质意义上的所有权。由于我国农地集体所有的属性及农地经营权信托财产的特殊性，在我国农村土地信托运营中，作为委托方的农民并不享有农地所有权，仅拥有农地经营权，其他人不得以委托人的身份出现，更无权干涉农地信托设立及其运营方式，尤其应当明确定位发包方，不能凭借我国农村土地产权归集体所有而越权越位。根据我国《信托法》第 7 条第 2 款的规定：本法所称财产包括合法的财产权利。① 由上述论证可知，我国农地信托业务发展中的信托财产并非土地所有权，而是承包土地经营权，因此委托人应当是农地承包经营权人，这项权利掌握在大多数农民手中。于此受托人处于承接规划农地规模性经营的关键环节，必须对其身份和能力实行高标准、严要求。受托人可以是本村集体成员也可以是其他法人，但应当严格控制市场准入规则并严厉打击受托人利用土地进行非农生产等侵害耕地的行为。当下设立的农地信托更多属于自益信托，即委托人即为受益人，这样可以有效缓解当下农民进城务工导致土地抛荒的压力。

第四，有限的财产权转移。农村土地信托是一种新型的土地流转形式，主要是为了实现土地的有效利用而设定，但由于我国采取的土地所有制形式是所有权与使用权分离，因而对土地所有权的转移产生了一定的制约。在坚持我国农村土地集体所有制的前提下发展农村土地信托，旨在表明：无论农村土地流转形式如何变化，我们始终秉持"一物一权"及严格法定物权的精神，设立农地信托仅仅是将农地经营权这种财产权利予以信托谋求专业化、规模化的经营管理，而农村土地所有权的主体依然是村集体。相较于英美法系下信托业务开展过程中所产生的形式所有权（legaltitle）和实质所有权之分（equitabletitle）②，我国农地在引入信托制度时采取了更加严谨、更加符合中国国情的权能分离制度，即农地所有权始终归集体所有不变，而将作为用益物权的农地经营权转移给受托者来完成信托行为。

第五，登记公示。信托的成立与生效必须符合法律构成要件，源于信托行为的要式性，我们设立信托约定信托财产时，必

---

① 《信托法》第 7 条规定："设立信托，必须有确定的信托财产，并且该信托财产必须是委托人所有的合法财产。本法所称财产包括合法的财产权利。"

② 余辉：《英国信托法：起源、发展及其影响》，清华大学出版社 2007 年版，第 50 页。

须采用书面形式。[①] 我国《信托法》第 10 条规定："设立信托，对于信托财产，有关法律、行政法规规定应当办理登记手续的，应当依法办理信托登记。未依照前款规定办理信托登记的，应当补办登记手续；不补办的，该信托不产生效力。"但我国《农村土地承包法》中对于农村土地流转仅有任意性规定，即当事人自愿登记的，应向县级以上人民政府申请，国家并不强制规定农地流转必须登记。探究其具体原因主要在于，依据信托法设立理念及相关条文，信托一旦设立，信托财产的所有权应转移至受托人名下。此处的"转移"就是将自己所拥有的农地经营权转移给信托受托人，待信托到期时予以返还。这一行为本身就具有物权公示特性，不同于具有债权性质的租赁、互换、转让等农村土地流转方式。同时，信托财产的独立特性，使得信托财产类似于"隔缘体"般，与委托人的其他财产和受托人的自身财产没有什么联系，自然其所负担的债务也不能因债权人的请求而以信托财产负担，除非委托人在信托文件中明确保留了信托解除权，这样信托所特有的"隔离保护"功能将大打折扣。鉴于此，信托的设立与生效应当以公示为要件，从而更好地保护善意第三人的利益。

（二）农地经营权信托中的法律关系

1. 农村土地信托的主体

作为信托业务的成分之一，农地信托由三方当事人构成即委托人、受托人和受益人。信托当事人是信托的主体要素，没有主体，就没有法律行为，这是不言而喻的。[②] 一般我们所说的民事法律关系中存在两方当事人，而信托则有三方当事人，当然不排除存在一个主体具备双重身份的情况，即自益信托。

首先，农村土地信托的委托人是指合法拥有农地经营权且将

---

① 《信托法》第 8 条："设立信托，应当采取书面形式。书面形式包括信托合同、遗嘱或者法律、行政法规规定的其他书面文件等。"

② 周小明：《信托制度：法理与实务》，中国法制出版社 2012 年版。

其农地经营权委托给受托人，使其以自己的名义对土地进行专业化、规模化经营管理，从而设立信托的人。委托人可以是单个人也可以是多个人，在共同委托情形下，最典型的莫过于以家庭为基础的财产共有关系，以及在商事运营过程中以合伙协议为基础的共有关系，这种情况下必须财产共有人共同设立信托，信托业务才得以成立。另外，还有一种比较普遍的共同委托，即不具有财产共有关系的多个人将财产集合起来，共同委托给受托人加以管理。这与《信托法》的宗旨相悖，但是相对于一些特殊的信托，我们不得不采取共同委托的方式，否则很难达到制度设计的预期效果，当下人们广为关注的农地信托就是其中特殊信托的一种。①

同时，根据目前我国现有的土地政策，农地信托的委托人可以是自然人也可以是其他单位，当然这需要理论与实践的支撑。依据我国《农村土地承包法》第3条的规定："四荒"土地可以招标、拍卖、协商的形式承包给农户、其他单位、个人。② 由此可以得知，农地承包经营权不仅掌握在农民手中，还有一部分土地通过支付相应对价而交由其他单位经营管理。

其次，对于受托人而言，其在农村土地信托中所处的地位相当于管理人，其承委托人之托，以自己的名义为受益人利益而管理经营土地。虽说我们应当忠于受托之事，但人往往受到其自私天性的束缚，而贪之利之。同时在我国，农民始终属于社会弱势群体并处于社会劣势地位，在社会交往过程中自身权益往往受损而处于不完整状态，他们却难以找到行之有效的途径予以救济，因此我们在将信托引入农地生产经营时，一定要对受托人的标准进行相应的限制，提高市场准入规则，从而在一定程度上减少农民要承担的风险，并达到解决农村问题、致富农村的目标。市场

---

① 周小明：《信托制度：法理与实务》，中国法制出版社2012年版。

② 《中华人民共和国农村土地承包法（全文）》（2002年8月29日第九届全国人民代表大会常务委员会第二十九次会议通过）。

准入门槛究竟为何，首先，来看一下英国信托法的相关规定：一方面，对于自然人而言比较简单，担任受托人的首要条件就是具备完全行为能力，当然还要排除一些不能担任受托人的情况，例如，根据《1914 年外国人地位法》第 17 条，外国人不能持有英国船舶的所有权。[①] 另一方面，在受托人为组织时，英国法律的规定较为严格，其必须具备某些特殊要件才能从事信托业务。[②] 参照适用英国法律的相关规定，我国在进行农地信托业务过程中应循序渐进，在起步阶段一定要严格限制市场准入条件，很多学者主张除自然人外的其他组织，应规定为政府和国有公司。待市场逐步开发、相应的法律规范不断完善的情况下可允许某些"信用"状况良好的企业加入农地信托受托人的行列中来。

另外，要提醒受托人的是其仅仅享有农地的承包经营权，而所有权依然归属于国家和集体所有，这主要是由我国特殊的土地政策所导致的，但是我国农地承包经营权已经相当完善，并不会影响受托人对农地的经营管理。

最后，受益人是信托业务的真正受益者，在英美法系国家又被称为实质所有权者。在农村土地信托法律关系中其扮演重要角色、占据重要地位，是每一项信托法律关系必须具备且缺少之而无法成立的。通过上述说明，我们已明确知晓受益人的不可或缺性，但是在设立信托时受益人并非必须出现，抑或可以不必出席信托设立的任何活动。简言之，无所谓受益人同意与否，只要委托人与受托人的合意存在即可。据此，农地信托中的受益人是享有信托收益的人，一般与委托人重合而设立自益信托。

另一方面，为保证农地经营权信托流转的顺利与高效，我们

---

① 何宝玉：《信托法原理与判例》，中国法制出版社 2013 年版，第 171 页。
② 满足下列三个条件的公司可以担任保管受托人：（1）公司是根据联合王国或欧共体其他成员国的法律而组成的；（2）公司得到章程的授权，可以在英格兰和威尔士从事信托业务；（3）公司依据特别的议会法或者皇家特许状登记成立；或者是一家注册公司，至少有 25 万英镑的已发行股本，其中至少有 10 万英镑是现金缴纳的。

必须看到除了三位主要当事人之外的其他保障农村土地信托运营的主体要素。第一，政府机构所发挥的导向作用。农村土地信托流转制度刚刚兴起，没有成熟的市场相配合，同时实践成功的范例甚少，所以在这个抉择方向的关键时刻，相关政府机构的引导与监督就显得尤为重要。第二，土地登记机关是重要的辅助机构。土地流转的前提是土地权属划分明晰，不存在争议，所以在信托流转模式下，我们首要任务就是保证土地确权工作顺利开展，而土地的不动产属性决定了其应当以登记的方式确定权属问题，因此土地登记机关在农村土地信托过程中发挥了重要作用。第三，农村土地信托中的中介服务机构和土地价值评估机构为农地信托业务的顺利开展助力。一般而言，这项工作由政府为之，举例说明，在浙江绍兴模式中，为参与农地信托的当事人提供咨询的是由全县建立的县、乡、村三级信托服务体系。农地信托是我国社会的"新生儿"，一直从事学术研究的学者们对此尚不能拍着胸脯称"精通"，更别说是长年累月"面朝黄土背朝天"辛勤劳作的农民了，知之甚微。这样一来，土地信托服务机构就有用武之地了，信息咨询服务的开展，既保证农地信托业务进程的推进，又在一定程度上防止信托争议的发生。

2. 农村土地信托的客体

信托财产作为农村土地信托的客体，同时也是农村土地信托法律关系中相关主体权利义务所指向的对象。原本应当以所有权之物即"土地"作为信托财产，但是由于我国现有的土地政策，使得我国农地信托中的财产具有特殊性，主要表现在农村土地信托中是以农地经营权作为信托财产的，而非土地所有权。依据我国《农村土地承包法》第 2 条的规定："本法所称农村土地，是指农民集体所有和国家所有依法由农民集体使用的耕地、林地、草地，以及其他依法用于农业的土地。"① 此明确表明我国农民

---

① 《中华人民共和国农村土地承包法（全文）》（2002 年 8 月 29 日第九届全国人民代表大会常务委员会第二十九次会议通过）。

仅享有土地使用权，而所有权一直掌握在国家和集体手中，明显不同于西方国家的土地私有制，表现在信托方面就是其设立信托时可以直接信托土地所有权，并且依据英国衡平法发展而来的信托逐步出现"双重所有权"的发展方式，这在中国都是无法想象的。

将农地经营权作为农村土地信托的信托财产具有深刻的理论依据和实践支撑。理论上，我国《信托法》规定："法律法规规定禁止流通的财产不得作为信托财产。"这表明流通性是成为信托财产必不可少的构成要素之一，而在我国特有的土地环境下，农村土地所有权的流通性极其匮乏，甚至可以说是根本不存在，所以以之设立信托的想法不可行；在土地流转的社会实践中，农村土地信托是"新生儿"，设立目的在于以农地经营权作为信托财产实现科学生产及管理，从而保障农民的增产增收，提高农民生活的幸福感。同时，我国《物权法》规定农地经营权是用益物权，这在一定程度上扩大了农民在土地上的权利，即占有、使用、收益的权利，农地经营权在具有稳定性的同时也具有一定条件下的流通性，且我国的《信托法》第 7 条规定：本法所称的信托财产包括合法的财产权利。① 因此将其作为信托财产无不妥之处。

另外，信托财产作为农村土地信托的客体，具有独立特性，这是信托所特有的"隔离保护"功能。首先，信托财产应当区分于委托人未设立信托的其他财产。依据我国《信托法》第 15 条的规定：信托财产与委托人没有设立信托的财产不能混淆。信托财产的独立性还体现在当委托人死亡或解散、破产时信托财产不得作为其遗产进行继承，而当委托人是唯一的信托财产受益人时，信托关系则终止。其次，信托财产与属于受托人的固有财产相区别。作为信托财产的农地经营权不得归入受托人的固有财产

---

① 《中华人民共和国信托法》（2001 年 4 月 28 日第九届全国人民代表大会常务委员会第二十一次会议通过）。

或者成为其固有财产的一部分。最后，受托多项信托财产的受托人应当将不同委托人的信托财产分别管理、分别记账。

3. 农村土地信托的内容

农村土地信托的内容主要是指农村土地信托法律关系下各主体之间的权利、义务。

（1）委托人的法定权利与保留权利，一般在信托业务关系中可称为"保留权利"的就是委托人在与受托人确立信托关系时，在信托文件中约定的、为自己保留的权利。[①] 另外，因为其义务非常明了，不再赘述。农村土地信托的委托人一般是农户，或者通过依法招标、拍卖、公开协商的方式获得农地经营权的单位或者个人。其所享有的法定权利包括：

第一，获取信息权。农村土地信托的委托人有权了解信托财产的经营管理状况，并监督受托人的经营模式，确保农业用途不改变。与之相对应，农地委托人拥有相关的权能，最明显的莫过于查阅与复制相关账目，这一权利对保障农民财产权不受侵犯且农地信托顺利开展至关重要。

第二，监督建议权。依据我国《信托法》第 21 条的规定：因设立信托时未能预见的特别事由，致使信托财产的管理方法不利于实现信托目的或者不符合受益人的利益时，委托人有权要求受托人调整该信托财产的管理方法。[②] 与此同时，农村土地信托中委托人的建议权还体现在受托人管理信托财产的行为选择。

第三，撤销并获得赔偿的权利。在信托财产法律关系中，受托人是基于委托人对其信任而将自己的财产或权利交由受托人代为行使并为自身谋取利益，一旦受托人有违反自身职责不当处分委托人权益并致其损害时，委托人根据信托理念可行使撤销权，必要时请求受托人对其所受损失予以赔偿，从而更好地保障自身

① 周小明：《信托制度：法理与实务》，中国法制出版社 2012 年版。

② 《中华人民共和国信托法》（2001 年 4 月 28 日第九届全国人民代表大会常务委员会第二十一次会议通过）。

权益。若在农地信托运营管理过程中，受托人不当行使权利导致委托人的合法权益受到损害，如农地经营权的不当抵押，那么委托人则可通过行使撤销权来维护自己的信托财产，并在受损时请求委托人赔偿。

第四，解除权。信托一旦设立，除非法律和信托文件另有规定，否则委托人不得解除信托。这是《信托法》确立的一项基本准则。对此，只有一个例外，那就是在自益信托中，除非信托文件另有规定，否则委托人或者其继承人可以随时解除信托。① 我国农地承包经营权信托一般为自益信托，但存在例外情形，比如年迈老人将自己名下的土地委托给受托人，由其负责土地的经营管理，并约定受益人为隔壁一直照顾自己的王五。那么，即使在这种情况下我国为了保护农民的利益，仍然规定：在农地信托业务开展过程中，若发生受托人以违反信托目的的方式对信托财产管理处分的，委托人既可以选择私力救济即依契约解除受托人，也能够寻求公力救济，即申请法院解任受托人。

针对农村土地信托中委托人的保留权利仅举例说明：

第一，管理权的保留。众所周知，我国农村市场引入"信托"的一个非常重要的目的就是，借助"信托"实现规模经营、效益经营，而此处我们又说到委托人对土地管理权的保留，很多人感到疑惑，觉得行为与目的发生冲突，以此行为根本无法实现预期目的。其实有这样的疑惑在所难免，但是我们一方面在欣赏信托制度自身优势的同时，还应理性认识到事物的两面性，在某些特殊情况下，委托人保留管理权，可以在必要时就如何管理、运用及处分信托财产，向受托人发出指示，更好地实现委托人的意愿。

第二，受益人或受益权变更权的保留。② 信托法律关系是双

---

① 周小明：《信托制度：法理与实务》，中国法制出版社 2012 年版。
② 周小明：《信托制度：法理与实务》，中国法制出版社 2012 年版。

方达成意思一致情况下成立的，属于合同法律关系，因此意思自治也应当贯穿信托设立的始终。原则上受益人及受益权的内容是由委托人指定的，在理论上，委托人可以通过信托文件将此项权利保留而为之。比如，在受益人缺失以及受益内容不明晰的情况下，只要委托人保留了这项权利，那么委托人就有权行使这项权利。但是，根据受益权取得方式不同，对受益人和受益权变更权的保留就应当区别待之，只有在受益人单纯获得受益权的情形下，抑或未支付对价，委托人才享有此项变更保留权。

至于委托人的义务，主要是转移承包土地经营权支付报酬和赔偿补偿的义务。一方面，根据我国相关法律规定可知，信托关系的成立与否在一定程度上取决于委托人的行为即将其承包土地经营权转移给受托人并依法办理相关登记。另一方面，受托人为委托人的利益而经营管理农村土地，因此委托人应当支付一定的报酬。另外，法律面前人人平等，法律保护每个人的合法权益不受非法侵害。因此，当委托人单方面解除信托关系时给受托人造成利益损失的，应当给受托人一定的补偿。

（2）受托人的权利与义务。在农地信托法律关系中，对委托人的定位有"信托财产提供者"之说，所以其存在的最大价值就是提供信托财产，开启信托；受益人作为三方当事人之一，不负担履行任何义务，仅单纯享有信托利益；而受托人是信托关系成败的关键，拥有管理信托财产与处分信托财产的权能，其能力往往决定信托目的能否实现，因此受托人的权利、义务与责任构造是信托的核心内容。

农村土地信托中受托人的权利根据其性质可分为他益权和自益权，具体内容包括：

第一，农地经营权的管理处分权。农地信托的核心意义在于利用受托人的专有知识和能力进行规模化、效益化的生产经营。为了实现信托目的，我国的法律法规赋予受托人对信托财产广泛的管理权和经营权，这种经营管理权从信托设立之日起便存在了，受托人可以以自己的名义对农地经营权进行合理有效的经营管理。

第二，信托财产不当强制执行的异议权。① 在信托财产的特性中曾说到，信托财产具有独立性，其不仅独立于委托人的其他财产，还独立于受托人的固有财产。根据我国《信托法》第 17 条规定，对于信托财产，除以下四种情形外，不得强制执行："（1）设立信托前债权人已对该信托财产享有优先购买权，并依法行使该权利的；（2）受托人处理信托事务所产生的债务，债权人要求清偿该债务的；（3）信托财产本身应负担的税款；（4）法律规定的其他情形。"若非以上四种情形之一而法院进行强制执行的，受托人有权向法院提出异议。②

第三，报酬及补偿请求权。受托人能够在信托文件当中约定其享有行使报酬请求权的权利，但为防止权利滥用，在我国法律的强行性规定中作出了相应的限制。根据《信托法》第 36 条的规定，农地经营权信托中，受托人要想获得相应的报酬，必须以恰当履行信托义务、承担受托人责任为前提。受托人的报酬请求权是在信托文件中约定的，而受托人的补偿请求权则是有法律明文规定的。最典型的就是因管理信托实务而产生的费用与债务可以用信托的收益进行补偿。

农村土地信托中受托人的义务包括：

第一，恪守信托文件的义务，善良管理农地经营权。信托作为一种合同关系，是双方意思表示一致的结果，而信托文件正是信托双方意志的集中表现，因此受托人在对农地经营权进行管理时需遵守信托文件，并尽到善良管理人的义务，将信托财产视为自己的财产进行管理。

第二，分别管理与亲自管理的义务。信托财产具有独立性，受托人应当将信托财产与自己固有的财产以及其他委托人的财产

---

① 周小明：《信托制度：法理与实务》，中国法制出版社 2012 年版。

② 《中华人民共和国信托法》（2001 年 4 月 28 日第九届全国人民代表大会常务委员会第二十一次会议通过）。

进行分别管理、分别记账。同时，信托是基于信任而委托，受托人一旦承接了委托人的委托就必须要对这份信任负责，不得将信托业务随便转手于他人进行经营管理。

第三，保证农地用途不变的义务。《中华人民共和国土地管理法》第3条规定：十分珍惜、合理利用土地和切实保护耕地是我国的基本国策。各级人民政府应当采取措施，全面规划，严格管理，保护、开发土地资源，制止非法占用土地的行为。然而近年来，为了满足市场需求，我国农地用途不断调整，不少耕地转化为商业用地或宅基地，使得我国农地耕种面积日益减少，内心不禁为我国以后的产粮量担忧。所以，为了更好地保护现有耕地面积，国家应相继出台系列政策，尤其在当下土地信托流转刚刚新兴，与之相应的规范应当及时设立，防止农耕地挪作他用破坏农业用地。

第四，交付信托收益及接受监督的义务。受益人是信托法律关系中利益的合法所有者，所以一项信托一旦成立并获得相应利益时，应当及时将信托利益交付给受益人。同时受托人有义务受委托人的监督，以避免不符合合同目的，并对其管理农地经营权的方式和目的进行查阅。

（3）受益人的权利。接受农村土地信托运营收益的主体就是受益人。受益人的权利主要有以下几个方面：

第一，信托利益分配权。信托关系一旦成立，受益人即享有信托业务带来的利益，至于信托利益的内容、分配时间及分配条件等，是由双方合意即信托文件决定的。同时，若受托人不当行使对其约定负担的义务而使信托收益受损的情况下，受益人有行使撤销权的权利，通过向人民法院申请达到撤销的目的以维护自身信托利益。

第二，强制实施农地信托的权利。在农地信托业务开展过程中，受益人请求人民法院强制实施的事项主要是以下两种：一方面，强制受托人实施信托义务，即当受托人不履行信托文件所规定的内容，没有尽到"善良管理人"的义务时；[①] 另一方面，请求人民法院变更信托实施方式，即受托人在实施受托义务所采用的信托方式不利于信托目的的实现，抑或有损于信托利益。

第三，监督建议权。依托英国衡平法发展起来的信托具有"双重所有权"的特性，但这两项所有权都与委托人无关，并且受益人享有实质所有权，足以表明衡平法对受益人利益的倾向保护力度。我国引进信托业务，考虑到中国国情不可能实施"双重所有权"来确保受益人的信托利益，所以在我国信托业中就有"受益权"一词，足以表明受益人利益与信托所产生的收益密切相关。因此为了更好地促使受益人捍卫自身权益，特赋予其与委托人相同的权利，即查阅账簿、了解农地信托的运营状况，并在存疑时请求受托人予以讲解。同时，农村土地信托设立的类型一般是"自益信托"，即同一信托业务中，委托人与受益人相重合，据此，受益人也享有建议的权利。

（三）农地经营权信托制度的现实意义

众所周知，信托具有无可比拟的灵活性与普遍性，为我国市场的繁荣昌盛作出很大的贡献，将农地经营权以信托的方式流转，委托人将这项财产权利转移给受托人，受托人凭借自身的专业知识及优良技术来整合管理农村土地，并将土地收益交付于受益人从而获得报酬。这样不仅解放了农村劳动力，更为当前农村地区出现的"抛地荒"现象找到出路。那么，农地经营权的信托功能与优越性到底有哪些，值得我们认真研究探讨。

1. 农地经营权信托的功能

首先，农地信托的设立，有助于实现农村土地专业化、规模化经营。在农村土地改革初期，为提高农民种粮积极性而采取农村土地联产承包责任制的管理模式，将土地分割给一家一户，但

---

① 刘志仁：《农村土地流转中的信托机制研究》，湖南人民出版社 2008 年版，第 121 页。

随着社会经济的发展，农村劳动力严重流失，导致土地抛荒现象屡见不鲜。为更好地解决这一社会难题，我们将在农业生产的基础上引入信托制度，实现规模经营。何为信托，其是一项源于西方的财产管理制度，因融资功能强大、规避风险能力好而迅速传播，委托人基于信任而转移信托财产于受托人手中，使其更好、更便于开展农业生产经营，并由其将信托收益交付于受益人。在此情况下的受托人必须具备严格的条件，其中最重要的莫过于拥有很好的管理该项财产的经验与技术。

积极响应十八届三中全会的倡导，目前我国对土地管理趋于科学化、规模化，特此引入农地信托制度，以充分利用受托人所具备的专业化知识与技能，从而实现农业的规模整合与集中开发。这样，不仅能实现农民收益的保值增值，更能在一定程度上缓解困扰我国多年的"三农"问题。以2001年浙江绍兴开展的农地信托，称为"绍兴模式"，其采用县、镇、村三级服务体系的形式，通过县土地信托服务中心、镇土地信托服务站和村经济合作社为农户提供无偿的土地信托服务，加快了土地流转速度，提高了农村土地的利用效率，[①] 取得了很好的经济效益与社会效益，给我们未来农业发展带来希望。

其次，农地信托业务的设立，使得农村土地信托参与人充分发挥自身价值。任何一项投资都是风险与收益并存的过程，当然农村土地信托也不例外。土地信托开展过程中，参与者在负有一定风险的同时也享有效益。委托人，一般情况下是农民，从那片黄土地中解放出来，或转变为农民工，或转变为养老者等，有专人代替委托人经营管理土地，为其解除了后顾之忧；这样，不仅土地抛荒问题得以解决，而且受托人所具备的才学有用武之地并获得相应的报酬；受益人根据其所享有的"受益权"而获得了土地产值上的收益。另外，在信托运营过程中还存在其他恪守职责、

---

① 中国农村经济课题组：《农村土地流转：新情况、新思考》，载中国农经信息网，2004年5月30日。

尽心服务的主体，主要包括：凭借土地管理业务而获得收益的农业公司；本着最大诚信原则和保险利益原则充分保障农民所承受的农业风险的保险业；以及充分履行监督职责，保证信托行业顺利开展，从而使自身的社会价值得以彰显的信托业的行业协会等。

再次，充分保障农民享有的财产权免予非法侵害。根据我国的土地政策及《物权法》的相关规定可知：农民对土地仅仅享有使用权，而不享有所有权。农民所享有的农地经营权是用益物权，是有限定的物权，处分权不归农民所有，那么就很难把握国家公权力对农民该项财产权的保护力度。并且在农村土地流转过程中，农民的该项财产权利极易受到损害，而一旦发生损害状况，我们首先要明确的就是侵权法律关系主体。在我国，农村土地的所有权属于农村集体，但对于农村"集体"概念的界定是极其匮乏的，很多学者在介绍农村土地所有权主体时经常用的词汇就是"主体缺位"。[①]

最后，希望未来能够依托农村土地信托，实现养老保障。随着社会生活水平的提高及生活节奏的加快，农村地区一直奉行的养儿防老模式面临推行难的问题。虽然我国已经开始实施新型的农村养老保险制度，保险费用由国家、集体和个人三方面承担，但是实际生活的复杂性决定了这样的养老保险制度无法充分发挥其预设的功能，全方位保障老人的生命健康。因此，农村的老人普遍对土地的依赖程度较高，一旦农民进入老龄化阶段或意外失去劳动能力时，如何保障其最基本的医疗生活水平就成为社会一大难题，而当下引进的农地信托制度若得以运行，依托委托人手中的农地承包经营权，凭借受托人专业化的知识与技能，实现土地的专业化、规模化运营，那么依靠农地信托实现养老将不再是天方夜谭。从法律层面看，信托是一种法律行为，即接受委托人的委托，为受益人（委托人）利益管理、处分财产的行为。其

----

① 张先贵：《集体土地所有权改革的法理思辨》，载《中国土地科学》2013 年10 月。

为社会提供了一项优良的外部财产管理制度，从而保障失去劳作能力的农民的基本生活水平。

2. 农地经营权信托的优越性

2014 年中央一号文件《关于全面深化农村改革加快推进农业现代化的若干意见》中明确规定完善我国农村土地承包政策，"稳定农村土地承包关系并保持长久不变，在坚持和完善最严格的耕地保护制度前提下，赋予农民对承包地占有、使用、收益、流转及承包经营权抵押、担保权能"。

此项文件一出台，人们开始大胆尝试、勇于创新，逐步将信托引入农地发展中，使得农村土地信托作为一项新的土地流转形式为人民了解与接纳，并且随着社会实践不断推进，农村土地信托的优越性初见端倪，不仅有效缓解了当下农地抛荒的难题，同时也促进保障农民权益、实现农地规模运营事业进一步发展。下面我们将把土地信托与当下现有的其他几种农村土地流转方式进行比较分析，明确农村土地信托本身特有的优越性。

第一，农村土地转包与土地信托的博弈。

"转包"的内涵在我国法律中已有明确规定，即《农地经营权流转管理办法》第 35 条第 2 款规定："转包是指承包方将部分或全部农地经营权以一定期限转给同一集体经济组织的其他农户从事农业生产经营。转包后原土地承包关系不变，原承包方继续履行原土地承包合同规定的权利和义务。接包方按转包时约定的条件对转包方负责。承包方将土地交他人代耕不足一年的除外。"从以上规定中不难看出，此项条款与我国"土地是农民的命根子"的思想很契合。因此，长久以来，转包一直是农地流转的主要方式，在农地流转过程中被很多人青睐。这种流转方式不仅保护了农民所享有的土地承包权不变，还对接包人的条件作出严格限制，主要表现为接包人，抑或次承包人只能是具备良好的土地承包经营能力的集体经济组织内部成员。但是，究竟何为"良好能力"，法律并未对此标准作出明确规定，在一定程度上加大了农地转包难度或遭遇侵权时救济的有限性以及相关责任人对法律的规避。

另外，在转包过程中其实存在两个合同，即农地经营权合同和转包合同。这两个合同分别代表不同的法律关系，一是发包方与转包方之间的物权性质的承包经营合同，二是转包方与接包方之间的债权性质的经营收益合同。① 接包方仅享有除处分权之外的其他权利，包括占有、使用、收益的权利。这在一定程度上限制了接包人的农地经营权，不利于农业活动的开展。

而当下的农村土地信托模式则允许非农村集体经济组织内部成员参与农业生产，突破了转包制度下的主体限制问题，主要包括主管经营的种粮大户、农业公司等，和主管融资的信托公司、银行业等，这不仅扩大了农地流转范围，还在一定程度上鼓励竞争，提高了受托人的标准和素质，从而使得农村土地朝着专业与规模的方向发展。

第二，农村土地出租与土地信托的博弈。

根据我国《农村土地承包经营权流转管理办法》第 35 条第 5 款规定："出租是指承包方将部分或全部农村土地承包经营权以一定期限租赁给他人从事农业生产经营。出租后原土地承包关系不变，原承包方继续履行原土地承包合同规定的权利和义务。承租方按出租时约定的条件对承包方负责。"在农村土地出租法律关系中，双方当事人活动的依据或限制基本上都是来源于双方达成的租赁合同，充分体现了民事活动的意思自治原则，具有一定的自由性，但正是这种自由性诱发了一定缺陷，主要使得农地租赁关系的稳定性极差。举例说明，根据《合同法》的规定：当双方签订的合同期限超过 6 个月且无明确约定时，一方当事人可随时解除合同，终止这种租赁关系。相较于农地生产经营周期长、资金周转缓慢等特点而言，这对承租方是极不公平的。同时，随时解除权的任意行使更不利于开展农地现代化生产经营，

---

① 柴振国：《农村土地承包经营权出资中若干法律问题研究》，中国检察出版社 2011 年版，第 77 页。

在一定程度上造成农地资源的浪费。

与之不同，根据《信托法》的相关规定可知，信托具有相对稳定的连续性，一旦设立便不可解除，除非委托人在信托文件中明确保留了信托的解除权。因此，当下开展的农地信托作为一种新型信托，不仅延续了普通信托的优势，更在一定程度上作出调整以更适应我国农地经营权的发展，例如，农地信托的信托财产并非农地所有权而是农地经营权。这种稳定性使得接管农地经营权的主体敢于为现代农业发展投资，不断引进技术与人才，促进其专业化、规模化的生产发展。

第三，农村土地转让与土地信托的博弈。

我国《农地经营权流转管理办法》第 35 条第 1 款规定："本办法所称转让是指承包方有稳定的非农职业或者有稳定的收入来源，经承包方申请和发包方同意，将部分或全部农村土地承包经营权让渡给其他从事农业生产经营的农户，由其履行相应土地承包合同的权利和义务。转让后原土地承包关系自行终止，原承包方承包期内的农村土地承包经营权部分或全部灭失。"由此可知，转让必须符合以下条件：首先，转让的前提是转让方即原承包方有稳定的非农职业或者有稳定的收入来源，但稳定收入来源的标准并未确定；其次，由转让方依法确定受让方，其既可以是本集体组织内部成员，也可是本集体组织以外的其他组织和个人，但同等条件下本集体组织内部成员享有优先权；再次，转包行为应当经过发包方同意，这是对农地流转的限制性规定，在一定程度上缩减了农地流转的效率与范围；最后，转让是对农地经营权的最终转移，但转让的双方当事人依然要受到农村土地承包经营权原承包合同内容的约束。其中第 3 条规定很容易出现"权力寻租"滋生腐败，最后一条明确此项农地流转方式的彻底性，所以转让人必须谨慎待之，否则极易丧失安身立命的根本。①

---

　　①　柴振国：《农村土地承包经营权出资中若干法律问题研究》，中国检察出版社 2011 年版，第 75~76 页。

　　相较之下，农地信托依托于市场经济体制的完善与发展，充分的市场竞争能够在一定程度上避免农村土地转让所带来的"权力寻租"的不良现象，保证市场主体一个公平合理的生存环境，并激励他们开创更优的项目用于农地经营管理，以求借此平台逐步缓解自新中国成立以来就一直困扰人们的"三农"问题，让农民的生活真正随着社会的改革而日益幸福。另外，农地信托一般是自益信托，拥有农地承包经营权的农民不会因为农地信托而退出农地经营，不会丧失安身立命的根本，这样做的目的仅仅是借助信托带来的专业化技术与人才获得更好的收益。

　　第四，农村土地互换与土地信托的博弈。

　　我国《农村土地承包经营权流转管理办法》第 35 条第 3 款规定："互换是指承包方之间为方便耕作或者各自需要，对属于同一集体经济组织的承包地块进行交换，同时交换相应的农地经营权。"由此可看出，农村土地的互换仅限于同一集体内部拥有有效土地承包经营权的农民，互换产生两个层次的结果：一是承包地块的互换；二是相应的农村土地承包经营权的互换，并且互换双方也是要签订互换合同的。这种土地流转方式在一定程度上具有促进农地小型规模化经营与方便农民合理安排生产的灵活特性。但是，将主体仅限于农村同一集体组织内部成员，限制了农地流转的范围。然而，根据我国立法及相关传统可知，农村土地承包经营权属于用益物权，农民对其所享有的权利拥有完全处分权，但是法律却对此加以限制，过多干预农村土地承包经营权的流转，这显然与我国民事立法的立法原理及立法精神是相悖的。

　　相较而言，农地信托在一定程度上克服了农地互换的弊端。例如，农地信托的主体并不仅限于农村集体组织内部成员，允许非集体经济组织成员加入农地的生产经营；农地信托的设立不需要经过发包方的同意，不彻底丧失农地承包经营权等。这些在上述比较中已经明确说明，不再赘述。

　　第五，农村土地入股与土地信托的博弈。

　　我国《农村土地承包经营权流转管理办法》第 35 条第 4 款

规定："入股是指实行家庭承包方式的承包方之间为发展农业经济，将农村土地承包经营权作为股权，自愿联合从事农业合作生产经营；其他承包方式的承包方将农地经营权量化为股权，入股组成股份公司或者合作社等，从事农业生产经营。"这是一种新型的农地流转模式，企图利用市场经济成功范例——公司或合作社的方式对农地进行行之有效的经营管理，使农民在合法自愿的基础上，将农村土地承包经营权主动交给公司或合作社，作为对其出资入股，并在一定期限内获得农地生产收益的分红。

这种农地流转模式新颖，在一定程度上看似"搞活"了农地生产经营，但是却犯了一个致命的错误，那就是忽略了农民素质普遍不高的现实。农民以农村土地承包经营权出资入股成为农业公司的股东，而股东会是一个公司的最高权利机关，其地位焉然相当于我国的人民代表大会，决定着农业公司的发展方向及重大问题的决策，但因为素质不高、能力有限等问题使得农民很难有效参与及合理行使这些权利。如有不慎，很可能导致公司破产，公司破产时应当按照《公司法》的规定，破产财产首先应当清偿破产费用、公益债务，职工工资、国家税务，以及普通债务，最后农民极有可能得不偿失，将仅有的农地经营权也赔付进去，对农村地区的发展及农民生活的稳定性带来很大的挑战。

与入股模式相比，农地承包经营权信托具有明显的优势：其一，有专门的经营管理组织进行生产经营，农民不必参与决策。这样一来就极大地降低了农民参与农地信托的难度，也降低了农民自身及农地规模化生产经营所承担的风险。其二，信托财产的独立性，保障农民财产的安全性。这种优势首先体现在农地信托过程中其独立于委托人与受托人的财产，即使委托人或受托人各负债务，资不抵债时也不能动用信托的财产；其次表现为农地信托终止后，农民重新取回农地的承包经营权，而不管信托者的收益与亏损如何。这样信托模式中的农地经营权比出资中的权利安全性高很多，有效地阻止了农民失地的风险。

第六，农村土地抵押与土地信托的博弈。

农地经营权抵押是指，在不改变土地用途的前提下，承包方农户或农业经营主体不移转土地占有而以承包土地的经营权作担保向金融机构融资的行为。借款人届期不能还款时，银行业金融机构有权就处置抵押物的收益优先受偿。① 今日国家为推进农地流转新型模式的适用，在《意见》中明确指出：稳步推进土地经营权抵押、担保试点，探索建立抵押资产处置机制。这是中央自《担保法》以来对农地担保所作出的放宽机制，目的在于尽快缓解当下农村地区"农地抛荒"等严重问题，但"理想很丰满，现实很骨感"，由于农地抵押制度刚刚起步，各项基础设施还不完善，专业人才还不到位，使农地抵押过程中出现了很多矛盾纠纷，严重影响了交易双方的积极性和试点工作的开展。尤其是国家"三权分置"政策提出之前，农地承包经营权抵押制度始终存在一个不容忽视的缺憾：一旦农民抵押贷款失败后，农地的承包经营权必定要转移于债权人占有，这让很多农民对此望而却步。"三权分置"政策出台后，如果届时出现抵押权实现的情形，农民失去的是一定年限的经营土地的权利，而银行把一定年限的经营权转给其他经营者，到期之后，经营权就又回到农民手中。但是，由于土地变现困难，银行不愿参与农地抵押，经营者又无钱投入土地，参与者积极性不高，并且设立农地抵押需要当事人提供额外担保，这在一定程度上阻碍了农地抵押制度的发展。

综合以上比较分析可知，农地信托有着其他农地流转方式无法比拟的优越性，它允许非集体组织内部成员参与农地市场经营，扩大了农地流转范围；对市场竞争机制的高要求为农地市场参与主体提供了公平公正的发展环境，在一定程度上有效防范了"权力寻租"的弊端；在风险防范机制方面，防止了农民失地现象泛滥，并保证了农民生活的稳定性。所以，在"三农"问题

---

① 参见中国人民银行、银监会于2016年3月15日通过的《农村承包土地的经营权抵押贷款试点暂行办法》。

日益突出的当下社会中，我们应充分利用更优的生产经营模式，以求化解社会中潜藏的"三农"危机。

二、农地经营权信托的模式与立法现状

（一）农地经营权信托的实现形式

改革开放后，随着我国市场经济的发展，农村土地流转加快，并有相关法律规定如我国《担保法》第 37 条第 2 款规定："耕地、宅基地、自留地、自留山等集体所有的土地使用权不得抵押，但本法第三十四条第（五）项、第三十六条第三款规定的除外。"[1]所以，一直困扰人们的农地融资问题日益突出，亟待解决。金融信托公司的加入为我国未来的农地经营管理带来些许光明。

十八届三中全会《决定》提出："要赋予农民对承包地占有、使用、收益、流转及承包经营权抵押、担保权能。"[2] 这一政策的出台为我国农地信托业务的实践工作提供了良好的发展环境。但是，由于我国农地确权登记工作一直未完成，使得农地信托业务开展规模受限。但实践中不乏大胆者，已经有些许典范值得我们学习探讨。现阶段主要信托模式如下：

1. 个体委托人模式

2010 年中粮集团开始进行农村土地信托的尝试，地点选在黑龙江省肇东市五里明镇，信托模式为自益信托，其具体流转程序就是中粮集团从当地镇政府手中获得其创设的玉米种植合作社下的农地经营权以及取得当地农民姜晓波名下的鱼塘承包经营权，以此作为信托财产经营管理，但为了获得前期的运营费用，中粮集团将信托财产的收益权质押给了龙江银行，以此换取了质押型的农业贷款，凭借此中粮集团开展专业化的生产经营，并将

---

[1] 《中华人民共和国担保法》（1995 年 6 月 30 日第八届全国人民代表大会常务委员会第十四次会议通过 1995 年 6 月 30 日中华人民共和国主席令第五十号公布 自 1995 年 10 月 1 日起施行）。

[2] 中共十八届三中全会决定全文，2013 年 11 月 15 日。

所得收益分配给五里明镇政府和姜晓波本人，至此完成中粮集团主导下的自益信托。

以上农地流转模式的发展得到了质的飞跃，其中所包含的创新与突破不言而喻。一方面，通过此确立了以农地承包经营权为信托财产的农地信托，打破了信托财产必须是合法拥有所有权的财产的传统。另一方面，这种流转模式通过将收益权设置权利质权获得生产资金，有效地缓解了农地融资问题，但这样一来就很容易使受益人的利益受损。

2. 政府委托人模式

农村土地信托中的政府委托人模式是指在信托开展过程中，直接享有农地经营权的农民并不直接接触受托人（一般为信托公司），而是将自己的农地经营权转包给政府，由政府出面商量信托事宜，即政府是农地信托的委托人。这项模式依具体内容又可称为"事务管理类信托＋资金信托的模式"，在我国当属 2013 年中信信托在安徽省宿州埇桥区占据 5400 亩农田设立的首例银行参与的土地流转项目最为典型，设立期限为 12 年，设立名称为"中信·农地经营权集合信托计划"，引起了社会广泛关注。与此同时，中信管理人员期待设立打造的"土地农业银行"能否实现将更加备受关注。①

具体操作内容：首先，事务管理类信托，主要解决农地经营权如何信托的问题。农民将自身拥有的农地经营权转包给政府，由政府出面与信托公司签订信托合同，政府将农民转包给它的农地经营权作为信托财产设立农地信托，并将由此获得的收益分配给受益人，待到信托业务到期时将农地承包经营权返还给委托人。其次，为实现农地专业化、规模化生产经营，会对农地进行统一归集整合，并进行大规模的基础设施建设，此期间的各项费用将会建立相应的资金信托计划来对接，从而更好地解决农地经

---

① 姜雪莲：《农村土地承包经营权流转信托的法律问题——以中信安徽宿州农村农地经营权信托为中心》，载《北方法学》2014 年 4 月。

营融资难的问题。最后，科学技术是中信信托实现农业专业化、规模化运营管理的根基。安徽帝元生物科技有限公司由安徽和元投资管理有限公司与中科院合肥物质科学研究院在合肥国家高新技术产业开发区共同创立。公司成立以来，深化产学研合作模式，致力于国际前沿科学离子束生物工程创新产品和环保科技成果的产业化运营。所以，未来安徽帝元生物研发公司将在农地信托运营管理中充任不可小觑的力量。

该项土地信托模式运行的具体流程，如下图[①]所示：

安徽宿州农地经营权信托交易结构图

3. 合作社委托人模式

合作社委托人模式，顾名思义就是以合作社为委托人的农地信托模式，其具体流程我们以北京信托为例来做一下简单介绍。2013 年 11 月，北京信托以江苏省无锡市开展的"桃园村项目"并采取了一种新的信托方式——股权 + 双合作社模式进入农村土地信托流转行业中，其具体运营步骤是：首先确权到农民个人，

---

① 蒲坚：《解放土地——新一轮土地信托化改革》，中信出版社 2014 年版，第234 页。

针对我国农地国有或集体所有的特色国情，实际享有使用权的农民权属不明，社会中很容易发生侵害农民权益的问题，因此应当针对农民的农地经营权这一财产权利进行确权，并发放农地经营权证书；其次入股到农村的专业合作社，农地经营权一旦确权到个人，那么拥有此权利的农民就有权处分该项权利，以该项权利出资；最后委托给北京信托公司，这项委托事宜应当由农民共同出资所形成的专业合作社为委托人，将农民的出资即农地承包经营权设立信托，作为信托财产。

北京信托是继中信信托开展以来兴起的一种相类似的农地信托业务，不同之处主要在于农业生产经营方面，在引入第三方的问题上，北京信托具有自身特有的方式，而不同于中信信托，其将农地承包经营权信托给桃园村自己设立的专业合作社，这些合作社的成员主要是本村拥有种植技术的农民，充分利用现有资源进行专业化、规模化的种植。这样不仅能够引入专业化、规模化生产经营的科学与技术，还在一定程度上解决了广大农民的就业问题，并充分利用农民多年的生产经验更好地管理农地生产，降低农业经营风险，实现效益最大化。[1]

4. 国外主要土地信托模式

在国外，尤其是作为信托法起源地之英国，信托业发展迅速，将信托引入土地结合运营已经多年，在社会实践中形成了多种各具特色的土地信托模式，下面主要介绍传承了英美法系与大陆法系特色的两种信托类型：

一是英美模式，主要是利用住房协会、信托机构和社区组织等实体组织设立永久性基金。具体做法为：开发者（委托人）购买一块生地，然后将该土地所有权信托给受托人，签订信托契约，受托人发行土地信托受益凭证，并由委托人销售该受益凭证给市场上的投资人，受益凭证代表对信托财产（土地所有权）的受益权，销售受益凭证所得资金用来改良土地，然后将土地出

---

① 《土地流转信托研究：创新先行降低风险是关键》，载凤凰财经网。

租给由该开发者组成的公司。受托人收取租金，负有给受益凭证持有人固定报酬的义务，并将剩余租金用来买回受益凭证。[①]

二是日本模式，主要是通过建立土地信托银行参与土地信托业务。具体做法为：土地所有者将土地信托给受托人（土地信托银行），并从受托人治理和使用该土地的收益中获取信托红利。土地信托包括出售型和租赁型，前者是委托人将信托财产委托信托业者出售，受托人将出售所得，在扣除受托人的报酬及其他手续费用后，交付给委托人；后者是受托人无处分信托财产的权利，在信托期间，信托业者应定期给付委托人收益，信托终了时，委托人仍保有原土地的所有权。[②]

纵观国内外农村土地信托模式发展的典型案例可知，无论是在理论研究还是社会实践中，这些模式或多或少都存在些许弊端，为了更进一步地发展符合中国特色的农村土地信托流转模式，我们认为，在农村土地信托过程中采取合作社模式更为科学，农地生产运营资金的融资问题可以借鉴个体委托人模式下的融资方式，并且日本模式中建立土地信托银行也是一个非常不错的构思。目前，农地信托在我国农地经营权流转中的应用地位日益凸显，但是与之相对应的理论基础和法律法规还未成熟，为了未来农地信托制度健康有序发展，我们亟须解决这一问题。

（二）农地经营权信托的立法现状

不可否认，立法存在一定的滞后性，农地信托虽然已经存在于我国的社会实践中，但迄今为止我国还没有关于农村土地信托的直接立法，这就需要我国的法律法规不断完善以填补法律空缺。所以，为未来农地信托直接立法做准备，我们要从现行立法中搜集可行性基础。上位法中包括《宪法》《信托法》《农村土

---

① ［日］三菱日联信托银行编著：《信托法务与实务》，张军建译，中国财经经济出版社 2010 年版，第 11～12 页。

② ［日］三菱日联信托银行编著：《信托法务与实务》，张军建译，中国财经经济出版社 2010 年版，第 12～14 页。

地承包法》《农村土地流转管理办法》《合同法》等法律法规，下位法中有江苏、重庆等地方关于设立土地信托的暂行办法，都或多或少涉及农村土地流转的规定。

1. 土地流转的相关法律

现阶段，我国不少地区的农民已经将农村土地信托流转机制投入社会实践，但是关于农村土地信托的立法还不是很完善，探索构建一个较为完善的农村土地信托法律制度，从法律逻辑上来看，我们首先要从有规定农村土地流转的法律开始探讨。目前，我国几部关于农村土地的法律法规中都有对农村土地流转的规定。

首先，依据我国的根本大法《宪法》可知：其规定了农地经营权的可流转性，并在1988年宪法修正案中明确规定："任何组织和个人都不得侵占、买卖或以其他形式非法转让土地。土地使用权可以根据法律规定依法转让。"宪法首次明确规定我国土地使用权可以依法转让，而宪法又是各种部门法的母法，因此此后关于农地经营权流转的规定有宪法依据，这使得我国农村土地经营方式由限制走向了自由。

其次，从我国两项关于土地的专项立法中也可以得知土地流转的合法性。其一，我国的《土地管理法》规定：我国农村的土地使用权可以依法进行转让。其二，我国2002年8月第九届全国人大常委会通过的《中华人民共和国农村土地承包法》中用一节的文字规定了农村土地承包经营权的流转，其中第32条规定了几种农村土地承包经营权流转的方式，第33条则规定了我国农村土地承包经营权流转应当具体遵循的原则，第34条中明确了流转的主体以及主体有权自主决定是否流转和以什么方式流转，第35条到第37条主要规定了农村土地承包经营权流转合同的订立、内容。这显然已经明确了土地流转的法律上的支持，并且法律还对如何流转作了相当详细的规定。

最后，在很多有关农村土地的规范性法律文件中也有对农村土地承包经营权流转的相关规定。例如，2005年农业部颁布的

《农村土地承包经营权流转管理办法》中第 35 条明确规定了我国土地流转的具体方式："本办法所称转让是指承包方有稳定的非农职业或者有稳定的收入来源，经承包方申请和发包方同意，将部分或全部农村土地承包经营权让渡给其他从事农业生产经营的农户，由其履行相应土地承包合同的权利和义务。转让后原土地承包关系自行终止，原承包方承包期内的农村土地承包经营权部分或全部灭失。"

转包是指承包方将部分或全部农村土地承包经营权以一定期限转给同一集体经济组织的其他农户从事农业生产经营。转包后原土地承包关系不变，原承包方继续履行原土地承包合同规定的权利和义务，接包方按转包时约定的条件对转包方负责，承包方将土地交他人代耕不足一年的除外。

互换是指承包方之间为方便耕作或者各自需要，对属于同一集体经济组织的承包地块进行交换，同时交换相应的农地经营权。

入股是指实行家庭承包方式的承包方之间为发展农业经济，将农村土地承包经营权作为股权，自愿联合从事农业合作生产经营；其他承包方式的承包方将农村土地承包经营权量化为股权，入股组成股份公司或者合作社等，从事农业生产经营。

出租是指承包方将部分或全部农村土地承包经营权以一定期限租赁给他人从事农业生产经营。出租后原土地承包关系不变，原承包方继续履行原土地承包合同规定的权利和义务。承租方按出租时约定的条件对承包方负责。

另外，中共中央关于做好农户承包地使用权流转工作的通知中也给予了农村土地流转工作很好的指导方针政策，这足以证明我国土地流转在实践意义上的流转有了法律与政策的保障。

2.《物权法》中农村土地流转的相关规定

关于农地承包经营权的权利属性，我国《物权法》中已经明确规定其为用益物权，为当下开展的农地信托流转模式提供了很好的权利基础，同时《信托法》关于信托财产的界定也将财产权利囊括其中，为农地市场引进信托制度提供了坚实可靠的法律基础，即只要是拥有农地承包经营权的农民就可以此权利设立信托，从而获得相应的信托利益。

《物权法》作为我国民法的核心，与债权法共同规定了我国财产法上的静态和动态两种状态。《物权法》为农村土地承包经营权的流转作出了专章的规定，例如《物权法》第 128 条："农地经营权人依照农村土地承包法的规定，有权将农村土地承包经营权采取转包、互换、转让等方式流转。流转的期限不得超过承包期的剩余期限。未经依法批准，不得将承包地用于非农建设。"第 133 条："通过招标、拍卖、公开协商等方式承包荒地等农村土地，依照农村土地承包法等法律和国务院的有关规定，其农村土地承包经营权可以转让、入股、抵押或者以其他方式流转。"通过上述法条可以得知，我国的《物权法》不但承认农地流转的合法性，还详细规定了农地流转的些许事宜，例如对流转期限、流转方式等的规定。

3. 以《信托法》规定的信托财产内容

我们在研究农地信托流转方式是否可行时，首先应当要农地承包经营权能否作为信托财产。韩国在涉及信托立法时将信托财产的转移称为"财产"转移于受托人，而中国和日本则是强调将"财产权"转移给受托人。由此可知，在信托市场中，农地信托中的信托财产应当首先明确其是财产还是财产权，前者是一项实物，而后者则是一种权利，具有抽象色彩，不应将二者混为一谈。

依据我国的特色国情及基本的土地政策，我国土地的所有权一直属于国家或集体，农民仅仅享有土地的用益物权——承包经营权，因此，在设立信托时是将农民手中的承包经营权予以信托，而非国家或集体享有的土地所有权，因此这项信托财产应当表述为"农地经营权"这项"财产权"。基于我国法律对信托的界定包括了财产权利，因此以农地经营权设立信托，符合我国的土地政策，同时也具有法律上的逻辑性。

4. 设立农村土地信托合同有关的法律依据

顾名思义，农地信托合同也是合同的一种，因此其设立必须符合当下《合同法》的有关规定，但也不应仅局限于此，还应当考虑到农地信托合同的特别之处，使新的农地信托合同同时具备共性与个性。其最大的个性就在于必须在合同中载明信托目的，并且是合法的信托目的，以便受托人依此实行行为，享有权利、履行义务。

依据信托法可知："采取信托合同形式设立信托的，信托合同签订时，信托成立。"因此，信托业务的设立不以转移财产所有权为条件，只要当事人之间达成设立信托的合意，信托即成立。这表明其在债权上的成立与物权生效要件不尽相同，但可以明确的就是若要农地信托产生物权法上的效力，离不开委托人转移财产权的行动。

我国《信托法》明确规定必须办理登记，信托才可有效成立。未办理登记的，不产生法律上的效力，受托人有权要求委托人尽快转移信托财产并办理登记，若受托人怠于转移时，受托人有权将该信托合同撤销，因此在订立农地经营权信托合同时要遵守《合同法》和《信托法》的规定。以下是根据我国《信托法》第9条的内容类推说明在订立土地信托合同中必要载明的事项：（1）农地经营权信托的信托目的；（2）农地经营权信托中委托人、受托人的姓名或者名称以及住所；（3）农地经营权信托中受益人或者受益人的范围；（4）农地经营权作为信托财产的范围、种类以及状况；（5）农地经营权受益人享受信托利益的形式和方法。

此外，在任意性记载事项方面尽量详细地记载下列内容：信托财产的管理方法、信托的期限、受托人的报酬、信托终止的事项等。

三、农村土地信托中存在的问题

当下科技的发展与农业水平的提高，对农村土地流转形式提出了新的要求，而信托凭借自身所具备的融资功能与风险规避功能势必将超越目前正在流行的土地流转形式而成为农地流转的首选，以便为农民保值增值。但由于农地信托在我国引入时间晚、根基不稳，相关的法律法规还存在不足之处，尤其是法律对信托的保障力度不够、运营中的问题难以有效解决。为了未来更好地完善相关立法，解决信托实务中的难题，我们应当对这些问题明确化，从而找出化解难题的更优途径。

（一）农村土地信托立法中的不足

1. 不健全的农村土地登记制度

在设立农村土地信托过程中，为保障信托参与人的切身利益，最重要的莫过于各主体权利义务明晰，这离不开登记公示。一方面，农地确权是开展农地流转必不可少的前提与基础。有学者指出："农地通过信托与金融结合，当然是一种进步，但从法律层面来讲，土地没有确权，也就难以运作土地信托，流转信托项目就存在着很大的风险。"① 因此唯有尽快解决农地确权问题并发放权利证书，才有时机参与农地信托业务。因为在信托中，农地确权证书是受托人解决农地融资难题的"救命稻草"，农地权属问题若得不到有效解决，那么信托受托人以农地经营权进行质押以换取更多资金的构想便成为"空中楼阁"，无法实现。

另一方面，根据《信托法》第 10 条的规定：设立信托，对于信托财产，有关法律、行政法规规定应办理登记手续的，应当依法办理信托登记。由此可知，登记是设立信托的必经程序，未经登记的，信托无法成立。在农地信托业务设立时，一旦委托人决定将信托财产——农地承包经营权委托给受托人时，就应当到有关机关办理登记手续，否则农地信托业务不得设立。并且考虑到信托设立的物权效力，登记公示流程更不可或缺。

2014 年 11 月我国不动产登记条例签署生效，进一步完善了

---

① 张建：《土地确权难题将化解》，载百年建筑网。

我国的登记制度，但立法不足之处也很明显，主要在于没有明确、具体规定不动产登记机构事项，只是要求县级以上人民政府确定一个部门专门管理不动产的登记，这样依旧未解决部门推诿、可操作性差的难题，并且在便民、公开上还存在较大的争议。

2. 农村土地信托中当事人标准不明确

首先，在农村土地信托当事人中，委托人存在含混不清的现象。不同的信托流转模式下，委托人主体也存在不同。以前面我们讲过的双合作社信托模式为例，委托人主体为农业合作社，此合作社仅仅强调了农民投资入股的事，对于管理问题即合作社的管理者或领导者为何人却交代不清、有待完善，若是授命于村民委员会，则不符合法律上的主体资格，同时可能造成一系列的不良后果，所以管理者的确定成为双合作社模式下的首要难题。土地农业合作社既然代表广大农民参与到土地信托当中去，就应当承担起管理好所有的农地经营权的职责，解决好农民分红问题，并在农民权益遭受侵害时全力帮助受害人寻求权利救济。

其次，受托人作为信托法律关系中的关键主体，必须具备一定的条件，否则不允许参与这项信托。在信托关系中，受托人按照信托文件规定的目的，为受益人的利益对信托财产进行管理、运营。由此可知，其是信托开展的关键，也是保障信托财产收益的重要因素，所以各国普遍重视信托受托人立法。根据《信托法》第 24 条："受托人应当是具有完全民事行为能力的自然人、法人。我们可以得知，其有两大主体，即自然人与法人，前提是必须具备完全民事行为能力。"

具体分析如下：一是自然人作为受托人的情况，其应具备所有权主体的一般资格，即具有完全的民事行为能力，且能合法持有财产，或者说未处于资不抵债的境地。无民事行为能力人和限制民事行为能力人均不得作为受托人。英国《1925 年受托人法》

规定：未成年人只有在归复信托①或推定信托②中才能成为受托人。信托的唯一受益人不能担当信托的独任受托人。且在共同信托中，受托人的人数并非越多越好，英国法律改革委员会建议受托人应限于 4 人，③ 从而可以提高效率、节省费用。④ 二是法人作为受托人的情况，应区分一般法人受托人与营业法人受托人，占据我国信托市场份额较多的是后者，其是以经营信托业为职业的信托机构，亦称为商业受托人。它不仅要取得法人资格，且须依《信托法》取得专业经营信托业的营业许可。目前，我国规制信托机构行为的除《信托法》之外，主要是银监会制定的《信托公司管理办法》⑤。相关法律法规明显不健全，信托机构准入标准不够明确，无法保证农村土地信托的运行。另外，应当严格审核第三方农业企业的资格，杜绝农业用地转作他用，防止侵权损害事件的发生。

3. 农村土地信托中法律制度衔接不得当

首先，在农村土地立法领域，应当协调好农地信托立法与现行《农村土地承包法》的关系。作为时代的产物，这种新的土地流转模式并未在其明确列举的几种土地流转方式当中，这充分地体现了法律滞后性的特点，造成法律条文与实践发展不匹配，因此要想这项流转模式发挥其应有的效用，首先要做好此类衔接。

---

① 它是指根据对财产出让人虽未明确表示，但却可因推定而得知的意图而产生的信托。当然，这种推定必须基于一定的事由，能够导致这种推定发生的事由应由法律予以规定。

② 它是指英美法院依衡平法的公正正义原则，以判决的方式强制设立的一种信托，所以又称其为强制信托。该信托与委托人的意思没有关系，实质上是法院为实现公平正义，援引信托法里所创设的一种纠正不公正财产关系的救济手段。

③ 沈明达：《衡平法初探》，对外经贸大学出版社 1996 年版，第 46 页。

④ 贾林青主编：《中国信托市场运行规制研究》，国家社会科学基金项目"中国信托市场的法律调控"科研成果，中国人民公安大学出版社 2010 年版，第 282 页。

⑤ 中国银行业监督委员会 2007 年 1 月 23 日颁布的《信托公司管理办法》取代了原由中国人民银行颁布的《信托投资公司管理办法》。

其次，在农村土地立法领域，应当协调好农地信托立法与《物权法》一物一权原则相矛盾的关系。这种矛盾不仅是土地流转的矛盾，同时也是大陆法系引入英美法系的信托制度阻碍重重的重要原因，尤其是英美法系信托制度中倡导的"双重财产权"严重违背了我国"一物一权""物权为绝对权"的思想传统相悖，这对于一直崇尚严密逻辑的大陆法系来说是一大难题，一定要多加注意未来农村土地信托法律制度的构建。

最后，在农村土地立法领域，应当协调好农地信托立法与婚姻法和继承法等人身立法的衔接。在农地信托法律关系构建中，应明确信托关系如何随着人身关系的变动而变动，同时终止信托关系是否会发生继承。例如，在日本的信托法律中，明确规定了委托人死亡时，其继承人对其信托法律地位的承继，但遗嘱信托除外。在中国未来的农地信托立法中，必须明确规定各个主体人身关系变动会引起的法律后果，从而更好地保障各个权利人的利益，维护正常的社会秩序。

4. 农地信托当事人的权利义务不完善

社会在法治的轨道上运行，任何能够引起法律关系产生、变更、灭失的法律行为都应当受到法律的规制，"你的权利止于我的鼻尖"，否则这个社会毫无章法可言，人们看似自由，实则时刻在承受着他人侵权的危害。所以，当下土地信托实践在各地试点运行，应当在现有的法律体系内增加与土地信托有关的内容。

值得庆幸的是，由于我国土地制度长期存在，加之国家的重视，农村土地法律关系中利益攸关人的权利义务比较明确、完善，这在一定程度上为未来农地信托立法中规定当事人的权利义务提供了很好的参考价值。但是，现阶段我国专门的农地信托立法还在酝酿中，农地信托实务中的问题难以以法律明文规定解决，阻碍了农地信托实务的发展，值得欣慰的是，我国的《信托法》还比较完善，可以暂时参考用之，然而，农地信托毕竟是一项特殊于普通信托的信托制度，具备自身特色，应当专门予以规定。

（二）农地经营权信托运营中的不足

截至目前，我国农村土地信托制度已经在多地区试点运行，虽然在一定程度上取得了令人肯定的成就，但是在实际运营过程中还存在着多方面障碍，若要农地信托业务经久不衰，则需明确农村土地信托运营中出现的问题，以便一一解决。

1. 农业公司资金不足且须承担较大的风险

众所周知，我国很多地区的农业生产虽然在很大程度上已经摆脱了靠天吃饭的生产状态，但是受社会各种因素的影响，我们很难预测农业种植中所承受的风险并对其进行有效防范，大到洪水、泥石流，小到狂风暴雨，更有蝗虫肆虐，这些灾难一旦降临便会产生不可预估的损害。而农地信托一旦设立，这些风险的首要承担者便从农民转移至真正管理土地的农业公司，并且农地信托模式下多为规模化经营，灾难一旦发生，那造成的损失将难以估量。

另外，随着农业生产逐步进入科技化、信息化的大生产时代，农业生产欲实现专业化、规模化经营管理就需要投入大量资金，但是农业投资与股市投资不同，那里没有一夜暴富的传奇，只有在长期慢慢经营下，才能逐步获得农业生产收益，例如种植生长周期长的果树或者养殖业。因此一般人都不愿投资农业市场，造成农业公司融资难的问题。

2. 开展农地信托的公共基础设施不完善

首先，在农村土地信托开展过程中，缺少监察机构对其运营和发展进行监督管理。土地是农民的命根子。虽然进城打工已经成为很多青壮年劳动力生存发展的更佳选择，但是农民对土地的情怀永远不会改变，土地永远是其安身立命的根基。因此，当信托公司接受农民的农地经营权后如何交由第三方即直接进行农业生产的主体，及其如何经营管理等一系列运营细节都需要合法有效的监察机构进行监督管理，从而确保农民财产权益得到相应的保护。虽然在委托人权利义务的问题中提到委托人对农地信托业务运营状况拥有监督检查的权利，但是我们深知这远远不够，且不说委托人自身能力有限问题，单单就信托理念而言，信托设立意味着委托人的退场，委托人不再享有财产的管理处分权。因此，农民权益保障问题需要设立专门的监察机构进行监督管理，依据中国特色国情，这一职权应由政府享有并依法履行。同时，针对农业公司也应予以一定的监督，防止农地他用，损害农民权益。

其次，鉴于农业生产的高风险性，须设立相应的保险机制。在农村土地信托运营过程中，保险人是必不可少的主体，但现阶段农地市场中，保险人处于"失业"状态，主要原因在于，一方面农民思想比较狭隘，认为自己辛苦挣的血汗钱白白给保险公司，不值得；另一方面就是保险公司工作做的不到位，农民为农地投保后，一旦受有损失欲找保险公司补偿时，保险公司却说此不在保险范围内，更有甚者直接"跑路"，农民日渐失望，便不再理之睬之。以当下农地信托业务设立为契机，保险公司应抓住农业市场、站稳脚跟，同时为信托业务开展风险预防、风险投保机制，防止信托公司因灾害致损而无力承担，最终终止信托业的运营。

最后，农村土地信托中缺乏相应的中介服务机构。农地信托业务并非委托人、受托人、受益人三方主体一到位就能设立运营，其中还有很多工作要做，从农地信托来说，土地在农村，受托人的营业场所一般设在城镇，那么农民愿意设立信托的意愿如何传达出去而为受托人所知晓？若受托人一旦知晓，双方商量信托事宜，那么农地面积测量、农地价值评估等问题应当由何人出面解决比较合适等系列问题需要设立相应的中介服务机构予以解决。前者一般由熟悉村务的村委会或者基层政府担任，后者工作量大、专业技能要求较高，需要规范的组织担此重任，但这正是我国当下体制存在漏洞的环节，不利于农业的开发运营。

3. 政府定位要明确，防止行政干预过多导致市场弱化

在我国农村地区进行土地流转的信托制度建设，没有行政机关的支持与领导，相应工作很难开展，但同时应当明确设立土地

信托的市场目的，否则极易发生行政干预过多、过滥的现象。一方面，在农村土地信托委托环节，不可否认民间基层自治组织充当重要角色，充分保障信托业务的开展运营有一良好的外部环境。但是，村委会极有可能越权而为之，不顾村民个人意愿强行将土地反包到自己手中，严重违反契约自由原则，侵犯了农民的合法权益。另一方面，在土地信托收益分配环节，乡镇政府、村民集体经济组织与村委会这三类天然集体组织，应恪守职责，防止拦截农民收益情况的发生，同时，若农地信托业务的开展运营状况不错，很有可能使部分集体组织人员滋生腐败思想，介入其中，导致"权力寻租"现象横生、农民权益受损。① 因此，应当制定相关的法律法规限制行政过多干预、防止腐败侵蚀农地信托的成果，引导农地信托业务的市场化发展。

4. 农民退出保障机制缺失

设立农地信托的首要目的就是：利用信托的融资功能及风险规避功能，保障农地生产经营，保护农民收益权。但是，现实和理想往往存在一定的差距。拥有合法农地承包经营权的农民在设立信托后将其生存根基转移出去，但是其是否能够如期获得收益，所得收益是否能覆盖其支出，以及不愿意设立信托时能否退出、如何退出等一系列问题，始终困扰着农民，同时也阻碍了农地信托的发展。这就需要相关立法加以规定，使农民"放心"。

虽然，我国《信托法》第54条规定："信托终止的，信托财产归属于信托文件规定的人；信托文件未规定的，按下列顺序确定归属：（一）受益人或者其继承人；（二）委托人或者其继承人。"由此可知，在农地信托法律关系终止时，农民一般能够拿到农地的承包经营权，但是若是在农地信托过程中发生土地用途变更或土地毁损、灭失等情况，农民该如何维护自身权益呢？

另外，在土地流转中，一个不可忽视的问题就是农民的后续

---

① 庞亮：《我国农村土地信托流转机制研究》，东北农业大学 2013 年博士学位论文。

保障问题。以安徽省马鞍山市含山县为例，农地信托业务的开展使当地村民认为，仅依靠土地租金只能是保持旱涝保收。"吃的米和蔬菜等一切都需要购买，租金其实只是支付了我们的这笔需求，一旦遇到大病大灾，我们就无法应对。农民不种地了，劳动力自然就从土地上解放出来，租金保障了农民的旱涝保收，农民可以外出打工，一些农民可以在大平公司进行聘用，但是大都是季节工。"① 这种现象说明当下的农村土地信托流转还未帮助农民实现创利增收的目的。

（三）农村土地信托的风险防范与分担机制缺位

谈及农地生产经营的风险问题，人们无不想到这是自然因素与人为因素共同作用的结果。在农业出现后很长一段时间内，农民都是靠天吃饭的，当下随着科学技术的发展，这种情况有所缓解，但我们不可否认的是我们的确无法掌控"天灾"。不管是狂风暴雨，还是虫类危机，如蝗虫，美国拍摄的《蝗虫毁灭日》在一定程度上反映了这一生物所具备的巨大杀伤力。同时，由人类自己带来的灾难，有时我们也无法承受，例如市场主体对农民的欺诈行为等。

虽然当下社会实践中农地信托逐步开展，但是却未建立与之相对应的风险防范与分担机制。首先，政府监督机制不健全，导致农地市场主体标准参差不齐，很多市场主体素质不高，没有严格的职业操守，无法真正为农民的利益办事；其次，资产评估机构等中介服务机构的缺失及标准非规范化，使得农地市场参与主体各自承担的风险就比较大；最后，市场保险公司的缺位，导致农地无法获得险前预防、险中抢救和险后赔偿。买保险不是消费，而是把钱从你的左口袋挪到右口袋。这句话虽然像是推销保险的人说的，但却是事实。保险的缺位使得农地生产经营者无法减少意外损失、转嫁风险。

---

① 查道坤：《全国最大土地流转信托调查：农民后续保障成难题》，载每日经济新闻网。

四、农地经营权信托的制度构建

农地信托作为当下社会新兴起的农地流转模式，有必要进行相应的法律规制，但是现阶段我国相关立法很不到位，迫切需要针对农地信托进行法律制度的构建。此法律制度的构建应当参考我们对中国社会实践中的农地信托业务的跟踪调查数据，比如说安徽宿州、北京桃园村等都是典范，应当作为立法的参考，甚至决定性因素。这样才能制定切实可行的信托制度，更好地为土地流转服务，并对农民财产权作出更优质的保障。

（一）农地经营权信托的法律设计

1. 建立全国统一的农地确权登记及农地信托登记制度，促进农地信托业务的开展

首先，完善我国《物权法》中的土地登记制度，建立全国范围内统一的农地确权登记机制。立法是执法的前提与基础，执法是立法目的实现的唯一途径。因此，当下我们的首要任务就是逐步完善农地确权的相关立法，并建立专门的服务机构负责农地确权登记工作，以达到公示公信的效果，这样参与农地经营的市场主体能够比较专心于农地的生产经营，而不是将心思或精力放在排查相对人是否是真正的农地承包经营权人问题上，并且信托公司一旦拿到土地确权证书就可以进行抵押贷款等事项，而不必担心会侵害到善意第三人的合法权益。然而，当下我国农地确权制度不完善，大部分农民手中都没有确权登记的证书，农地主管部门应予以重视，积极开展农地确权，补发农地确权证书。有些地方已经进行发放，例如，根据安徽新土改的阶段性目标，在2015年年底前，实现农村集体所有的建设用地、农用地、未利用地和农村范围内的国有土地确权登记发证全覆盖。到2015年，力争新型农业经营主体经营面积占承包耕地50%以上。[①]

---

① 种昂：《跑得最快的土改》，载《决策探索（上半月）》2013年。

其次，加强信托登记制度的完善。我国《信托法》第10条规定："设立信托，对于信托财产，有关法律、行政法规规定应当办理登记手续的，应当依法办理信托登记。未依照前款规定办理信托登记的，应当补办登记手续；没有补办的，该信托不产生效力。"因此，我们认为在我国信托法中应当对信托登记制度的规定给予确定化，将登记机构、登记人员、登记程序等事项明确化，结合《不动产登记暂行条例》和关于土地流转登记的相关规定可知：其一，县级以上的人民政府部门应当负责农村土地信托登记的事务，并且其完成工作的情况应当接受上级部门的监督。其二，应时代要求，应当采用多样化的登记公示制度，不仅表现为登记簿的纸质版，还可以是网络电子版，其登记事项应广泛而明确，土质如何以及农地经营权的主体、内容、期限等事项都是必不可少的。其三，应当培养一批专业化、技能化的登记管理人员，并定时定量进行相应的技术培训，学习新兴事物。其四，应本着便民的原则对农地信托的登记程序予以设计，如一次性告知提交材料、及时登记等。

2. 将委托人、受托人以及农业企业的标准法定化

首先，将委托人的标准法定化。行之有效的办法莫过于在农地信托过程中，减少政府的干涉，让真正拥有合法的农地经营权的主体作为委托人来开展信托活动。其中绝大多数人是农民，考虑到农民自身的局限性，允许其建立合作社，以合作社为委托人来参与农地信托运营，在签订合同或发生纠纷时统一用合作社的名义，防止主体混乱。同时应当向农民普及有关农地信托的立法，让农民完全了解农地信托的运营，更有信心加入这个行列中来。

其次，将受托人的标准法定化。农地信托业务的开展必须建立良好的法律法规，明确规定市场准入标准，防止受托人鱼龙混杂，从而更好地维护农民的利益。针对不同主体成为受托人的标准予以探讨，内容如下：

第一，自然人成为受托人必须具备的条件。正如"路是人走出来的"一样，农活是人或由机器在人的操控下完成的，所

以在农地信托开展过程中，自然人理所应当可以以受托人的身份出现在这层法律关系中，但其除了是一个具备完全民事行为能力的人外，还应当具备农地生产经营的专业素养。所以，凡是农业种植大户、个人都可以成为农地经营权信托的受托人，至于是否必须是本集体经济组织内部成员，法律没有明确规定，根据民法法无禁止即可为的原理可知，只要具备农地生产经营的专业化素质即可成为受托人。

第二，法人组织成为受托人必须具备的条件。由当下农地信托实践可知，主要是信托投资公司在从事农地信托业务，例如中信信托、北京信托等。信托投资公司是法人组织，能依法独立行使民事权利，承担民事义务。从这种意义上来说，他具备完全的资格来担任农地信托受托人的角色。但是，并非所有的法人组织都可以成为受托人，必须对此加以限制，目前将此限定为"国有公司"是主流观点，存在一定的合理性，日后立法可予以采纳。

第三，政府机构成为受托人必须具备的条件。在前文中我们已经明确提到信托是市场化的产物，良好的市场运行机制是其发展的前提与基础，所以在信托设立过程中，应当减少政府干预，将权利更多地交给市场来决定。然而不得不说，依据我国特色的市场经济体制，在农地信托实务发展前期，某些政府引导还是很有必要的，但这仅仅是暂时的，一旦农地信托能够独立成长时，政府一定要定位准确——监督者与服务者的地位。

第四，村民委员会成为受托人必须具备的条件。村委会的地位与职能其实就相当于居委会，其不属于政府机构，仅仅是地方自治组织。正是由于村委会的性质极其所担负的任务，决定了村委会可以作为农地信托业务中的受托人。这在我国农地信托实务中已然出现，例如村委会作为合作社参与规模经营的情况。村委会有助于促进农村经济的发展，因此村委会可以做土地信托的委托人，但是为了保护村民的合法利益，应当由个人承担责任，因为村委会自有资金是村民集体的。

最后，明确农业企业的标准。在农地信托业务中，农业企业是真正接受农地经营权的主体，更是改善农业种植方式，实现农业专业化、规模化经营的有力推动者，所以为了更好地实现预期目标，我们应当制定针对农业公司的专门办法，以约束其行为，保证农民的收入与土地用途不被改变。

具体内容如下：一是以法律法规明确规定禁止改变农业用地的用途。18亿亩耕地的红线是不能打破的土地政策，因此在农地信托实务中要防止"挂羊头卖狗肉"的做法，洞察表面工作与实质实行行为的区别所在，防止农业用地转作他用，否则不仅破坏了我国的土地政策，也侵害了农民仅有的财产权，阻碍农业经济良好运行。二是农地信托业务下的专业化、规模化运营发展，离不开企业资金的支持，因此在设立信托时，会优先选择资金雄厚的农业企业。三是农地信托融资难问题需要国家制定相应的政策予以支持。农地信托业务并非信托企业的内部事务，而是关系我国农业发展命脉、农民生活水平的重大问题，更是当下为有效缓解"三农"问题"农地抛荒问题"而试运营的农业流转出路，这样关系国计民生的大事应得到国家政策的支持。例如，农业贷款降息、免息，补贴农业机械、种子与农药的买卖，培养专业化人才参与指导农业生产等。

3. 完善我国《信托法》中各方当事人的权利义务

在农地信托业务实践过程中，我们应当明确农地信托参与人的各项权利与义务。虽然农地信托不同于以往的任何信托，但其仍是信托的一种，在对其中的参与人各项权利、义务进行规定时应符合《信托法》一般规定，并结合农地信托的特色，设立与我国农业发展现状和农业发展政策相符的权利义务内容。在农地信托中，应当遵循最基本的契约自由、诚实信用、等价有偿等原则，切实保障农民的权利得以享受、义务得以履行。

在农地信托立法过程中，一定要注重权利义务的平衡问题，唯有立法公正，才能保障后续司法及执法工作的公平公正性。否则，权利义务分配不均衡一旦出现，将严重阻碍我国农地信托业的发展，表现在信托组织方面就是很多无"官方背景"支撑的企业很难参与其中，甚至一些已经身在农地信托市场的企业因无力承受这种外部压力而逐步退出这一市场，最终的结果只能是行政力量掌控整个农地信托市场，导致竞争严重匮乏，损害农地经营权人的合法权益，同时在我国农村土地上引入信托的意义也将不复存在。

（二）农地经营权信托运营模式的构建

1. 农村土地信托的模型构建

综合以上内容，我们不难发现农地信托市场是一个综合性的市场，其良好的运营离不开各行各业人才的参与，唯有信托业务开展过程中各个环节的主体相互合作、共谋发展，那么农地信托设立的初衷才有可能实现。各主体定位如下图所示：

农村土地信托的模型构建

依据上图所展示的农地信托运营中各主体的定位及功能可知其之间的关系，具体内容包括：

一是在委托人和受托人交涉过程中，委托人要将自己手中的农地承包经营权转到受托人名下，这就需要借助土地评估机构衡量土地价值，以及将农地承包经营权转移事项于登记机构办理农地信托登记。二是基于受益人所享有的受益权，受托人应严格遵循信托文件的约定分配利益于受益人，由于农地信托一般为自益信托，委托人与受益人重合，所以其收益主要是土地租金与浮动的信托利益。三是受托人一旦接手信托财产，就对其风险全方位负责，因此其为了减轻自身可能受到的损失，可以到保险公司为信托财产投保。四是在受托人与第三方农业企业之间，一般是通过中介服务机构散发关于农地信托的信息，并凭借其技能测量农地面积、评估农地价值等，并且实现农地专业化、规模化运营发展需要投入大量的资金，因此国家可以在农业融资问题上给予一定的优惠政策。另外，由于农民对信托事务不太了解，对信托运营状况无法做到及时有效的监督，因此应当设立专门的监督机构对信托公司和农业公司的行为予以监督，防止侵权现象发生。

2. 评估机构和程序法定以确保农民利益

农地评估在农地信托中属于链接委托人与受托人的关键环节，可以说双方意思表示能否一致、该项信托能否设立往往取决于农地评估，其决定土地现有价值和增值范围，也决定农地租金的价位，事关委托人（农民）生存发展根基，因此应聘请市场上有评估资质的专业机构予以评估，严格限制评估机构的标准。但考虑到社会实际运营状况，在农村地区一些具有较高威望的中介服务机构也可从事土地评估。社会变化万千，我们不可能面面俱到，但是应当制定一个统一的标准规范评估机构与评估程序，指导社会实践中农地信托业务的有效开展。

以下内容是农地价值评估时应当考虑的几项因素：

一是农地的生态指标。农地生态指标是农地价值评估的初步环节，也是对农地价值影响最基础的因素，如农地的面积、地理位置、沙化及盐渍化程度等事关农作物生长状况和种类的因素，这需要专业化的技能与知识，因此凡是充当农地价值评估的机构一定要具备相关专业资质。

二是农地的社会指标。农地的社会指标一般是指特定农地经营权确权问题和土地效益的预估问题。前者是指为了保障农地信托中受托人不受非承包经营权人的欺诈，农地应当确权到个人，发放权利证书并统一登记于登记簿上，方便人们查阅；后者主要是希望通过土地评估机构的价值衡量能够预估特定土地的产量与收入，从而进行合理信托。

三是农地的经济指标评价。[①] 在农地经济指标评价中主要包括：特定土地的年产量、年投入量和年净利润等数据。在对这些数据进行评估时，评估机构要始终严守中立立场，平衡委托人与受托人的利益，促进农地信托顺利开展，保证其威严不受质疑。评估机构的评估数据非常重要，不仅在很大程度上决定了农地的评估价值，更是农业用地后期运营的重要参考资料。

3. 设立监察人制度确保农村土地信托合法运营

在农地信托业务实践以来，主要存在两方力量监督此项业务的开展，一方面是国家在执法环节对自身的监督，称为国家监督；另一方面是社会力量的监督。这些监督力量有一个共同的目标就是消除农地信托中不法分子对农民权益的侵犯。

国家监督在很大程度上体现了我国政府对农民权益的重视，其通过规范执法行为、严明执法责任、防止执法越权等系列事项，从根源上杜绝行政干预过多、农地信托市场垄断的弊病。并且自己监督很容易滋生腐败，应适时引入"司法审查制度"以司法的慧眼审查行政行为的规范性，从而保障农民的合法权益。

社会监督是依靠社会力量对侵害农民权益的行为进行有效监督。在农地信托业务开展过程中一定要充分发挥农民的积极性，发扬民主力量，禁止政府过多干预农地市场运营，导致农民信托不自由。并且在信托运营过程中，需要查阅财务账目，委托人的查账权利就是这样一种监督，同时村委会也可对信托公司与农业企业进行监督，确保农业用地不被挪作他用。通过层层监督，更有利于实现农地信托目的、实现农民财产权的保值增值。

4. 设立投保机制强化风险预防

何为保险？就是合众人之力以最小的代价预防风险并在受损

---

① 范兰礼:《农村土地流转评估与规划》,中国农业科技学院出版社 2011 年版。

时得到一定的补偿。曾看到一家保险公司这样的宣传语：每天为自己攒一粒芝麻，随时准备换一个西瓜；纵使终究没换来西瓜，却发现已经攒了一堆芝麻。纵有夸大之嫌，但保险的魅力显而易见，因此在设立农地信托之初，尚处于摸索阶段的我们应当引入保险机制，为我们的农地信托事业保驾护航。尤其是当下，我国对于农地信托的法律法规还不健全、相应的社会公共基础还未建立起来，农地信托业务设立后，一旦发生事故，在没有国家政策扶持的情况下，若保险也不参与其中，那么农地信托参与者的损失将无从得到补偿，其最终结果或垂死挣扎或破产。而我们若在开展信托业务时就引入保险机制，为特定土地上种植或养殖的动植物进行投保，一旦发生保险合同约定的保险事由致使保险利益受损时，就能够获得一定的赔偿，在一定程度上分担了风险、减少了损失。

5. 防止行政干预过多，建立健全农地流转市场

在设立农地信托中，一定要时刻谨记去行政化，建立健全农地流转市场。一是建立健全市场机制，防止国家对农地信托市场的绝对控制。这主要是通过建立良好的市场环境，激活市场竞争力，以此吸引更多的信托机构及农业企业参与其中，从而可以选择条件更优的信托机构与农业企业接手农地生产经营，保障农业运营健康有序发展。二是去行政化并非完全不要行政力量的介入，政府和集体组织相应的辅助作用还是很有必要的。这种辅助作用主要表现在以下两点：第一，严厉打击非法侵入农地市场的主体，加强对土地流转方式的管理。政府应当完善相应的法律法规，指导市场参与主体的行为，促进农地健康有序流转，使参与主体的利益得到有效保障。第二，农地信托设立后，政府和集体组织应适度参与管理。这里主要强调的是政府及集体组织对信托运营的监督管理，农地信托市场的良好运行离不开监督这双眼睛。其他方面，政府和集体组织不应当介入，要给市场参与者充足的发展空间，使得其各自具备的优势得以发挥，从而为农地信

托市场健康有序发展提供良好的外部环境。[1]

（三）农地经营权信托制度的风险及预防机制的健全

农地经营权信托作为一项新型信托业务，与一般信托无异，即其是一项收益与风险并存的投资行为，每一次成功的风险投资必定耗费了受托人很多的智慧与精力，这算是幸运的了，因为并非付出就有收获，很多风险投资以失败而告终，那么分析导致这些投资失败的主要原因及探索预防机制，就显得很重要。

1. 农地经营权信托制度存在的风险

首先，农地种植风险难预测。在农地经营管理过程中，因为信托业务的介入使得农地经营获得了专业化、规模化生产，在一定程度上提高了农地产量并提升了农地成果的质量，使农民创收、增收的渴望变为现实，进而步入正轨。但是，并非所有的问题都能依靠科学技术来解决，因为有些问题处于科技领域的空白点，无从适用。这些主要问题表现为，抗倒的麦子和玉米，科学家研究了那么久却只能达到缓解的高度，而始终无法根本解决这一问题。所以，在农地种植过程中有些风险是难以预测的、难以估摸的，这就需要建立在风险发生时及风险发生后的完备的救济机制。

其次，第三方的真实情况难核实。目前我国农地经营权信托刚刚起步，很多细节还不完善，存在些许漏洞，一旦发生损害那将是致命的打击。尤其是在信托业务关系中最终接手管理土地的人，在此称为第三人，第三人既可以是集体组织内部成员，也可以是社会上的某些组织，本村人民基本上知根知底儿，但是新进来的第三人，我们对其运营状况一无所知，并且我国已经取消最低注册资本，还未设立诚信机制，因此农民对这些组织基本上处于盲点，只能根据现有资料了解他们，而具体情况如何，无人可以精确回答。

---

① 范兰礼：《农村土地流转评估与规划》，中国农业科技学院出版社 2011 年版。

最后，委托人中途退出无保障机制。我国的农地经营权信托制度是在信托的基础上发展而来的，在很大程度上保留了信托的确定性规则，即信托关系一旦成立不得撤销，除非委托人在信托文件中保留了自己的解除权。[①] 同样道理，在农地经营权信托中，除非委托人在信托文件中明确保留了自己的解除权，否则不得轻易解除农地信托关系。若委托人对此视若无睹，执意单方解除农地信托关系，那么应当对单方解除给对方造成的损失予以赔偿。这显然是有利于受托人的。然而委托人退出时的保障机制法律却无明文规定，这是当下亟待解决的重大问题。

2. 农地经营权信托制度风险预防机制建构

首先，实行农地经营保险机制，加强风险防范。农地信托业务一旦开展，在风险预防上，应当引入保险机制。当下我国保险行业的发展比较成熟，相关的法律法规也比较完善，在设立农地信托之初，引入保险机制，可以有效预防风险并在信托财产毁损时凭借保险赔偿降低信托公司所承担的损失；另外，直接从事农业种植的第三方农业公司或种植专业户可以将其在特定土地上种植或养殖的动植物进行投保，一旦发生保险合同约定的保险事由发生致使保险利益受损时，就能够获得一定的赔偿。

其次，完善登记及相关制度，保证第三方真实可靠。当下我国设立农地信托的首要任务就是逐步完善农地确权的相关立法，并建立专门的服务机构负责农地确权登记工作，以达到公示公信的效果。一方面，应当完善我国《物权法》中的土地登记制度，建立全国范围内统一的农地确权登记机制。这样参与农地经营的市场主体不用再将心思或精力放在排查相对人是否是真正的农地承包经营权人问题上，而专心于农地的生产经营。另一方面，应当完善信托登记制度。我国信托法对信托登记制度的规定应当予以明确具体化，明确具体的信托登记机构、登记簿记载的事项、

---

① 陈宇飞：《我国农村土地信托法律问题研究》，中国社科院 2012 年硕士学位论文。

登记人员、登记程序结合我国 2016 年 3 月起实行的《不动产登记暂行条例》对农村土地流转中登记的相关事项：其一，应当将农地信托登记事项交由县级以上政府主管部门，由其专门负责农地流转的登记事项；其二，应建立全国范围内统一的不动产登记簿，可以采用电子版也可以采用纸质版；其三，登记人员应当挑选高素质专业化的人才予以担任，并要定时定量予以培训教育；其四，应当本着便民利民的精神与理念设计农地信托的登记程序，必要时为了确保登记的真实性，登记人员可以进行实地的检查和测量。① 唯有如此，才能保证第三方的真实可靠，在一定程度上提高交易的安全性。

最后，强化农民权益的法律保护与法律监督。农民财产的保值增值始终是农村土地信托的出发点和落脚点。我国目前提出"三权分置"的土地政策以及社会实践中农地信托业务的不断试点，都是在为保障农民收入做准备，但这一切的根本前提是确保农民土地财产权的安全性，不被他人随意侵犯。

一是从立法角度完善农地信托对农民权益的保护。当信托与农地相结合一项新的制度应运而生，这项制度需要人们专门立法予以保护，尤其是我国农业大国的本质使得立法工作者在立法过程中不得不重视对农民权益的保护。在信托实务中，我们必须保证农地承包经营权设立信托后，受托人的善良管理义务；必须保证信托业务一旦终止，土地的承包经营权应当落入委托人即农民手中，因为土地是农民的命根子，是其安身立命的根基，如若收不回来，那么不仅农地的专业化、规模化生产无法达到预期目标，更使得农民对社会丧失信心，这将造成可怕的后果。

同时，在未来的农地立法领域，我们应当考虑将农村社会保障专门立法，保证保障对象明确化、保障管理一致化、保障资金来源稳定化等，为设立农地信托做好充足的准备。因为，农民一

---

① 庞亮：《构建我国农村土地信托制度的法律思考》，载《科学社会主义》2012 年第 5 期。

且加入农地信托的行列中，基本上就从土地中解放出来，大多会选择进城打工，而遗留在农村中的孤寡老人与未成年儿童的生活问题如何保障？这并非信托业务一设立就能覆盖得了的，需要政府出面予以帮扶，建立健全农村的社会保障来保障农民的生活。

二是从行政角度完善农地信托对农民权益的保护。开展信托业务，我们应当对政府进行准确定位，即政府要做农地信托的"服务者"，而非"参与者"。① 一方面，要时刻监督信托运营者对土地的生产经营，防止耕地挪作他用，以保障我国农地用途不变。如若发现有不法侵害者，擅自将耕地挪作他用时，定要及时制止，并积极引导、纠正这种错误的行为，推动农地信托的顺利开展，保护农民的合法利益不受非法侵害。另一方面，积极开展农地确权工作，保证每一块土地确权到人，每一本确权证书发到农民手中。并且，俗话说"科学技术是第一生产力"，我国政府应当本着为人民服务的态度与精神，对农地信托中的第三人即真正经营管理土地的人提供技术支持、政策引导。另外，针对广大农民群众来说，有关农地信托的相应宣传教育是很有必要的，使农民更彻底地了解农地信托，更有信息参与农地信托实务。

三是从司法角度完善农地信托对农民权益的保护。司法途径是权利不完整者维护自身合法权益的最后一道屏障，因此务必保证其公平公正，防止权利受侵害的农民丧失对法律的信赖。在农地信托实务开展过程中，势必会遇到某些不法分子为了谋求利益，恶意违背法律规定与当事人在信托文件中的约定，从而损害农民的合法权益。因此，一旦诉诸法院，法检系统应当时刻保持公平公正的态度，客观处理此案件，防止横生腐败恣意。

同时，考虑到农民的实际情况，我国应当为其设立法律咨询机构与法律援助机构，一方面，普及农地信托法律知识，从根源上杜绝信托欺诈行为；另一方面，在农民遭遇侵权时，为农民这

---

① 刘志仁：《农村土地保护的信托机制研究》，中南大学 2013 年博士学位论文。

类弱势群体提供法律救济，帮助其维护自身合法权益，确保信托关系终止时信托财产即农地承包经营权归属于委托人即农民所有。

四是从法律监督角度完善农地信托对农民权益的保护。农地信托中的法律监督主体主要是国家政府极其有关部门以及社会力量对行政执法和信托运营状况进行监督察看。一方面，国家监督的实质是引起国家对农民权益的重视，规范执法行为、明确执法责任，保证执法的严格性及确定性，坚决杜绝滥用行政权利，坑害老百姓的做法。① 同时，司法机关要对行政机关的行政活动进行司法审查，辨析保障农民权益合法合理的行政行为。另一方面，社会监督是指动员社会中一切可拿来为农民服务的力量来监督农地信托的运营发展。例如委托人有查账的权利，这在一定程度上是对信托业务运营状况的监督。同时，村委会也可以对信托机构和农业企业进行监督来确保农地合法的用途等。

农地信托实务的开展是为了获得一个共赢的局面，尤其是保障委托人也就是农民的基本权益、扩大其收益。同时，以"三权分置"政策提出为契机，在农村土地中引入信托制度，以缓解当下愈演愈烈的"三农"问题。但是，尽管我们对农村土地信托的理论基础和法律依据进行了详细的阐述，并且在运行模式上进行了精心的设计，但要真正实现农村土地信托法律制度构建，也绝非一朝一夕能够完成的，必须要在实践中不断探索才能逐步完善。

---

① 郭洁：《土地资源保护与民事立法研究》，法律出版社 2010 年版。

第五章　农地经营权入股的制度探讨

一、农地经营权入股的一般问题

在 2013 年，党的十八届三中全会《中共中央关于全面深化改革的若干重大问题的决定》中明确指出："稳定农村土地承包关系并保持长久不变，在坚持和完善最严格的耕地保护制度前提下，赋予农民对承包地占有、使用、收益、流转及承包经营权抵押、担保权能，允许农民以承包经营权入股发展农业产业化经营。鼓励承包经营权在公开市场上向专业大户、家庭农场、农民合作社、农业企业流转，发展多种形式规模经营。"2015 年，国务院发布的《关于加大改革创新力度加快农业现代化建设的若干意见》（中央一号文件）又对农地入股问题加以强调"推进农业产业化示范基地建设和龙头企业转型升级。引导农民以土地经营权入股合作社和龙头企业。明晰产权归属，将资产折股量化到本集体经济组织成员，发展多种形式的股份合作"。因而在当前我国经济改革转型的重要期间，农村土地制度的改革问题尤为重大、矛盾尤为突出。农村土地作为资本化要素参与经济运营是推进我国市场化发展的重要方面，而农地经营权入股是农地资本化流转的重要方式，对于农地经营权入股的研究具有时代的必要性与迫切性。

（一）农地经营权入股的界定

1. 农地经营权入股的制度背景

入股是农地经营权流转的重要的方式之一，对于提高农业的劳动生产率、促使农业生产经营规模化、优化农村劳动力以及土地资源配置等农业农村经济的多个方面都作用不俗。可惜的是，我国原有的农地经营权流转制度始终强调家庭承包经营权的社会保障功能，以至于在很长一段时间内，对于社会稳定的追求体现在农村和农业方面被理解为人地关系的固化。然而，随着新型城镇化建设的迅速推进，土地零碎和效率低下等问题日益凸显。农村人口非农化和农村人地关系发生了显著的变化，有地无人种与想种无地种等矛盾也日益突出。"一方面，我国十分稀缺的农地资源被大量抛荒，农地无效配置与严重浪费，而另一方面则是一些农业企业通过正常的农地市场交易难以获取充足的土地资源进行农业生产。"[①]

这种背景下，20世纪90年代初，土地股份合作制作为土地承包经营权入股的最初形式在广东省南海市首开先例。自那之后，土地股权化的推广在我国东南沿海一带渐成风气，各式各样的家庭承包经营权入股试点在各地纷纷展开，甚至逐渐发育演进成南海模式、苏南模式、上海模式等各异的组织形式。这反映出在农村集体经济产权制度改革的过程中，各地均自觉或不自觉的采取了股份合作的模式。然而，即使实践活动展开已逾20年，但对于农地经营权入股的定义仍无法达成统一意见。无论是各地的实践中还是理论界学术研究对农地入股行为的法律性质的定义都存在很大分歧和差异。只有首先厘清农地经营权入股的基本概念和法律性质，才能在此基础上更好地深入分析和讨论经营权入股的具体实践问题。

2. 农地经营权入股的定义

农地经营权入股指的到底是什么？这是一个困扰理论界和实务界多时的问题，实践中出现了各种各样纷繁复杂的实践模式，直接导致了概念的模糊和混乱。最高人民法院《关于审理农业

---

① 赵宁：《家庭承包经营权入股公司的法律冲突与协调》，载《河南师范大学学报（哲学社会科学版）》2016年第1期。

承包合同纠纷案件若干问题的规定（试行）》第 21 条规定："承包方依照法律、法规和政策的规定，以其承包经营的标的物入股，仍按照承包合同的约定，向发包方行使权利和承担义务的，人民法院应当准许。"承包经营标的物入股的实质就是土地承包经营权入股。本节中尝试通过对入股立法和实践进行简要的分析以对现有的农地经营权入股这个概念作出分析和评价。

　　从立法层面来讲，对土地承包经营权入股这一行为的认识之所以会存在如此大的分歧，主要原因在于法律法规规定的模糊性和不一致性，与之相联系的是实际操作的不规范性。我国 2002 年颁布的《中华人民共和国农村土地承包法》首次对土地承包经营权入股作出了规定。该法第 42 条规定以家庭承包方式取得经营权的情况："承包方之间为发展农业经济，可以自愿联合将土地承包经营权入股，从事农业合作生产。"以其他方式取得的土地承包经营权，《农村土地承包法》第 46 条规定："荒山、荒沟、荒丘、荒滩等可以直接通过招标、拍卖、公开协商等方式实行承包经营，也可以将土地承包经营权折股分给本集体经济组织成员后，再实行承包经营或者股份合作经营。"另外，第 49 条规定："通过招标、拍卖、公开协商等方式承包的农村土地，经依法登记取得土地承包经营权证或者林权证等证书的，其土地承包经营权可以依法采取转让、出租、入股、抵押或者其他方式流转。"

　　农业部于 2003 年颁布的《农村土地承包经营权证管理办法》第 14 条规定："承包期内，承包方采取转包、出租、入股方式流转土地承包经营权的，不须办理农村土地承包经营权证变更。采取转让、互换方式流转土地承包经营权的，当事人可以要求办理农村土地承包经营权证变更登记。因转让、互换以外的其他方式导致农村土地承包经营权分立、合并的，应当办理农村土地承包经营权变更。"

　　2007 年颁布的《物权法》第 133 条规定："通过招标、拍卖、公开协商等方式承包荒地等农村土地，依照农村土地承包法等法律和国务院的有关规定，其土地承包经营权可以转让、入股、抵押或者以其他方式流转。"另外，《物权法》还规定有土地承包经营权的物权变动不以登记为生效要件，自土地承包经营权变动的意思达成时即可发生无权转移的效力。

最明确的要数农业部于2005年颁布的《农村土地承包经营权流转管理办法》第35条对农村土地承包经营权入股作出的界定："入股是指实行家庭承包的承包方之间为发展农业经济，将土地承包经营权作为股权，自愿联合从事农业合作生产经营；其他承包方式的承包方将土地承包经营权量化为股权，入股组成股份公司或者合作社等，从事农业生产经营。"第16条规定："承包方依法采取转包、出租、入股方式将农村土地承包经营权部分或者全部流转的，承包方与发包方的承包关系不变，双方享有的权利和承担的义务不变。"第19条规定："承包方之间可以自愿将承包土地入股发展农业合作生产，但股份合作解散时入股土地应当退回原承包农户。"

从近期主要政策的层面上来讲，党的十七届三中全会明确将股份合作确定为家庭承包土地经营权流转的一种主要方式；十八届三中全会强调"保障农民集体经济组织成员权利，积极发展农民股份合作"。十八届三中全会通过的《中共中央关于全面深化改革若干重大问题的决定》中明确规定，鼓励承包经营权在公开市场上向专业大户、家庭农场、农民合作社、农业企业流转，发展多种形式规模经营。明确赋予农民对承包地占有、使用、收益、流转及承包经营权抵押、担保权利，允许农民以承包经营权入股发展农业产业化经营；2014年、2015年中央一号文件则再次重申"鼓励有条件的农户流转承包土地的经营权，鼓励发展专业合作、股份合作等多种形式的农民合社"。"鼓励承包农户依法采取转包、出租、互换、转让及入股等方式流转承包地。"

各地的地方性规范文件对于农地经营权入股的界定亦有不同。江苏省2011年颁布的《农民专业合作社条例》规定："农民可以以承包地的经营权作为主要出资方式，设立相应的农民专业合作社"，黑龙江省《农民专业合作社条例》规定："农民可以用其土地承包经营权的预期收益作价出资加入农民专业合作社。"安徽省《实施〈中华人民共和国农民专业合作社法〉办法》第 11 条规定："农民可以以土地承包经营权入股，设立农民专业合作社，不得损害农民的土地承包权益。"江西省《农民专业合作社条例》第 15 条规定"按照依法自愿有偿原则，可以以土地承包经营权（含林权）入股，从事农业合作生产，扩大农业生产经营规模，增加土地承包经营收益"。

综合上述分析，对农地经营权入股最为明确的概念界定就是《农村土地承包经营权流转管理办法》第 35 条的规定，即"入股是指实行家庭承包的承包方之间为发展农业经济，将土地承包经营权作为股权，自愿联合从事农业合作生产经营；其他承包方式的承包方将土地承包经营权量化为股权，入股组成股份公司或者合作社等，从事农业生产经营"。在这个定义中，农地经营权入股主要有以下几个特征：第一，入股的主体是土地的承包方，包括但不限于农户。我国现行的农村土地经营权制度以集体为单位享有农村土地的所有权，集体是发包方；以户为单位进行承包经营，以家庭为单位的农户享有土地承包经营权，农户是具体的承包方。根据此定义的表述，农户是发起和参与农地经营权入股行为的重要主体。此外，此定义内也包含"其他承包方式的承包方"。也就是说，即使不是通过直接从发包方承包的方式取得承包经营权的，例如通过转包、转让、出租或其他农地经营权流转方式取得承包经营权的，也可以成为农地经营权入股的主体，以自己持有的土地承包经营权入股。这就意味着，不只农户，凡是合法取得土地承包经营权的个人、法人、非法人组织均能从事农业合作的生产经营。第二，入股时，土地承包经营权不能以其原本的权利状态存在，需转化为股权。对于农户而言，农地经营权可以直接作为股权进行农业生产的合作经营。由于农户本身即是集体的社员，农地经营权作为一项包含在社员权项下的财产性

189

权利，其在农业合作经营中权利的分配与利益的享有亦应当原则上遵循集体分配于各农户的应得比例。而对于通过经营权流转取得农地经营权的其他主体而言，土地承包经营权转化为股权的方式则更为复杂，需要在具体的实践中制定切实的章程或协议来量化土地承包经营权，从而协商确定持股比例。第三，入股后从事农业生产的形式多样，可以设置农业股份公司、组成生产合作社、专业合作社等多种方式实现农业生产，其中当然亦涉及方方面面的问题，下文中将——予以阐述。第四，强调农户农地经营权入股的自愿性。非自愿不流转是农地经营权流转的重要原则之一，其作用在于使农民的基本生活得到保障，避免集体为一部分农户的利益进行强制征地等行为，保证农民不被强制性失地。第五，农地经营权入股的大前提是坚持家庭联产承包责任制，坚持农耕地的农业用地属性不变。近年来，我国愈发强调经济改革的重要性，具体到农村，基础的集体经济所有制不断受到冲击，城镇化的不断推进似乎在强迫农村的集体经济制度进行私有化或者国有化的改革。也正因此，凡涉及农业经济的相关文件、规章，无不在强调维持农村集体经济制度的重要性。此外，不论是施行家庭以户为单位进行耕种，还是推行大规模农业生产，都必须保证农地用于农业生产的性质不变。因为入股本质上是一种投资，凡是投资均期待盈利的最大化，无论是农业股份公司还是农业生产合作社如果不对其性质予以限制，均存在为追求盈利而将农地用于非农生产的可能性。所以对之予以制度限制是非常必要的。

有学者从入股经营的角度，对土地承包经营权入股提出看法："现实中入股经营这种流转方式的内涵极不统一，入股或股份经营的情形共有三种。首先是动态股权制，其次是入股分红制，最后是土地股份合作经营制。"[1] 有学者认为"土地承包经营权入股是指实行家庭承包方式的承包方之间将土地承包权作为

---

① 马新彦、李国强：《土地承包经营权流转的物权法思考》，载《法商研究》2005年第5期。

股权，自愿联合从事农业合作生产经营，以及其他承包方式的承包方将土地承包经营权量化为股权，入股组成股份公司或者合作社等，从事农业生产经营的行为"。① 除此之外，也存在观点认为"入股，是指通过家庭承包方式取得土地承包经营权的承包方之间为发展农业经济，将土地承包经营权作为股权，自愿联合从事农业合作生产经营；通过其他承包方式取得土地承包经营权的承包方将土地承包经营权量化为股权，入股组成股份公司、合作社、家庭农场等规模经济组织，发展现代化、集约化的农业生产经营"。

通过对各个观点的比较综合而言，我们认为，从土地承包经营权入股的实践来定义，农地经营权入股一方面是指农民以户为单位通过家庭承包方式取得土地承包经营权并把这种权利在公平、自愿原则下作为股权以集体为单位联合起来从事现代化的农业生产；另一方面也包括通过其他承包方式取得农村土地承包经营权并把这种权利折价为成立的股份制有限公司股份或其他非法人组织形式，投入农业生产中去。

（二）农地经营权入股的法律性质

有关农地经营权入股的法律性质问题，由于对农地经营权入股的内涵和标的认识差异巨大，所以纵使承包经营权入股作为实践模式已经践行 20 余年仍难以得出清晰而标准的答案。至于理论界对于农地经营权法律性质的争议，总结归纳各种学说主要有以下三种不同观点：

1. 物权性流转

这种学说认为，将农地经营权作价入股的行为属于物权性的流转行为。入股作为农地经营权流转的一种方式，其产生的法律效果是发生物权性的变动。要理解这种学说，首先应当明确农地经营权的法律性质。农地经营权在物权法中被确定为用益物权的

---

① 房绍坤：《物权法用益物权编》，中国人民大学出版社 2007 年版，第 111 页。

一种，其法律性质为物权性质。甚至在一定程度上而言，由于国家和集体主体的抽象性导致农地所有权人难以以自身为主体行使权利，因而作为土地所有权人的发包方将农地经营权承包给农户的过程在实质上已经类似于一次所有权转移的过程。再加之近年来农地经营权的期限不断延长，甚至出现了永久性承包经营权的说法，农地经营权的物权属性逐渐得以强化，人们也越来越多地在实践中将它视为一种"完全的所有权"。

这种认知直接导致学界对于土地经营权的流转认定为物权性的流转："土地承包经营权入股与转让、互换、抵押一样，为发生物权变动后果的流转"[1]，"对于作为入社的土地使用权（承包经营权），在入社后原来的土地使用权人就不再享有土地使用权，而由合作社享有土地使用权"；[2] "农民将农地经营权入股公司，其实质意味着农民丧失了其土地承包经营权，该项用益物权实际上被让渡给了公司，成为公司可以占有、支配和收益的财产权利"。股份化的本质就是农地经营权转让，是对农地经营权交换价值的支配，入股使物权性的农地经营权由原承包人转移给公司或合作社，成为法人的独立财产和责任财产。

此说的产生原因还在于我国传统法律意识中的所有权单一性的认知。体现在农地经营权中，则是所有权或者归属于集体组织，或者归属于新成立的社团或者法人组织。"无论以何种形式出资，其财产权必须转移到公司名下，使公司对这些财产享有全部法人财产权，其中主要包括但不限于财产所有权，而股东则只能享有对其相应出资或股份的股权。"从出资的角度来说，物权性的农地经营权的归属亦应进行绝对划分："以具有实物形态的非货币财产出资入股公司的，出资入股的标的必须是所有权、用益物权等绝对权，并且必须实际转移相应的物权，以实物财产租

① 房绍坤：《物权法用益物权编》，中国人民大学出版社2007年版，第111页。
② 屈茂辉等：《合作社法律制度研究》，中国工商出版社2007年版，第35页。

赁的形式入股公司不符合公司法的要求，否则构成虚假出资。"①

2. 债权性流转

此说主张，"土地承包经营权入股和出租一样，是设定债权的流转方式"；②"将土地承包经营权分离出一种直接经营土地的权利（如农地经营权），同时使农地经营权自由流动，便可实现土地直接利用权的商品化"③，即土地承包经营权入股的实质是农户保留由集体处分包的原始承包权，而仅以土地的经营权入股。"将农地承包经营权入股与融资担保在民法物权改革思路中对交换价值的支配转换到对使用价值的支配"④，使入股农民在保留物权性的土地承包经营权的前提下，仅以支配土地承包经营权使用价值的债权性土地使用权入股。

债权性流转的学说区分了土地承包经营权中的"承包权"和"经营权"，将完整的农地所有权进行了三方面的剥离，即集体依然拥有农地的所有权，农地所有权不变更；承包方即农户依照与集体签订的原始的承包协议而享有对农地的承包经营权，其中承包权不变更，但经营权允许转让；农地经营权的受让方，即农户将农地经营权进行流转的接受方享有对农地的经营权，具体而言体现在对农地进行有限制的使用、收益和再次处分的权利。

认定土地承包经营权入股的法律性质为债权性流转对农民而言有几大利处。首先，能够避免农民失地。在《农村土地承包法》的立法过程中，曾拟在第 37 条中，直接规定承包方可以将土地承包经营权作价入股进行股份制经营。但最终由于考虑到若

---

① 宋志红：《土地承包经营权入股的法律性质辨析》，载《法学杂志》2010 年第 5 期。

② 马新彦、李国强：《土地承包经营权流转的物权法思考》，载《法商研究》2005 年第 5 期。

③ 李昌麒：《中国农村法治发展研究》，人民出版社 2006 年版，第 109 页。

④ 高海、欧阳仁根：《农地承包经营权权利属性的跨越与流转障碍的克服——以民法用益物权向经济法权利的跨越为路径》，载《南京农业大学学报（社会科学版）》2010 年第 2 期。

入股成立的公司破产，农户可能失去承包地，因此立法部门认为需要进一步研究。而且，可以预见的是在相当长的时间内，土地仍将是保障农民生活的根本所在，是农民安心在外打拼或返乡创业的支柱和赖以生存的基础，因此，法律委员会建议不作此规定。其次，有利于让农民享有入股土地的增值收益。在以土地承包经营权剥离的使用价值即土地使用权入股后，"入股的土地承包经营权仍然是社员（原承包农户）的财产而不是合作社法人的独立财产。因此，农地入股的社员不仅是农地增值收益的当然权利人，而且还有权请求适时调高出资额、提高盈余分配比例"，基于此可以在国家政策及相关部门和地方规定上对将土地入股的农民给予倾斜性的优惠和保护，不仅能够使农民得以从土地的财产性收入中获利，使土地价值得以最大化，而且有利于城乡之间实质公平正义的实现。最后，能够彰显农民对土地承包经营权进行处分的自愿性。我国广大农村中，农民尤其是农村中的长者对土地有着极为特殊的深厚情感，在很多情况下，他们宁愿土地将土地长期放租，也不愿意失去对土地的支配权，而转让或者被征用在农民心中意味着对土地承包经营权的丧失。因而，较之交换价值的物权性使用权入股的学说而言，将土地承包经营权的债权性使用权入股这一说法，更能寄托农民与土地的情感，有利于获得农民的支持，减少改革的阻力。

3. 股权性流转

此说认为，土地承包经营权入股这一行为，既非物权性质的权利转让行为，不发生物权性质的土地承包经营权移转，又非设定债权的流转方式，入股方不是债权人，被入股方也不是债务人。土地承包经营权入股，是独立于两者之外的一种权利转让行为，其与其他方式的入股行为相比本质上并无不同，仅是入股的标的物具有特殊性。

持此观点的学者并不多见，原因是农地承包经营权作为一种用益物权，其转移本身只存在物权性或债权性的流转。股权本身属于一种虚拟的综合性权利，其是否能够构成一种独立的权利分类尚有待商榷，股权应当被分解为债券或物权加以讨论。"由此可见，在民商法领域，一个法律行为要么发生物权变动的效果，要么发生债权变动的效果，而无独立于此两种情形的发生股权性效果的法律行为存在的余地。"①

然而，我们不将农地经营权入股股权性流转说并列于物权和债权性流转说并不意味着它不能代表农地经营权入股的性质；相反，我们认为，若是基于土地承包经营权的流转产生的效果对土地承包经营权入股的性质进行的分类，则应当在一定程度上更重视入股的实践特征。农村土地承包经营权本身就是一种综合性的权利，单纯的物权或者债券的属性均无法完整而准确地对其特征进行概括。股权本身的身份和财产属性兼具的特征合理地容纳了农地经营权入股的法律特征。

股权本身即是一种由集体权利中分离出来的成员权，作为农村集体经济的成员，各农户理所享有成员权。2013 年，党的十八届三中全会通过了《中共中央关于全面深化改革的若干重大问题的决定》中首次提出"保障农民集体经济组织成员权利"意义重大。此前，农民的各类成员权并未被明确地表明，而今，成员权被明确提出之后，农地经营权显然属于成员权范围内的应有之义，属成员权的一项财产性权利。具体到农地经营权入股，则属于集体成员处分自己财产的具体行为，这与股权性流转对农地经营权入股的性质界定不期而同。

土地承包经营权入股其实说白了与其他方式的入股行为并无二致。均是原有的权利人将其有形或无形的财产作价，转移至公司或者其他组织形式中。入股的过程其本质是权利的移转过程，土地承包经营权入股的特殊之处在于其转移的并非某财产的所有权，而是一种对农地持有的经营权。农户自这个过程中完成了身份性质的增加，即成为农业公司或合作社等组织形式的股东。而

---

① 宋志红：《土地承包经营权入股的法律性质辨析》，载《法学杂志》2010 年第 5 期。

农村土地承包经营权则是农户所入股公司或合作社的入股标的物。公司等经济组织形态对于股东有天然的分享经理的目的。

（三）农地经营权入股的制度价值

土地承包经营权入股的制度价值的核心在于它将土地承包经营权流转与土地经营生产制度创新性地结合在了一起。对于实现农民土地财产的增值有重大利好且能够在很大程度上促进农村的产业升级和经营组织制度革新。此外，就农地经营的基本保障作用方面而言，"入股这一流转模式的实现，能够最大限度利用闲置下来的农村承包地，以减少土地抛荒数量，有利于保障我国粮食的产量，维护我国粮食安全"。① 具体来说，农地经营权入股的价值主要体现在以下几个方面。

1. 有助于实现农民土地财产的价值功能和农业规模化经营的价值功能

我国的现状是，一个农户家庭的人口规模一般不超过三人至五人，拥有的劳动力则更少，拥有的土地承包经营面积基本平均在十来亩左右，小农经营的性质十分凸显。这种小规模的经营对于土地的产出造成了巨大的限制。资金、技术、土地面积等基本农业生产要素无法实现优化配置。"我国实行的家庭联产承包责任制，带来的是土地细碎化经营状况，形成分散的、超小规模的小农户家庭经营模式占据绝对主导地位。"② 家庭联产承包责任制在经历过特有的历史阶段以后已经难以承载现有的生产力发展水平。

土地经营权入股不仅实现了土地资源的集约经营与规模化经营，提高了农业生产的生产率，而且，资金、技术、经营模式等农业生产要素的优化组合作为农地经营权入股的应有之义，对于

---

① 肖斌：《浅议土地承包经营权流转的意义》，载《法制与社会》2008 年第 13 期。

② 栾谨崇：《规模化经营下的农业微观组织的演变与选择》，载《理论探讨》2013 年第 5 期。

土地产出能力的提高极为有利。很多地区的土地承包经营权入股的实践表明，农民自愿把土地集中起来，由合作集体集中开发，获得了极大的收益，农民拥有的土地资源变成了参与生产、分配、收益的资本。

2. 有助于实现农地经营组织的制度创新

《物权法》将土地承包经营权定性为用益物权，土地承包经营权本质上属于农户由集体承包所得的物权性的财产，土地承包经营权的权利基础已经奠定好，但仍缺乏与之相匹配的制度保障农民财产权的实现。因此，"在坚持集体所有制前提下实现农民的土地财产权，不仅需要赋予农民土地财产权完整的内涵，而且需要选择合适的实现机制保障其权利的实现"。[1] 另外，土地承包经营权不仅承载了农民的生产资料功能还是农户基本生活资料的重要组成部分，因此，土地承包经营权具有生活保障与财产增值的双重功能。基于我国的生产生活资料国有制现状，当一项财产或者财产权利主要体现的是生活保障功能时，其所有权主体对其进行自由处分的权利便受到限制；但是，当这种权利或财产主要体现在财产的增值功能时，其所有权主体就能较为自由地对之进行处分。

当前，我国农地经营组织虽有了长期发展，但农耕地经营组织发育依然严重不足。农村承包经营户是 20 世纪 80 年代我国实行家庭联产承包责任制这一农村经济体制改革的产物，由 1986 年《民法通则》予以确认。虽然农村承包经营户也具有一定的集体组织经营的性质、曾极大地释放我国农民的生产积极性、解放了农业生产力。但是小农经济的局限性已经制约了我国农业的进一步发展，因而农地经营主体制度急需创新。相比土地承包经营权的转让、转包、互换等形式来说，土地承包经营权入股是一种很好的农地经营组织制度创新模式。土地承包经营权入股随之

---

① 韩文龙、刘灿：《农民土地财产权的内涵及实现机制选择——基于案例的比较分析》，载《社会科学研究》2013 年第 4 期。

而来的是土地股份合作社或者公司的设立。因而，土地承包经营权入股在一定程度上实现了农地经营组织制度的创新。

二、农地经营权入股的实现形式

（一）农地经营权入股的基本形式

综合各地土地承包经营权入股的实践，土地承包经营权入股的基本做法主要有如下两种：

1. 土地折股

即将土地承包经营权人所拥有的土地承包经营权通过评估作价等方法折算为一定单位的股份。一般是采取成立土地评估小组的做法，对土地进行评估，并将评估结果为折股量化提供依据，然后对土地进行作价。具体实践中，土地折股的方法灵活多样并没有局限性，各承包经营权人依据自己的需要，并使多数入股人接受即可。具体做法有，按照政府对不同土地的征地价计算，在土地大量被征用、价格明朗的地方往往以政府规定的征地补偿费为折股依据。还有一种方法，按照相关土地的年收入计算，如在边远地区，土地价格不易于折算，则多以具体当地的农业收入为依据，由农民自发地与农业企业谈判协商，实际上是以农业纯收入为基础的。也有将两种方法结合使用，作加权平均计算的方式。原则就是简便易操作且多数人同意和接受即可。

2. 股份设置

即设置不同类型的股份以及各类型股份在股权中所占份额比。股份类型一般设置为集体股与个人股。集体股指的是原集体资产作价入股后归集体经济所有的股份，持有者为股份合作企业或者农业经济联合社。个人股又分为多种形式，主要有土地股、基础股、贡献股等。土地股主要是农民原初承包的土地作价之后折合的股份；基础股是集体股把自己的一部分平均分配给集体经济组织的成员的股份；贡献股是指集体依据各个成员对集体的劳动贡献大小而量化分配给成员的股权。

实践中，个人股的持股资格在实践中有很强的复杂性，纠纷时有发生，主要与农业人口的流动有关。个人股的持股资格认定一般以集体农村户口为标准。拥有本村集体农业户口的现役军人和大中专学生还有已经农转非但是仍在村有关部门和企业工作的人员与有本村户口的人享有相同的待遇。但是，原来属于本村农业户口，但已经农转非、外招迁户以及女外嫁的股权则原则上丧失了本村个人股的持股资格。[①] 在股份比例上，集体股因涉及公共积累和公共开支，一般所占的份额比重很大，以至于人均占有的股份份额较小而分散。

（二）农地经营权入股的实体形态

1. 农地经营权入股农地股份合作社

"农地股份合作社是在稳定农村基本经营制度、巩固家庭承包经验的基础上，遵循依法自愿有偿原则，按照稳定承包权、搞活经营权、保障收益权的要求，农民群众以土地承包的经营权入股联合经营并共享收益的办法，从直接种地变为持股分红、打工拿薪的一种合作形式。"[②]

江苏省施行的《江苏省农民专业合作社条例》第一次在全国范围内明确了农村土地股份合作社这一概念，其中的第 12 条规定"农民可以以承包地的经营权作为主要出资方式，设立相应的农地股份合作社"，第 13 条规定"农村集体经济组织成员可以以量化到其名下的集体经营性净资产份额作为主要出资方式，设立相应的农村社区股份合作社"。前者规定设立农地股份合作社，本质上并没有脱离传统农业经营的范畴，直接以农地经营权入股，以集体为单位，将土地承包经营权再次集中到集体手中；后者较之前者则多了一些步骤，并没有直接将农地经营权入

---

① 郭铁民、林善浪：《农地股份合作制问题探讨》，载《当代经济研究》2001年第 12 期。

② 林乐芬、李伟：《农地股份合作组织发育与内部依存性实证分析——基于 40 个农地股份合作社的问卷调查》，载《学海》2015 年第 2 期。

股，而是对其承包经营的资产进行量化处理然后作价折股入股农村社区性股份合作社，其具有明显的非农特征，对于向农户提供基本的社会保障和公益服务，能够保障农户享受到集体资产的分红。两者之间的农户参与程度和非农化程度有很大差别。而且，"农户参与合作的行为是一个不断演变的过程，农户进入合作社的程度无疑对合作社的存在及壮大有着至关重要的影响"。①

（1）农地股份合作社的主要模式。根据经营方式的不同，农地股份合作社大致可以分为三种类型：

一是内股外租型。在这种情况下农地股份合作社其实只是一个平台的作用，相当于土地流转的中介。简单来说，就是按其字面意思进行理解即对内部入股的农户按照股份比例进行分红，对外将土地承包经营权向有资格的企业或者个人出租进行农业生产，而股份合作社本身不参与农业生产。一般采取竞价的方式出租。其收入类似于收租，具有稳定性和可预见性。

二是自主经营型。这种做法与内股外租型最大的不同在于是否在农业集体与农户之间引进第三方从事农业生产。自主经营型主要是由农村或生产队以集体集体进行农业生产，类似于家庭联产承包责任制改革之前的农村生产经营模式。这种模式下，除按农户的贡献或入股额度分红外，一般还会在年底进行二次分红。农户的收入与集体农业生产的经营状况息息相关。这也导致了其缺点在于较之于将集体资产出租于专业第三方的内股外租型合作社，具有更大的风险性。

三是兼营型。这种模式可以说是前两种模式的综合版，即将部分发包出租、部分由集体自行经营进行农业生产。这种模式灵活多变，尤其适用于土地条件多样、生产条件不一的集体。

（2）个案分析：河北多地先行先试集体资产股改。2015 年12 月 3 日财政部发布通知，印发《扶持村级集体经济发展试点

---

① 孙亚范、余海鹏：《农民专业合作社成员合作意愿及影响因素分析》，载《中国农村经济》2012 年第 6 期。

的指导意见》（以下简称《意见》）。通知表示，2016 年中央财政将选择 13 个省区展开试点。原有试点范围也将由此前的浙江、宁夏 2 省区基础上，新增河北、辽宁、江苏、安徽、江西、山东、河南、广东、广西、贵州、云南在内的 11 个省区，在一定时期内开展试点。《意见》称，支持村集体领办土地股份合作社，按照入社自愿、退社自由、利益共享、风险共担的原则，鼓励和引导村集体成员以土地承包经营权折股入社。

　　以河北省为例，"村民变股东"正在温和推进，定州市、承德双滦区等地区都已不同程度先展开试点。此外，河北任丘借助城中村改造建立村集体资产股份化。在河北成为村级集体经济发展试点后，随着改革力度加码，建立村集体资产股份化或将成常态。

　　河北省承德市双滦区是农业部改革试点之一，双滦区下辖的西地乡肖店村，早在几年前就有媒体报道，肖店村通过实施集体资产股份制改造，成立了多家股份合作社和股份制公司，到 2013 年，仅仅靠股份合作社和股份制公司的收益，该村就实现盈利 53.7 万元，去年又提升至 100 余万元。目前双滦区已完成 6 个村的集体资产股份制改革工作，成立了 6 家股份制合作社，组建了 3 家股份制公司。此外，2016 年年初定下的 33 个县级农村土地改革试点区域中，河北定州试点农村土地征收制度改革。在《京津冀协同发展规划纲要》提出"推动土地要素市场一体化"后，有专家预测未来三地有可能形成统一的农村产权大市场。

　　根据改造思路，双滦区褚庄村的集体资产和 120 亩不动产以全体村民的所有形式参股到项目运营管理中来，让集体资产保值增值，让村民分红得利。开发方、褚庄村、政府三方联合形成合力，并以集团公司形式存在，公司分抓社区服务和商业运营，运作形式则参照企业董事会的形式运行，"三方联合组"不配备专职办公室，只设有共同体议事厅。联合组人员没有薪酬，不拿工资，只享受补贴待遇。联合体以集团公司的形式存在。办理工商注册登记。联合组主任为集团法定代表人，集团公司设总经理一人，副总经理两人。总经理可由联合组主任兼任，也可向社会公开招聘。联合组人员可兼任集团内部或所属两大中心的岗位职务，可享受岗位职务的薪酬待遇。但不得以联合组成员的身份干预部门的正常工作。地产商规划"意外地"获得了褚庄村"两委"的赞成，并在村中摸底中获得村民赞成，这不得不说是意外，毕竟目前的情况是，在全国多数地方，集体资产都处于尚未量化确权的状态，基本都掌握在"村集体干部"手里。

农村集体产权制度改革被写入多份涉农文件中，但在实际推进中对农村土地如何流转、如何入股，分歧很大。在各地的实际操作中，土地流转的形式很多，比如有的农业大户直接参与流转，也有企业参与流转。不过，《意见》倾向于集体资产股份化。

根据媒体报道，此前全国 33 个试点区县曾经多次上报区域内农村土地改革的框架方案，但大多因为方案"去农化"过于明显而被认为"过于激进"未被批复。最终，获批的是改革工作领导小组认为"相对温和"的版本。浙江大学暨浙江省公共政策研究院研究员杨遴杰在新闻采访中曾说道，"'破法改革'带来的巨大想象空间在操作中慢慢探索。这种批复方案的做法，看似允许地方有自身特色地去制定改革方案，实质上还是体现上层对改革的理解。"由此可见，"村民变股东"已成为大势所趋，且村民集体和个人均对此持乐观的态度，积极组建相关的社团或者法人组织，农地财产入股的红利逐渐深入人心。

（3）简评农地股份合作社。第一，促进了农业的规模经营。在家庭联产承包责任制的体系下，无论是农村的土地资源、劳动力资源还是资金、技术等农业资源均处于极度分散的状态，即使有农户将土地承包经营权转租或者分包给农业大户，但由于仅能从中取得少量的租金，所以作为农户很难享受到土地的增值利益。而在股份合作社的情况下，各项劳动资源得以集中整合，农业规模得以扩大，实现了规模化经营的需要。在这种情况下，农户不仅可以享受其劳动收益，还可以作为股东进行利益分红。

第二，减少交易成本。此前农户若是想将自己所有的土地承包经营权转移给农业大户或者其他组织，需要各个农户分别与之签订土地流转合同，这种联系的分散性无论对于农户还是对于承包方来讲都耗费了很大的时间和精力。而如果农户直接与集体合作社签订土地流转合同，不仅有利于一次性完成各项手续、省时省力，而且由于农户对于本集体有天然的信赖性，避免了合同订立过程中的许多纠纷。同时，在农户参与经营的情况下，也更有利于农户对合作社进行监督。有利于提升农业合作社对于农业生产经营的积极性。

第三，提高农民基于土地产生的财产性收益，促进农村的城镇化改革。入股农民将自己的土地承包经营权入股，由集体或者其他组织进行生产经营，农民从中进行分红。这种模式下，农民得以摆脱土地天然对农民的束缚，农民可以在外经商、工作而不必专职务农，得以不再以农民的身份出现在社会阶层中，实现农民的"市民化"，从农民到市民的转变直接导致现有的广大农民其生活重心发生转移，逐步由农村转移到城市，加速了农村的城镇化。同时，对于我国劳动力的解放和产业的分化升级也有极大的推动作用。

第四，使土地收入得以均衡化发展。在农业大户和外来企业承包农地的情况下，土地的使用不可避免地受到市场调节的影响，农业大户和企业的商业趋利性导致农地的耕种直接以市场为"指向标"，多种植投入产出比较高的"经济作物"，大多数进行硕果和蔬菜的种植，而粮食的种植则不受青睐。这种情况对于我国粮食储备战略的危害极为明显，即使保住了基本农田的红线，粮食产量依然逐年下滑，直接导致我国粮食越来越多地依赖于进口，"非粮化"的倾向非常明显。而在股份合作制的情况下，股份合作社不仅承担着营利的目标，更是作为农户基本的社会保障而存在，合理分配土地的使用性质并使之产出得以合理化是股份合作社的基本要求。同时，股份合作社还有利于平抑土地市场化之后面临的租金上扬等风险。

第五，有利于土地承包经营权纠纷的化解。2006 年后，农业税取消，国家和地方财政对于"三农"的补贴逐年攀升，土地价值凸显逐步得到农民的重视。而且，由于我国存在大量外出务工等现象，农民实际上已经长久脱离土地、人地关系明显，但是法律规定的大致内容却并未随之作出适应性的变化。根据人民法院网的统计，近几年法院受理的土地承包经营权流转纠纷案件大约平均以 10 倍每年的速度增长。其中有很大一部分是各个农户与外来企业和农业大户之间的纠纷。很大程度上在于农产业生产经营组织的发育程度低，农民的谈判地位低下，权利难以得到保障，很多情况下甚至没有签订书面合同直接导致出现了矛盾难以维权。然而如果以土地承包经营股份合作社作为媒介，则一方面有利于突破小农经济在产供销上的局限性，另一方面也有利于逐步培养农民的市场意识，提高农民自我维权的能力。同时，在内股外租的情况下，股份合作社将农业集体与外来承租方隔绝开来，对两方的矛盾起到了消化和缓解的作用，有利于维护双方的利益。

第六，股份分红可能会难以保证。这是集中经营的条件下难以避免的风险承担，是股份合作社最大的弊端所在。一般情况下，农户对于股份合作社的收益主要有两个部分，一个是农户作为合作社的组成职员因自身劳动所得的收入，另一个是股份制分红。对于农户作为劳动者对合作社享有的劳动所得，只要股份合作社存续，则一般情况下并无太大风险。然而，对于依年度收益进行的年底"二次分红"，则完全依赖于股份合作社的经营状况和农产品产出收益，这部分是存在一定风险的。

2. 农地经营权入股公司

依照我国《公司法》的规定，公司包括有限责任公司和股份有限公司。股份有限公司是指资本为股份所组成的公司，股东以其认购的股份为限对公司承担责任的企业法人。股份有限公司的特征主要体现在：公司的资本总额划分为金额相等的股份；公司向社会公开发行股票筹资，股票可以依法转让；股东对公司债务仅就其认购的股份为限承担责任，公司的债权人不得直接向公司股东提出清偿债务的要求。公司以其全部资产对公司债务承担责任；股东以其所认购持有的股份，享受权利，承担义务；公司会计报告公开。由此可见，股份公司具有明显的资合性和公开性，而农地公司显然难以达到如此程度的商业性特点，因而，农地公司在实践中很难设置为股份有限公司。

而有限责任公司则体现出了更强的人合性。首先，有限责任公司之间股东的关系更为密切，很多是出于对股东之间的个人信赖才组成的公司；其次，其招股也是非公开进行的，募股集资的范围被限定在出资者的范围内且原则上不得在市场上流通和转让，甚至凡向股东外的转让都受到诸多限制，具有很强的封闭性；最后，股东之间以信任度维系公司的特性使有限责任公司的股东人数不宜过多，被限定在 2 人以上 50 人以下。

对于土地承包经营权入股的公司而言，应主要指的是入股有限责任公司。我国土地承包经营权入股公司只能是农业公司，其生产经营的范围限定在农产品的生产经营上。且就现有的实践经验而言，农地公司多以同一农村或生产集体的农户共同入股，股东之间存在极为明显的信赖利益，甚至权利的流转也很大程度上局限在农业生产集体之内。但需要注意的是，对于股东人数这个要件，农业公司往往会予以突破，因为为实现大规模的农业生产经营，原则上需要吸收尽量多的农户入股，实践中农业公司多以村集体为单位设立，其农户数量轻易就会超过 50 甚至上百人。就这个角度而言，农业公司无法符合商法意义上对有限责任公司的定义。

（1）土地承包经营权入股公司的性质。土地承包经营权入股公司实质上指的是在土地折股或者已经进行股份设置的基础上，组建股份合作经营企业。实践中，已经认可其独立的法人地位并要求其在登记部门进行明确的登记。建立农地企业的重要步骤就是制定并通过企业章程，必须明确全体股东共同的意思表示。企业章程除对企业名称、地址、注册资金、经营范围等常规事项进行记载之外，一般还会就土地股权的设置、企业的组织机构、经营模式、股东的权利与义务以及分配方式等作出规定。企业章程经股东大会批准之后，成为该土地股份公司的组织准则与行为规范，非经约定或法定程序不得变更。农地企业应当按照现代企业制度的要求进行管理和运作，其组织架构一般分为股东大会、董事会与监事会，此外，基于其农业生产的特性还会存在经营土地的专业大户或生产队。

（2）农地经营权入股设立公司政策解读：以重庆市为例。2007 年重庆市工商局发布了《关于以农村土地承包经营权入股设立公司工商登记的有关问题的通知》（以下简称《通知》）。作为农地经营权入股公司工商登记的首个模本，重庆工商局的《通知》明确了土地承包经营权入股公司存在哪些约束性条件以及设立农地公司时存在哪些要求和如何进行具体的程序性操作，本节拟以此为例分析农地经营权入股公司的实践方式。

第一，《通知》出台的背景及现实基础。2007 年年初，重庆市出台了重庆城乡统筹发展的 50 条实施意见，其中第 16 条，即"在农村土地承包期限内和不改变土地用途的前提下，允许以农村土地承包经营权出资入股设立农民专业合作社，经区县人民政府批准，在条件成熟地区开展入股设立公司和独资、合伙等企业的试点工作"引起了社会公众和媒体的广泛关注。但是，由于土地承包经营权入股设立公司是一项探索性的工作，没有任何先例可循，所以必须在第 16 条原则性规定的基础上及时跟进配套的操作规则，指导各区县局规范、稳妥地推进试点工作。故此，制定《通知》。其中，"以农村土地承包经营权出资的，应当选择注册资本分期到位的方式申请公司登记，在登记前应当完善财产权转移手续；以所分配的利润或者其他货币、实物、知识产权、土地使用权置换其已出资的农村土地承包经营权的，登记机关应予支持"，这明显体现了对土地承包经营权交换价值的支配，表明入股的土地承包经营权可以成为公司的法人财产，契合了物权流转说。然而，2009 年重庆市农业委员会和重庆市工商局联合发布的《入股合作社的通知》却删掉了上述规定，也没有明确要求土地出资额必须计入合作社出资总额，只是规定"合作社终止时，应当将入股土地退回原承包农户"。似乎重庆市的立法实践开始转向支配土地承包经营权使用价值的债权流转说。

第二，《通知》的总体框架、具体规定介绍及其现实意义分析。

第一部分：农村土地承包经营权入股设立公司的基本要求。《通知》本部分共 8 条，系根据《中华人民共和国农村土地承包法》的有关规定和国家基本耕地政策，结合区县探索的实践经验及保障入股农民权益、防范市场风险、优化集约经营模式、实现土地创收的现实需求，对农村土地承包经营权入股设立公司所作出的八项基本要求。农村土地承包经营权入股设立公司一般应达到以下基本要求：一是农民自愿；二是不改变土地用途；三是公司营业期限不超过入股农民第二轮农村土地承包的剩余期限；四是选择的产业项目前景良好；五是有龙头企业参与；六是有能人带头领办；七是区县政府支持；八是用作出资的农村土地承包经营权应经具备资格的机构进行资产评估。

第二部分：工商登记应把握的主要问题。本部分共 12 条，系结合《中华人民共和国公司法》《公司登记管理条例》的有关规定和即将实施的《中华人民共和国物权法》的有关精神，立足工商部门市场主体准入登记职能，对第一部分的八项基本要求所作出的审核标准及实施细则。公司形式：以农村土地承包经营权入股目前仅限于设立有限责任公司（不包括一人有限责任公司）。关于公司形式的规定旨在明确试点形式，防止"一哄而上"。土地承包经营权入股设立公司的试点工作正处于起步阶段，在公司形式的选择上以稳妥、谨慎、循序渐进为原则。

经营范围：①公司的经营范围限于与农业生产经营相关的项目，包括农、林、牧、渔业和农、林、牧、渔服务业，可以兼营与农业产业化相关的农产品加工、销售，农机具销售和维修、农业技术开发和技术转让、广告经营等业务，也可以因地制宜地从事农业观光旅游、果蔬采摘等适宜发展当地农村经济的其他经营活动。②同时公司分支机构的经营范围不得超过公司的经营范围。关于经营范围的规定旨在明确公司经营以农为主，控制土地用途，对八项基本要求中第二、四项进行登记把关。对违反国家土地法律法规，擅自改变土地用途的不允许作任何变通和突破。

公司股东：经登记机关登记的公司股东不得超过 50 人。具体要求：①实际出资的农民超过 50 人的，根据农民自愿，可以书面委托本村村民委员会代行股东共益权（包括但不限于股东会参加权、股东会召集请求权、投票表决权、董事或监事的提名权、选举权和被选举权、代表诉讼权等），"委托持股协议"或"委托书"应当载明上述权利义务问题，登记机关应对有关协议或委托书的签订（制定）进行指导，但在登记时，有关协议或委托书不作为登记申请材料收取。②实际出资的农民超过 50 人的，根据股东自愿，可以按照《中华人民共和国信托法》的规定，实行信托持股，受托人可以是信托投资机构，也可以是本公司其他自然人股东。采取信托持股方式的，在申请登记时应当提交"信托持股合同"，登记机关将受托人登记为公司股东。

注册资本：①以农村土地承包经营权或者其他非货币财产出资的，应由会计师事务所进行资产评估，并根据资产评估结果进行验资，《资产评估报告》中的"评估目的"应当明确为股权投资，全体股东应当对评估结果予以确认。②申请登记时，申请人应当提交《资产评估报告》《验资证明》和全体股东签署的"评估确认书"。截至登记申请日，《资产评估报告》的"评估基准日"不得超过 1 年，《验资证明》的"验资基准日"不得超过 90 日。③以农村土地承包经营权或房屋、汽车等其他需要办理财产权过户的非货币形式出资的，应当选择注册资本分期到位的方式申请公司登记。④登记机关在核定公司注册资本时，应当在公司营业执照的注册资本和实收资本栏目加注"（农村土地承包经营权作价出资数额）"。此款规定旨在明示资本构成情况，保障市场交易安全。在不能改变用途的情况下，土地承包经营权对金融机构和债权人就毫无价值或者价值不大，债权人面临债务悬空的风险。加注"农村土地承包经营权作价出资××万元"字样，是对公司注册资本构成状况和偿债能力的公示，能够较大程度地保障债权人和交易对象的权益，维护稳定的市场交易秩序。⑤股东以所分配的利润或者其他货币、实物、知识产权、土地使用权置换其已出资的农村土地承包经营权的，登记机关应予支持，并指导其办理出资形式变更登记。

财产权过户：①以农村土地承包经营权入股设立公司，应当在登记前完善财产权转移手续，提交区县土地承包管理部门出具的已办理农村土地承包经营权权属转移登记的书面证明。②以其他非货币形式出资的，其财产权转移手续仍按照有关规定执行。以上关于公司股东、注册资本和财产权过户的规定旨在明确操作程序，消除法律障碍，对八项基本要求中第八项进行登记把关。按照《公司法》的规定，以农村土地承包经营权入股设立公司存在一定法律障碍：一是股东人数问题。一个村的村民往往成百上千，容易突破有限公司股东50人的法定上限。二是出资过户的问题。《公司法》规定了"先过户再登记"设立原则，但未经过核准登记的拟设公司尚不具有主体资格，股东在公司设立前无法获得将作为出资的物权登记到拟设立公司名下的相关权属证书。三是股东退股问题。土地承包经营权一旦作为出资，则不能随意退回。《通知》是在法律法规允许的范围内，通过工商登记中的具体技术性操作方法，对上述四个法律障碍进行有效规避和解决。

组织机构。公司应当设立董事会、监事会，按照《公司法》和公司章程规定聘任经理、财务负责人，健全公司治理结构。公司监事会由3人以上组成。监事会中的农民或者农民代表不得低于2/3。

营业期限：公司营业期限由章程规定，但最长不得超过第二轮农村土地承包的剩余期限。当地农村土地承包的到期日由土地承包管理部门出具证明。各股东用于出资的农村土地承包经营权期限不一致的，以最短期限为准。关于营业期限的规定旨在限制公司经营期限，保障公司法定资本制度，对八项基本要求中第三项进行登记把关。根据公司法关于资本维持和资本不变的原则，公司存续期间，未经法定程序，股东不得抽回出资。而第二轮农村土地承包经营期限届满后，公司现有农民股东能否继续保留其土地承包经营权存在不确定性。

公司章程：①法定代表人不是由农民或者农民代表担任的，除应当由董事会选举外，还应当经代表三分之二以上表决权的农民股东同意。②公司修改章程、增加或者减少注册资本、合并、分立、解散，除应当按《公司法》第四十四条第二款规定的股东比例表决通过外，还应当经代表三分之二以上表决权的农民股东同意。③公司加入农民专业合作社、为他人提供担保或者单项投资（不包括股权投资）达到公司资产一定比例（具体比例由章程约定）的，应当经代表三分之二以上表决权的农民股东同意。④对公司股权转让作出约定。

股权转让：以农村土地承包经营权入股的股东在全额置换其出资之前，不得向农民以外的单位或者个人转让其股权。有特殊原因确需向农民以外的人转让股权的，受让人应当以货币、实物等符合法律法规规定的出资形式置换转让人出资的农村土地承包经营权；公司应同步申请办理股东、出资形式等事项的变更登记。登记时，公司应当提交变更出资形式的《验资证明》。

对外投资：以农村土地承包经营权入股设立的公司，在全额置换其出资之前，不得作为股东或合伙人再投资设立其他企业法人、合伙企业，但可以设立非法人分支机构或作为成员加入农民专业合作社。

设立审批：公司应当经所在地区县人民政府批准后方可申请设立登记。

总结以上关于组织机构、公司章程、股权转让、对外投资、设立审批的规定旨在保障农民股东权益，防范失地风险，对八项基本要求中第七项进行登记把关。入股相对于租赁、转包等流转方式而言，在存在诸多优势的同时，也在一定程度上面临农民失地的风险。防范农民失地风险，应建立两方面的保障机制：一是保障农民入股后对公司的实际控制权，特别是加强其在经营活动中的知情权和话语权，使农民股东能够随时掌握和监督土地承包经营权的使用情况，参与决策公司的章程制定、合并、分立、组织形式变更等重大事项；二是必须取得当地政府的支持，如通过引入财政担保机制来化解经营风险等。在重庆试点的两个公司，向开发银行申请的贷款均有区县政府专门设立的农业担保公司进行了担保，在这种情况下，农民失地的风险实际非常有限。

登记审查：要求登记机关及其工作人员在审查登记申请材料时切实尽到审慎和注意义务。一是登记机关对申请人提交的公司登记申请材料一般实行书式审查，并按有关法律、行政法规和规章规定的程序和时限作出是否受理或者是否准予登记的决定。二是在审查和受理阶段，登记机关收到有关的举报、反映或者发现申请人有提交虚假证明文件、虚报注册资本等违法行为的，应当根据法定的条件和程序，指派两名以上工作人员对申请材料的实质内容进行核实，并根据核查结果作出是否准予登记的决定。核查工作应当在 15 日内完成，核查人员应当制作《申请材料核实情况报告书》。三是举报或者反映的内容涉及强制农民入股等超出登记机关职能权限的情况的，登记机关应当进行初步的调查了解，并及时将调查情况报告给当地区县党委、政府，待党委、政府查明情况并提出明确意见后，再作出是否准予登记的决定。关于登记审查的规定旨在严格审查程序，力保公司合法设立。对八项基本要求中第一项进行登记把关。

第三部分：登记规范和纪律。此部分共有四条，主要对土地承包经营权入股设立公司登记工作中的操作规范和注意事项进行着重强调，旨在规范登记行为、明确操作程序、统一试点步调、加强沟通协调，在全市范围内推动试点工作健康有序地进行。把好登记准入关。做好相关企业的注册登记工作，不得随意搞"变通"和"突破"，更不得采取"先上车后补票"的方式办理登记。做好注册登记指导和宣传解释工作。引导申请人自愿遵守有关规定。对申请人不愿遵守有关规定或不能达到有关条件的，可不予受理或者驳回登记。加强调查研究。及时发现、研究、总结在试点中遇到的新情况和新问题。建立情况报告制度。对于在注册登记实践中遇到的具体情况和问题，不能独立解决的，及时向当地区县党委、政府和市局请示汇报。对手续完善的公司登记发照后，在 5 日内将有关登记情况分别向区县党委、政府和市局报告。

《通知》作为首个具体规定农地经营权入股的地方性政策，引导了大多数后续的地方立法，其后各省市陆续以此为蓝本规定了农地经营权入股公司的工商登记办法，为农地经营权入股公司扫清了制度障碍。

（三）农地经营权入股后土地权力结构的变化

1. 权利性质的变化

土地承包经营权入股之前，农地上主要存在两种基本权力：农地所有权和土地承包经营权。农地归于集体或国家所有，属于物权，权利人理应对其享有支配的权利，但由于农地的特殊性，使农地的所有权人即国家和集体不能直接占有和支配农地。土地承包经营权是性质上属于用益物权，属人为设定的物上权利，土地承包经营权人具有占有、使用、收益甚至处分其权利的权利。在农地入股后，两种基本权利依然存在，但是其表现形式均有所变化，经营权从承包权分离，新的经营权人出现。

2. 法律关系的变化

农地入股之前，仅存在农地所有人与承包人这一重法律关系，入股之后，农地上存在的权利主体增加导致法律关系逐渐复杂化：首先，原土地所有权人可能以集体的身份入股，与农地承包经营权人共同作为新组织的股东，原分包与承包方的关系转化为股东之间的关系；其次，原土地所有人与股份制企业之间形成股东与企业法人的关系；最后，股份制企业或农业合作社与种田大户之间可能形成发包方与承包方的合同关系。

3. 对土地支配关系的变化

农地承包经营权人在入股之前对土地享有直接管理支配的权利，入股之后这种支配权则丧失或受到限制，很大程度上，入股即意味着对农地支配权的让渡。

三、农地经营权入股的制约因素

（一）农地经营权入股的立法不足

1. 对土地承包经营权入股正当性的质疑

我国《物权法》第 128 条规定"土地承包经营权人依照农村土地承包法的规定，有权将土地承包经营权采取转包、互换、转让等方式流转"。《农村土地承包法》第 42 条规定"承包方之间为发展农业经济，可以自愿联合将土地承包经营权入股，从事农业合作生产"。而后，2015 年的中央一号文件又正式对入股这一土地承包经营权的流转模式进行了强调。此后各省市地方政府纷纷根据国家法律法规针对本地农地出台暂行办法。广东省农业厅组织的专题调研得出"入股在广东省农村土地承包经营权流转中占最大比例，流转面积为 151 万亩，占流转总面积的 35.9%"。①吸取广东经验，福建、浙江两省现行展开试点工作，随后全国不同的省市地方均开始进行不同程度的尝试。实践中对于土地承包经营权入股公司的可行性与正当性问题已经没有太大争议，政策性的规定也多对其进行了认可，然而在学术理论界，关于土地承包经营权能否入股合作社或者农业企业的争议一直不曾停息。支持者认为："这不仅有利于增加对技术、资金入股的吸引力，有利于发展高产、优质、高效、绿色农业，推动我国农

---

① 米新丽、姚梦：《农村土地承包经营出资法律问题研究》，载《法学杂志》2010 年第 12 期。

业优质化迈进；有利于农业产业结构的调整与农业生产力的提高；有利于把农民从土地上解放出来，解决农民既想外出务工又不想抛弃土地的矛盾，有利于增加农民收入。"① 反对者则认为在我国家庭联产承包责任制仍作为法定的农村集体制度不变更的情况下，意味着我国人多地少，分布不均的农村基本现状仍未有明显突破和改善，农村承包地负有农民社会保障的功能，将土地承包经营权入股合作社或者企业则不可避免地存在风险，不仅极易造成农民的红利难以保障如若公司破产入股农户甚至可能面临着断粮、失地的风险，在我国农业生产力未得到全面提高的情况下就进行土地承包经营权入股的实践未免"过于激进"。

支持者和反对者均站在不同的角度阐述了自身对土地承包经营权入股的意见和看法。支持者重视的是土地承包经营权入股所带来的土地红利：农业生产规模扩大，农业生产效率得以提升，农户基于土地的财产性收入明显提高。然而，反对者的意见也极为客观地反映了现实中存在的许多问题。实践中，土地承包经营权入股的性质尚未明确、缺乏立法层面的规制，人们对农地公司和合作社等组织的特殊性未有全面而深入的了解，容易将其按一般的注册公司进行对待和处理而忽视了其应有的农村社会保障功能。一旦公司破产，集体财产就可能面临着清算的风险。

2. 平等协商、自愿、有偿原则的落实存在诸多障碍

《农村土地承包法》第 33 条中规定土地承包经营权的流转的原则是"平等协商、自愿、有偿，任何组织和个人不得强迫或者阻碍承包方进行土地承包经营权流转"。对于典型的以实践先行推动立法的土地承包经营权入股来说，农户之间、农户与集体之间、农户与外来承租人之间，以及集体与外来承租人之间的全力保障基本全部凭借入股之初的约定。而基于农户与集体对商业活动了解的有限性，农户和集体面对外来企业和组织之时、农

---

① 徐小平：《中国现代农业合作社法律制度研究》，博士论文库 2007 年，第 138 页。

户面临集体和外来组织和企业之时会存在天然的劣势。所以，即使表面上达成了双方或多方协议，其实质往往包含了对农户的限制性规定，难以达成和实现实质上的公平、平等。

3. 入股土地的农业用途存在被改变的风险

《农村土地承包法》第 33 条规定土地承包经营权流转"不得改变土地所有权的性质和土地的农业用途"。全国城乡统筹综合配套改革试验区——重庆市在其颁布的《服务重庆统筹城乡发展的实施意见》中也出现了"在农村土地承包期限内和不改变土地用途的前提下，允许以农地承包经营权出资入股"的表述。由此可见，土地用途的确定关系到国计民生。无论是法律还是地方规章，都严令流转土地的用途不得发生变化。但在现实操作中，作为承租方的农地企业和合作社，出于对经济利益的追求难免对相关规定"阴奉阳违"，很多企业不敢直接改变土地用途就变相地对入股的流转土地的用途进行变化，造成多地出现"入股土地不种粮"的现象。有研究指出："在有些地方，耕地流转给业主后，有 15% 的耕地用于发展观光农业和乡村旅游，真正用于种粮的耕地只有 6% 左右。"[1] 据统计，"从 1980 年到 2005 年，水果种植的面积从 0.14 亿亩上升到 1.5 亿亩，蔬菜的种植面积从 0.71 亿亩扩大到 2.66 亿亩，粮食面积则从 17.6 亿亩下降到 15.6 亿亩"。[2] 改变入股土地的农业用途，将产粮地用作经济作物种植或直接挪作他用，不可避免地会导致实际耕地数量的大规模减少，不仅违背了土地承包经营权的入股的初衷，甚至直接降低了我国的粮食产量、严重影响了国家的粮食安全和战略布局。

4. 土地入股经营的成败将严重影响社会稳定度

农地经营权入股专业合作社或者农业公司后，农业生产就

---

① 郭晓鸣、廖祖君：《加强风险防范完善农地流转机制》，载《中国社会科学报》2011 年第 10 期。

② 黄宗智：《十字路口的农民合作组织》，载《改革内参》2009 年第 33 期。

会逐渐从小农式的分散经营转化成集约式的大规模经营，土地连成一片、农业生产工具、技术应用等资源配给都变成以集体为单位运作，而这种运作在很大程度上是不可逆的。也就是说，一旦开启了农地规模化经营的步伐，若想在专业合作社或者农业公司解散后将土地等资源进行分散将面临着严重的资金消耗与农户消极抵抗的情形。此外，我国现今进行的土地承包经营权入股经营由于前期规划不足，尤其对于土地利用缺乏整体规划，一旦企业面临清算破产的问题，即使能够将土地归还给农户，入股土地也很难恢复其原本的状态了。此外，面临农户作为股东很有可能要承担的债务问题，《农民专业合作社法》第4条规定"对农民专业合作社的债务，应当由成员出资、公积金、国家财政直接补助、他人捐赠以及合法取得的其他资产来承担责任"。也就是说，一旦合作社或农业企业实施破产清算，土地承包经营权作为入股的财产其所有的农户面临着将其偿还给债权人的风险。但是依照我国现有的规定，土地承包经营权是通过家庭承包方式取得的，这种权利具有用益物权的性质，用这一类型的权利去抵偿债务，缺乏法理依据。而且，农地作为农民赖以生存的立身之本，应当由国家对农民对土地的权利进行保障，农民失去土地，意味着失去救命稻草不免有流离失所之嫌，对于农村社会的稳定将构成极大的威胁。另外，若债权人为集体经济组织之外的公民之时，土地承包经营权将面临着流失于其所有人即当地集体的风险，这应当是为法律所不允许的，极有可能会出现大量城市居民或经济组织到农村大搞"圈地运动"，对我国现行的所有权体系构成巨大的威胁。《农村土地承包经营权流转管理办法》第19条规定"农地股份合作制企业解散时，入股的土地应当退回原承包农户"。但按照破产法原理，在破产清算时土地承包经营权作为企业财产理应被列为破产财产，参与破产清算，这就使实践过程中出现两难的情况：入股土地如果参与破产清算不仅违法而且会直接导致农民失地，但如果退还村民入股土地，则债权人利益又无法保障。在很大程度上，正是由于当前的土地政策和法律规定存在诸多矛盾和冲突，导致入股这一流转土地形式在实践过程中多为昙花一现难以得到长久和持续的实施，使更多城镇资本即使兴趣盎然却依然对投资农村持观望态度。

（二）农地经营权入股的期限问题

家庭承包经营权入股是基于对土地权利的投资行为。承包期限制度强化了家庭承包经营权作为用益物权的排他性特征，是土地承包经营权物权法定的基本内容之一，其期限效力主要体现在两方面：第一，承包期限应解释为权利人至少对于承包经营权享有法定的承包期限，即享有承包权最短的期限。最高人民法院于 2005 年颁布了《关于审理涉及农村土地承包纠纷案件适用法律问题的解释》，其中第 7 条规定："承包合同约定或者土地承包经营权证等证书记载的承包期限短于农村土地承包法规定的期限，承包方请求延长的，应予支持。"也就是说，约定与法定期限发生不一致时，其对承包权期限的认定不得短于法定期限。第二，维持承包权长久不变。我国《农村土地承包法》第 2 条规定："国家依法保护农村土地承包关系的长期稳定。"在国家政策的层面上，农村土地承包关系具有长久、稳定不变的特性，一方面是基于土地承包经营权的物权的永久性属性的要求；另一方面对待"三农"问题要尤其重视其稳定性，保障农民农村的产业结构稳定有序的进行改革。

《农村土地承包经营权流转管理办法》第 35 条规定："入股是指实行家庭承包方式的承包方之间为发展农业经济，将土地承包经营作为股权，自愿联合从事农业合作生产经营；其他方式的承包方将土地承包经营权量化为股权，入股组成股份公司或者合作社等从事农业生产经营。"股份合作制企业在实践中的企业法人的法律地位已经被认可。作为营利性企业法人，农业公司天然具有营利性的特征，营利法人的基本制度功能就包括：能够自由选择投资期限，以达成自身的目标期待值。对于投资期限的选择能够使法人从期限中获利，体现了法人制度的效率价值；同时期限还可以作为一种明示担保，维护担保债权人的利益以利于维护交易安全，实现法人制度的安全价值。家庭承包经营权入股不得超出农户承包的剩余期限。家庭承包权期限限制与家庭承包经营权入股行为之间存在难以调和的矛盾。两者的主要冲突有以下两个方面：

首先，投资具有长期性其与承包权期限性之间存在冲突。承包经营权入股的实质主要在于实现土地权利的资本化运营，而农地吸引资本的最主要原因就在于土地投资的长期性。而且，在公司法理论中，公司一经设立就具有永续性，非因特殊的法定事由不得破产、解散，公司原则上是可以永久性存续的。但是，依照土地承包经营权流转的法定标准，土地承包经营权入股的期限不得超过承包权合同的剩余期限。这将导致土地承包经营权存在到期收回的可能性。届时，股份合作企业将无法对土地行使占有、处分和收益的权利，经营行为被迫中断。

其次，对企业债权保护的要求与土地承包经营权期限性之间的冲突。有限责任公司作为独立的法人企业以其全部资产对外独立承担债权债务责任，股东承担责任以其出资额为限。企业为实现其制度价值，体现交易的安全性，应当对其债权人的利益给予足够的重视和保护。然而，承包权具有期限性就意味着一旦承包期满，企业资产将面临着股东撤回、虚置股权等问题和情况的出现，危害用以担保企业债权的责任财产。农业企业的股权结构具有很强的社区性和封闭性，基于身份而产生的信赖利益导致一般情况下，非社区的生产经营主体或者企业投资者很难入股农业企业。现实中，农业公司股权结构的封闭性使企业的资产形态主体表现形式为土地承包经营权。主体资产即土地承包经营权到期后意味着主体资产的丧失，这将直接导致企业经营难以为继，必然使企业的债权担保能力受损、资产信誉降低。对此，学者主要提出了两种协调方案，其观点是：第一，将承包权作为永包制。第二，实行有期限的股权制度，承包权制可以维持其原有的期限性。

（三）农地经营权入股股权障碍问题

（1）股份合作社股权的取得。股份合作社是在坚持集体所有制的前提下，以集体所有的资产投入，量化成股份，分配给原村民，并以股份为依据分配收益。股份合作社的资产的所有权主体仍是集体，因而只有本集体的成员才能取得股份。在判断本集体成员时，主要以户籍为依据。例如，上海市对原村民的界定，一般按照上海市政府1996年7月17日颁布的《上海市撤制村、队集体资产处置暂行办法》中关于享受分配对象必须是户口在册的集体经济组织成员的规定，再结合各地实际。具有本村的户籍是获得股份合作社股权的前提。

成员资格的取得方式有原始取得、法定取得和意定取得三种。原始取得，是指户籍在原农业生产合作社（生产大队）且长期生产、生活在本集体经济组织所在地的农村居民及其所生子女，自然取得集体经济组织成员资格。法定取得，是指按照法律政策的赋权，取得集体经济组织成员资格，如因婚姻、收养关系，办理入户，取得集体经济组织成员资格。意定取得，是指经集体经济组织成员（代表）大会按照相关程序讨论同意后，承认其集体经济组织成员资格。死亡、集体经济组织终止、取得其他集体经济组织成员资格和特殊体制下迁出从事非农职业，原集体经济组织成员资格终止。

（2）股份合作社股权设置存在的问题。新生婴儿是否应该享有股份的问题。实践中，要获得股份合作社股份除要求具有成员资格外，还规定必须在集体经济改革决定作出之日前出生。以集体经济进行改革之日起为分界，集体经济改革决定作出之前出生的视为本集体成员，决定作出之后出生的婴儿将不再视为集体经济成员，不享有集体经济成员的任何权利。股份合作社的股权自股权份额确定后，采取"增人不增股，减人不减股"的模式。如我们实地调研的上海市松江区牛车泾村和新陈家村。在浙江省也存在相同的问题。浙江省人口股的设置一般按照股份制改革时在册的集体经济组织成员确定，并且也普遍采用了"增人不增股，减人不减股"的方法，一经确定个人股即固化，不再增减。这种方法实质就是将集体土地资产或者权利按现有人口进行了一次性分配，今后出生的集体组织成员已不能再享受这部分集体土地资产或权利。[①]

这种"一刀切"的做法，虽简便、可操作，但与现行集体经济组织成员享受集体资产或权利的方法大不相同，与现行政策法律也不相符。《物权法》第 59 条规定："农民集体所有的不动产和动产，属于本集体成员集体所有。"农民集体所有的财产法定由本集体的所有成员所有，不论男女老少，不论出生时间和年龄。新生的婴儿，获得户籍，成为集体成员理所当然应当对集体所有的财产也享有权利。股份合作社的资产，作为集体财产，新生婴儿也有应有权获得份额，不应以出生时间来决定是否享有股份合作社股份。

土地是否应该量化设置股权的问题。股份合作社入股的资产主要是集体在生产经营过程中节余的资金。但在有些地区还包括集体土地入股，有将土地作为资产折价入股和作为权利量化入股两种方式。前者是对集体建设用地使用权进行折价入股；后者是将土地承包经营权按承包面积进行量化入股。但无论是按资产折价入股还是按权利面积量化入股，其实质是用股权代替了土地权利，实现了土地权利与土地经营管理的分离，达到了土地流转的目的。股权替代土地权利，存在政策法律风险。首先，我国集体土地由农民集体所有，不允许个人所有。《土地管理法》第 10 条规定"农民集体所有的土地依法属于村农民集体所有"。由集体共同使用的土地和由农民个人承包经营的土地，都是属于集体土地，由农民集体所有，不允许个人所有。一旦将土地入股，对土地进行量化，使每个村民都对集

---

① 陈幸德、高瞩：《浙江省农村土地股份制改革的现状与对策》，载《浙江国土资源》2013 年第 6 期。

体土地具有股份。那么，这无疑是将集体所有土地变成了本村村民按份共有的土地，改变了集体土地集体所有的根本规定，这与我国现行宪法、法律都是不合的。其次，一旦股份合作社股权开始流转，其实质是土地流转。目前，我国政策法律对集体土地的流转并没有明确，甚至有所限制，用此种方式实现集体土地流转仍存在政策法律上的风险，特别是一些作为资源性资产的入股土地已经包含了集体土地所有权的内涵，政策法律风险更大。

是否设置集体股的问题。产权改革过程中，是否设置集体股也面临着很大争议。有些认为应当设置集体股。其一，因为村集体经济组织毕竟是集体所有制，没有集体股将导致村股份合作社丧失集体制功能。其二，村委会的运作、困难补助等都需要集体资产作为支持，应当设置集体股，通过获得股份合作社的分红来保障。反对设置集体股者认为，第一，集体股的设置将导致农村集体产权制度改革不彻底，待集体股份合作社产权更加清晰化时，还需要再次分配集体股，不如直接将股权全部量化给个人。第二，村委会的运作、困难补助等集体支出通过从股份合作社的公积金和公益金中提取即可获得资金保障，无须另设集体股保障。

（3）股份的流转的制约因素。第一，股权的残缺性和模糊性。农村股份合作社的股权不同于通过出资或其他方式获得的完整的股权。农村股份合作社的股权，是通过身份关系由集体分配获得的。完整的产权应当使所有者享有排他性的支配权。农村合作社的股权是不完整的、残缺的产权仅具有收益权、管理权和监督权。第二，股权的封闭性。股份合作社的股权必须具有本村户籍才能够取得，这导致了股份合作社股权具有极大的地域性，只能局限在本村范围内。股份合作社取得必须具有本村户籍的身份性特征，也导致农村股份合作社股权的封闭性。第三，缺乏法律地位。股份经济合作社缺乏统一的法律地位，这是制约合作社股权流转的主要因素。农村股份合作组织股东持有的"股权证",都是由农村股份合作组织内部发行的,这只是一种组织内部的行为,还没有得到国家及有关部门的确认,股东持有的"股权证"缺乏在市场流通的公信力。再者,因为股份合作社没有明确的法律地位,一旦股权受让发生争端,将很难通过现有的《公司法》《合伙企业法》等法律解决。[①]

四、农地经营权入股的制度构建

(一) 农地经营权入股的法律制度完善

1. 明确政府部门的地位和职责为监督、管理、服务

农地经营权的入股是一种私权性质的民事处分行为、市场行为,入股主体为通过承包土地获得土地处分权的农户,而市场行为的特征是追求利益的最大化。因此,政府主要具有一方面的管理监督义务,还应尽到注意义务。"农地股份合作制的多年实践充分证明,凡是过分地运用行政干预,不最大限度地尊重农民意愿,实行农地股份合作经营,都是失败多于成功。"[②] 政府应当保证土地承包经营权股权的变动本着平等协商、自愿、有偿的原则进行。任何组织或个人不得强迫或者阻碍土地承包经营权股东进行股权变动。土地承包经营权的私权性决定了土地承包经营权股权的私权性质。作为私权的土地承包经营权股权的变动理应由权利人自行行使,任何组织或个人不得强迫或阻碍。

2. 防范入股土地改变农业用途

首先,需要强调受让方的农业经营生产能力,保障合作经营的基本目的能够达成。可以有登记部门建立专门档案把入股

① 主力军:《股份合作制企业的法律适用问题研究——从一则股份合作企业的股份转让协议效力纠纷案切入》,载《政治与法律》2011 年第 12 期。
② 张询书:《农村土地承包经营权入股的风险问题分析》,载《乡镇经济》2008 年第 1 期。

土地登记造册，定时定期地入股土地的现状进行跟踪确认。其次，建立可实施性的惩戒机制以遏制实际操作过程中擅自改变入股土地用途的情况。把改变用途的惩戒分成轻重不一的几等，根据改变用途土地面积的大小及所占比例的多少进行相应的具体可操作性惩戒，以对这种行为予以警示、防范最终达到遏制土地使用方法擅自变更的效果。

3. 不将入股农地列入破产清算财产

《公司法》规定："公司解散、破产时都必须进行清算。""破产申请受理时属于债务人的全部财产，以及破产申请受理后至破产程序终结前债务人取得的财产，为债务人财产。"《农村土地承包法》规定："国家保护集体所有者的合法权益，保护土地承包方的合法权益，任何组织和个人不得侵犯。"最高人民法院《关于审理涉及农村土地承包纠纷案件适用法律问题的解释》也有规定："承包方以其土地承包经营权进行抵押或抵偿债务的，应当认定无效。"综上，土地承包经营权作为破产财产清偿债务在进行入股公司破产清算时，是存在法律障碍的，不仅会影响农村的社会稳定，而且可能有损于债权人的利益。

试举一例，劳务作为公司出资与土地承包经营权入股企业都具有专属性。有人认为，我们可以借鉴劳务出资入股的法国模式：即"劳务出资额不计入公司注册资本，只作为分享利润和净资产、承担损失的依据"。[①] 这种方式一方面村民能够不失地，另一方面债权人的利益也就此得以很大保护。但仔细分析，就会发现：农地经营权入股土地若不计入公资产额，就会违背法人制度基本原理。一方面将公司现有的合法剩余财产用于清偿债务，另一方面在这部分财产不足以清偿时，允许农户以其他有形资产购回已入股农地。当然，这种做法，在一定程度上也只能说是防范农地入股带来的社会风险的权益之计。

---

① 高海、刘红：《劳务出资对土地承包经营权入股合作社的启迪——基于重庆、浙江等地方性文件的样本分析》，载《农业经济问题》2010 年第 11 期。

4. 建立覆盖城乡的社会保障体系，从根本上解决农户的后顾之忧

土地承包经营权入股制度的完善，归根结底在于农村土地承包经营制度的完善，不可能一蹴而就，重中之重就是加快建立农村社会保障制度，完善农村社会养老保险的制度，使农民老有所依、老有所养。现阶段难以推行养老保险制度的原因在于，其"资金筹集坚持个人交纳为主，集体补助为辅，国家给予政策扶持的原则"。①改革开放之后，我国的农民收入虽有一定增幅且在减免农业税后农民收入有了很大增长，但较之生活成本上升的幅度而言实在不值一提。村民收入增长的速度远远低于生活成本上涨的速度，村民依然长期处于困顿状态，并没有闲钱购买社会养老保险。因此，国家应当肩负起社会保障的基本职能，将养老保险对乡、镇、村进行全面覆盖，使广大群众放心大胆地入股，解决了土地入股的后顾之忧，对于农村落后现状的改善极为有利。

（二）调整承包经营权期限与股权期限的冲突

1. 永包制方案

永包制，顾名思义就是对土地享有永久的承包权，时限的束缚消失。永包制说白了就是将承包权长期化，其最大特点是土地承包经营权的期限得以无限延展。发包人一旦将土地承包出去就丧失了收回土地的权利，只能回购土地承包经营权。

理论上讲，永包制用简单粗暴又具一定合理性的方法解决了承包权期限带来的局限性，土地承包经营权的物权属性得到了彰显，其性质由有期限的财产性权利变为永久性的财产权。但是这种尝试具有很明显的局限性：永包制进行土地经营的权利类似于罗马法上的永佃权。而家庭承包经营权作为用益物权在《物权法》《农村土地承包法》上已经有了明确的界定，永包关系在很大程度上突破了用益物权的法律关系结构。其实质上已经意味着

---

① 吴玉萍：《土地承包经营权流转中存在的问题与法律建议》，载《政法论丛》2005年第1期。

标的土地的所有权转移。同时，永包制不但消除了期限义务和利益，但同时也消除了发包人的收回全和监督权，发包人作为债权人的请求权难以得到实施和保障，用益物权关系的债权基础难以存续。

2. 有期限的股权方案

有期限的股权方案，对于现行的《农村土地承包法》关于承包权期限的规定不变更，同时也尽量尊重了和公司法有关股权的运行规则。能够避免原始承包人与新增农村人口如新生儿、新嫁女之间的土地权利实质分配不公的情形。在这种方案下，土地的权利期限与股份的权利期限相吻合，使土地集中于法人主体更具稳定性和确定性，作为法人资本的不变部分，满足了法人资本稳定性的基本要求。

即便如此，有期限的股权也面临了很多问题：导致承包权人出资机会和利益分配的不均等。农户基于期限的限制，不仅没有更加放开手脚，反而减少了投资机会和分配利益的条件。承包人如果到期退股或拒绝入股，可能产生土地细分的法律后果，制约农业的发展。

3. 法定租赁制方案

我国台湾地区"民法典"债权编第 425 条规定："土地及其土地之上房屋同属于一人所有，而今将土地或者仅将房屋所有权让与他人，或者土地及房屋同时或者先后让与相异之人时，土地受让人或者房屋受让人与让与人之间或者房屋受让人与土地受让人之间，推定在房屋使用期限内，有租赁关系。其期限不受第 499 条第 1 项规定之限制（租赁期限不得超出 20 年之限制）前项情形，其租金数额当事人不能协议时，得请求法院定之。"此规定创设了一种法定的租赁制度，其产生依据是法律推定而非约定。当事人行使其处分权买卖不动产导致房屋与土地分离，两者分属不同主体所有时，为更方便地解决实事纠纷明确各方法定权利及义务问题，依法推定房屋所有人与土地所有人之间构成承租人与出租人之间的租赁关系。其中，房屋权利人享有对土地的法定租赁权。

法定租赁权的设定有利于突破永包制和有期限股权方案的局限性。实践中，法定租赁制有利于解决企业永续性和债权人利益保护的难题，对土地租赁双方的利益给予最大限度的平衡，符合效率与安全的制度价值。

第一，法定租赁权具有长期性，突破了土地承包经营权的期限限制，能够契合农业公司永续性经营的特征，同时有利于农业公司合理有效地利用耕地，防止为谋速利造成的经营短期化。因为，在计算土地长久的使用、收益价值的情况下，土地的质量问题就会成为重中之重，当下的土地承租人为了长久的营利自然而然地就会精心维护土地的质量以提高农业生产经营的长期产出比，不会过度和滥用土地。

第二，使企业的获利期得以延长。由于土地产出具有一定的延时性，一般而言土地需要经年耕作才能开始产生利润回报，家庭承包期届满时农业企业可能刚刚开始产生收益，企业正值生长期或者发展的关键时期，直接通过延续租赁关系维持企业的发展，不仅有利于企业营利能力和水平的提升，也有利于提高农业企业的债权担保能力、增加资产信誉。

第三，法定租赁制对于缓解平衡各方当事人之间的利益冲突有积极的影响。我国的承包经营主要进行了两轮，且各农户之间难免在不同的时段存在农民个体入股的删减。因种种客观因素造成的在入股的各方农户之间，其与发包方订立承包合同的时间不一致导致其拥有的承包经营权的期限不一致，这直接导致以农地经营权入股的期限产生差异，股东身份的存续期不同。"承包权期限不完全一致，这就存在如何平衡不同期限的承包权之间投资期限利益问题。如果仅以一部分农民的承包权到期就解散企业，就可能对期限较长的承包权人而言极为不公平。"如果按照法定租赁制，就可以将不同承包期限通过租赁期限的约定整合成统一的农业公司经营期限，有效避免产生因承包期限不同带来的出资机会与收益权差异的纠纷。

（三）解决土地经营权入股后股权障碍问题

1. 确立新生婴儿能够取得股份

新生婴儿也应当是集体经济组织成员，对集体资产享有所有权。集体资产承担着农村社会保障的功能。社会保障制度的实现途径是通过社会保障来满足全体社员的基本生活需要，进对相同的对象实行无差别待遇。如果仅对有劳动能力的人进行分红，显然不符合社会保障内涵。新生婴儿没有劳动能力，不能独立创造收入支撑自己生活，最是需要社会保障。集体资产所承担的社会保障职能应当覆盖婴儿。其次，"社会保障最基本的功能是保证社会成员生活安定。随着经济社会发展，社会保障在安定民众生活方面的作用愈加突出"。

2. 土地不纳入量化范围

集体所有权是一种独立的所有权形式之一，不能被私人所有权所涵盖。如果将集体所有土地在股份合作社中进行量化按照农龄对村民进行股份配置，那么将导致村民个人对集体土地按照份额享有权利，形成村民对集体土地的按份共有。按份共有本质上是一种私人所有权。那么，将土地纳入量化范围将导致集体土地变成按份共有，从根本上改变我国的所有权体系，与我国《宪法》、《物权法》和《土地管理法》等不符。

3. 土地承包经营权股权的变动应坚持平等协商、自愿、有偿的原则，任何组织或者个人不得强迫或者阻碍

4. 确立股份合作社的法人地位

没有取得法人资格的经济组织无法在市场经济中参与市场竞争。缺乏法人地位，也将导致社会对股份合作社的认可度不高，不利于农村股份合作社的长期发展。因此，改制后的股份合作社要想在市场环境中生存发展，就需要在工商行政管理部门获得注册登记，取得独立的法人地位。从实践来看，虽缺乏法律层面的规定，但各地均在实践中逐渐肯定了社区经济合作社作为企业法人，并对之予以登记。

5. 强调股权受让方的农业经营能力

土地承包经营权入股是为了股份合作经营的目的，如果受让方不具有农业经营能力，土地股权变动的初衷就无法得以实现。

6. 同等条件下，强调同一集体内成员的优先受让权

股份合作经营的企业中，股东大多来自于农村同一经济组织或者同一社区，具有良好的信任关系，企业的存续和经营与入股的个人或组织的具体身份密切相关。所以应当在同等条件下赋予本集体经济组织的成员以优先受让的权利。

第六章　农地经营权流转的金融化探讨

一、农地经营权保险问题研究

农地流转的实质其实是指对于当前家庭联产承包责任制中农民享有的土地承包经营权的流转，即在不改变农民享有集体土地承包权的前提下，将享有的部分使用权流转给其他农户或者经营者，依照法定的方式和程序实现承包经营权的让渡。在流转过程中，由于国家相关政策制度以及管理法规的缺失，农村金融体系尚不健全，流转方式行为、农业融资行为、流转市场的建设等环节必然会增加财产收益分配纠纷、参与主体合法权益受损的风险，甚至影响社会稳定。而保险制度本身的价值就在于控制和防范风险。因此，为了防范农地使用的风险，除了明晰土地产权、建立土地流转市场等举措之外，构建农地流转保险、农业融资保险制度、完善农业集成化所要求的农业保险制度、健全新型的农村养老保险制度具有十分重要的意义。

（一）农地经营权保险的一般问题

1. 农地经营权保险的含义

对于农民来说，土地毫无疑问是绝大部分农民生产、生活的重要甚至是其唯一的资本，通过土地流转能够使农民对土地的使用权进行转移，这个权利转移的过程同时也是产生各种矛盾、引发不同利益主体纷争的过程，在这个过程中包含的未知因素以及这些未知的因素进一步对农民的家庭经济和整个社会稳定发展产生影响，过程中出现的新问题、新影响可以称为土地流转中所存在的风险。

当前，我国农地流转的法律法规尚不健全，在保险、金融等方面的配套制度也还不完善，各地农地的流转程度与当地经济发展状况紧密相连，导致了我国各个区域的农地流转发展呈现出极大的地区差异性。在一些地方，由于没有相应的法律规定、制度规范，致使在农地流转过程中存在大量不合规范的流转行为，一些农民由于受自身知识水平以及思想观念的局限，在利益的驱使下，在流转主体间经常会出现利益和经济纠纷，根据数据的分析，在土地承包产生的纠纷中，由于农地流转而产生纠纷的比例是最大的。再有由于我国的农村金融机构发展较为缓慢，农发行、农业银行等国家农业金融机构在农业方面贷款的覆盖面比较低，目前银行主要面向的业务是关于农村基础建设以及农产品加工企业建设，然而几乎没有面向普通农户和涉农企业的贷款，而新兴的农村金融公司能力有限，很难在农地流转方面发挥重要作用。虽然近年来，国有商业银行贷款已经逐步地向中小企业倾斜，但是由于当下我国的信用环境以及政府的风险补偿机制等都不够完善，另外由于农民的金融知识欠缺，导致整体的相关信用意识不足，这些因素都增加了银行对中小客户在放贷中的风险。再者，由于政府贴息是直接给予企业，相对来说对贷款银行支持的力度不够，因此无法有效提高银行对于农业贷款业务的积极性，在一定程度上不可避免地影响了银行对当地农业的支持力度。这些因素很难解决农地流转过程中的融资难问题，难以为农地流转制度提供必要的金融服务，这些因素势必会增加农地流转的融资风险，不利于其进一步的发展。此外，现有的农村社会保障体系还不完善，对于大多数农民来说，土地对维持他们的生产和生活具有重要意义，因为农民需要依附于土地，作为自身化解失业和疾病的风险，病残、养老等问题，农民对于失去土地后的安全感和对于社会风险的抵抗能力就会降低，同样会影响农村土地承包经营权流转的进一步发展。

2. 农地经营权保险的类型

保险制度具有经济补偿、资金融通和社会管理功能，这两大功能是一个有机联系的整体。在农地流转过程中，普遍的面临着自然、技术、市场、社会、政策和国际风险等多种风险威胁。现代农业的集约化、市场化、国际化程度不断提高，使农业风险、农业融资风险、农地流转风险的不确定性和复杂性增强，更加需要运用市场化的风险管理手段，为农地流转各个环节的风险提高保障选择，从而保护生产者利益，确保现代农业的可持续发展。

（1）农业保险。农地流转风险不仅包括了各种人为的风险，还包括由环境、气候等因素导致的自然风险，近年来随着极端天气的出现，自然风险对于农业生产的影响越来越大，而我国本身就属于自然灾害频发的国家，因此农户对于农业保险这一重要的政策性工具的需求也越来越大。随着农地流转进程的不断发展，原先由单个家庭联产承包的农业经营模式不断向规模化、集约化的农业经营模式推进，毫无疑问，这必定会进一步提高农业生产对于长期、稳定、全面农业保险的需求程度。通过农业保险的支持与保障，在发生自然灾害的同时，农户可以将受损农作物造成的经济损失降到最低，实现农业生产中农业风险的合理分担。但是目前来看，随着全国土地流转工作的不断推进，农业保险制度整体上已经不能适应集约化、规模化农业现代化的需要，无论是从投保农作物的种类、单位农地面积的赔保数额，还是农业保险的稳定程度、保险业务种类方面都还有待完善。

（2）养老保险。养老制度是整个社会保障制度的核心和基础，最能够体现出整个社会的保障制度以及社会救济的根本特征，完善的养老保险制度对政府履行社会救助义务、构建和谐社会具有重要意义。我国目前的养老制度还存在城乡二元制的模式，相比较农村的养老保险制度来说，城市的养老保险制度已经比较完善，但是在农村地区养老保险制度还不能切实发挥社会保障的功能，出现这种情况的原因是多方面的，既有制度上的不足，也有现实操作的困境。养老制度的核心是养老金的运营问题，由于农村的现代化建设远落后于城市，现阶段的农村养老主要是通过家庭养老、农村社区养老、土地养老、商业保险养老以及农村社会养老保险，这些方式虽然在不同程度上都起到了农村社会保障的功能，但是现在并没有形成稳定的、可持续的农村养老保险体系，而解决这一问题的最终办法就是要建立城乡统一的社会保障制度。一些学者认为，当前国家出台的鼓励农村土地流转的政策为完善农村养老保险制度提供了内在的契机，有学者表示"城乡统筹发展的目的是要终结城乡的一元结构，消除城乡之间差别，而终结这种结构的最重要标志之一就是建立覆盖城乡居民的统一的社会保障体系。我国土地流转制度得不到很好发展的"瓶颈"，并且在制度设计上也是认为土地流转所得收益一部分分配给农民作为养老资金来源的一部分"。[①] 养老保险问题解决的关键就是关于养老金的问题，如果有了养老保险金，那么养老的问题就可以顺利地迎刃而解了。有效的土地流转制度能够产生流转收益，作为土地权利的延伸，可以利用土地的流转收益来为农民建立配套的养老保险，这可以作为一个解决探索农村养老保险问题的适合契机。

（3）信贷保险。2016 年伊始，农业部、中国保监会联合国内 7 家保险企业在北京召开了关于保险服务农业现代化的座谈会。会上包括中华联合财产保险公司、中国人民财产保险公司、阳光农业相互保险公司等 7 家与会的保险公司联合发布了《保险服务农业现代化倡议书》。该倡议书中明确提到了"围绕促进农业适度规模经营和壮大新型农业经营主体，开展产品创新、技术创新和服务创新。推广天气指数保险、农产品价格保险，以及'保险＋信贷''保险＋期货'等多种创新模式，拓展保险功能。

---

① 刘成高、姜淼：《城镇化进程中四川省农村养老保险制度的建立——基于集体土地流转问题的探索》，载《西南民族大学学报》2011 年第 8 期。

创新保险资金支农融资试点"。① 通过这种形式，国内多家的保险机构就今后的农业保险服务达成了共识。事实上，近年来一些省市已经率先开展了对于保险服务的新模式用来解决农业发展融资难的问题。2013 年，国元保险在安徽省怀宁县、蚌埠市等多个县市试点农业信贷保险创新业务，协同农业规模经营主体、融资机构和当地政府，积极开展农业"保证保险""保单质押贷款"等业务。在保证能够降低农民的贷款门槛的同时，努力在服务"三农"领域发挥保险的风险保障与融资促进作用。此举不仅完善了农村信用体系，也推动了农业保险发展，促进了农村产业升级，实现了四方共赢。通过这些创新农业保险服务的开展，有效解决了农地流转完成以后农业经营户的融资难问题，提供了良好的资金保障，并推动了当地土地承包经营权流转的进程和发展。

（4）土地流转保险。在农村，农民恋地情结重，社会保障体系不健全，致使部分农民宁可粗放经营，也不愿流转土地。土地流转过程中，除了流转后的融资风险，在当前制度不健全、法律不完善的背景下，农民更担心的是土地流转以后自身生活保障以及流转以后发生违约事项如何维护自身权益的问题。也就是说，农村土地在流转中所面临的最大风险，就是流转双方当事人特别是作为投资企业一方是否能够完全履约。针对这种现象，四川省邛崃市签订的国内首单土地流转保险合同有效地解决了这一难题。2015 年 7 月 1 日，邛崃市政府出台了《邛崃市建立农村土地流转风险防范机制的实施意见》，通过引导流转土地进一步引入了非融资性的担保，同时对参与该项目的农户给予一定补贴。根据要求，农地流转中合同的双方首先应该通过农地流转市场或农村产权流转交易中心等第三方机构，签订有效地土地承包经营权流转合同，同时进行交易鉴证，其次再向保险机构申请行

① 《推动保险服务农业现代化发展倡议书》，载中国农村网，http：// www. nongcun5. com/news/20160226/。

为担保，由保险机构负责对流转土地项目进行一系列的评审、认定，当项目经过评审并且通过以后，最后将双方所签订的合同、保险机构与流转双方签订的合同向当地的农林部门备案。为了鼓励土地流转的双方当事人能够引入非融资性担保，邛崃当地政府还对农户和项目业主本身应该交纳的担保费用，分别给予担保费60%和40%的补贴，担保公司同时也允许申报一定的财政资金补贴。① 这标志着我国的土地流转风险转移第一次引入保险机制，如果承租业主违约退出，农民所蒙受的损失将会由保险"埋单"进行补偿。作为国内首单土地流转保险合同，通过当地政府的鼓励和引导，极大地降低了土地流转为农户带来的利益风险，而政府的财政补贴政策也大大降低了流转双方交易的风险成本，这对于我国其他地方的农地流转问题具有重要的借鉴意义。

3. 农地流转的现状

（1）农地流转地区间发展不平衡。20 世纪 90 年代我国出台了一些农业政策，延长了农户对于集体土地承包经营的期限，保障了农地承包经营权的稳定性，并出台了相应措施，逐步放开了农地承包经营权的流转，如两田制、股份制、反租倒包、四荒地公开招标拍卖等形式，在一定程度上刺激了农户流转农地承包经营权的积极性，在一些地区出现了规模化农业的先例。但是，由于国家层面土地流转总体制度设计的缺失，并没有将市场作为土地流转的决定性因素，而且没有建立统一的农地流转交易市场，农民的土地产权意识尚属薄弱，只是将土地作为维持生活的根本保障，没有意识到土地作为商品的潜在交易价值。由于土地产权体系的不完善，农民对于土地产权交易的稳定性存疑，这就造成了在当时既有的制度条件下，很难实现农民主动地去对农地流转进行创新。而由于不同地区的经济发展情况不同，所导致的不同地区农民的思想观念也就存在差别。

① 《邛崃——给全域土地流转"上保险"》，载《四川日报》，http://sichuandaily. scol. com. cn/2015/07/02/20150702654323 93703. htm。

党的十八大以来，虽然中央相继出台了鼓励、促进土地流转的政策和文件，但是受限于地区经济发展和农民产权意识的差异，只有在经济发达长三角、珠三角或者农业技术较为发达的东北地区农地流转的面积较大，流转面积较高。根据中国农经信息网的数据统计，广东省和和黑龙江省的农地流转面积均已超过了15%，而华北地区、西北地区的农地面积则不足5%；上海农村的农地流转比例已经占到了一半以上，经济较为发达的浙江省农地流转比例也已经突破了1/4。虽然，农地流转面积和流转比例受限于当地的实际情况，既有当地经济发展的制约，也有当地农业政策的局限，但是不可否认的是，当前我国的农地流转虽然已经广泛开展，但是不同地区之间存在的差异还是较大的。

（2）初具规模但是尚不成熟。我国当前的农地总量丰富，但是人均农地可耕种面积较少，低于世界的平均水平，这也是我国实行土地经营制度改革的重要动力之一。从全国范围来看，我国目前的农地流转已经初具规模。随着近年来中央指导政策的相继出台，各地的农地流转规模也在逐步扩大。尽管受政策影响，当前社会公众对于农地流转的热情程度逐渐提高，但是由于法律规制制度的缺失、相应的制度及中介功能尚不健全，导致了我国总体的农地流转规模并不乐观：流转主体大多介于农村集体经济组织之间，流转的程序等环节被当地政府控制等问题依然存在。

（二）农地经营权保险制度完善的必要性

我国是农业大国，对于农民来说，土地是大部分农民进行生产、生活的重要甚至是唯一资本。土地流转允许农民对土地的使用权进行转移，但权利让渡的过程不可避免的也是产生矛盾、利益纠纷的过程，在这个过程中存在的未知因素，以及这些未知因素对农民自家庭经济等产生多种风险。如何避免这些风险，使农民在土地流转过程中的财产权益不受大的影响和冲击，必须进行土地流转方式与制度的创新，引入保险保障机制则是制度创新的重要途径之一。为此，2016年2月，农业部、中国保监会在京联合召开了保险服务农业现代化座谈会，共同研究探讨下一步推动完善农业保险制度的思路和举措，但是如何在理论上进一步研究农地流转下的保险制度，在实践中如何推进农地保险工作，还要进一步认真地进行探索。

由于农业经营的特殊性，农地流转过程中存在较高的风险。[①] 这种风险和流转困难主要表现在以下方面：

1. 农地流转的立法滞后和权属不明所带来的风险

当前，我国调整农地流转的法律规范主要集中在《农村土地承包法》《土地管理法》以及由农业部颁布的《农村土地承包经营权流转管理办法》等法律文件中，但是在涉及具体的农地流转方式、流转程序上，规定较为模糊，阻碍了农地流转的有效进行，尤其是在参与农地流转的种粮大户、农业企业遇到资金周转困难、与承包方发生经济纠纷等问题时，很难根据现有的法律规定去解决。在涉及耕地抵押问题上，土地承包经营权抵押禁止的制度安排严重束缚了农地的融资功能。[②] 虽然在 2015 年 12 月 27 日第十二届全国人民代表大会常务委员会第十八次会议上决定，授权国务院在天津市蓟县、北京市大兴区、河北省玉田县、邱县等 232 个试点县（市、区）行政区域，暂时调整实施物权法和担保法中，涉及集体所有的耕地使用权不得抵押的规定，可以将以上地区作为试点单位分别开展以农村承包土地（指耕地）的经营权和农民住房财产权（含宅基地使用权）抵押贷款的试点，但是在现有的法律规范基础上，这种试点的经验能否推广以及如何推广还是未知数，所以如何破解农业融资渠道少、周期长、成本高的困境，如何完善农业金融的体系构建与风险防范机制，仍然是摆在现实中的一道难题。另外，法律上对于农村土地使用权的权属规定不明，我国当前的法律赋予了农村集体的土地

---

① 闫坤：《完善农村土地承包经营权流转法律制度的理性探索》，载《河北学刊》2016 年第 2 期。

② 唐薇、吴越：《土地承包经营权抵押的制度"瓶颈"与制度创新》，载《河北法学》2012 年第 2 期。

所有权，并形成了"三级所有"的体制，虽然《土地管理法》对"三级所有"的体制进行了规定，包括乡（镇）、村、村小组，但是在现实生活中农村土地所有权的行使主体较为模糊，存在一定程度上的缺位，具体何为集体？我国不同的法律对"集体"的解读也并不相同，《宪法》中统称"集体"，在《农村土地承包法》中则为两级：村和村小组。而且"集体"概念并非严格意义上的民法概念，不能明确农村土地所有权行使主体，那么在土地流转过程中，可能会由于土地使用权的权属不明，出现不同的使用权主体互相越权、侵权等情况，围绕农地的利益分配导致纠纷的事件发生。事实上，自中央出台鼓励农民自愿进行农地流转的文件以后，出于保障流转主体各方权益的需要，无论是农户还是经营者，都迫切希望国家能够尽快出台规定更为详细、明确的法律条文，用以解决农地流转过程中可能出现的经济纠纷等问题，从而降低这种纠纷风险。

2. 我国目前的农地流转机制不完善带来的风险

完善的农地流转机制可以促进农地流转工作的进一步推进和发展，但是当前受限于缺乏统一市场以及缺乏必要的流转监督机制等内容，我国的农地流转机制尚不完善，土地流转市场的不够规范，成为诱发土地流转纠纷的重要因素。以河北省为例，根据河北省农业厅发布的数据分析，经过近年来的不断发展，河北省2015年的农地流转面积达到2324万亩，占全省家庭承包耕地面积比重的27.7%，流转面积较2010年增长了19%。[①] 河北省作为我国重要的农业产粮大省，刚刚达到了全国农地流转规模27.3%的平均水平。可见，我国农村土地实际的流转面积还是偏低的，尤其是华北地区、西部地区的省份，受限于当地的经济发展状况、农业现代化水平以及耕地地形的影响，较东部经济发达省份的农地流转规模存在很大差距。这种情况一方面说明了目前

---

① 《2015年河北省农业厅政府信息公开工作年度报告》，载河北农业信息网，http：//info.hebei.gov.cn/eportal/。

我国农民参与农地流转的积极性亟待提高，另一方面则说明了我国目前的农地流转市场化程度同样偏低。在市场化偏低的大背景下，缺少必要的监督管理机制，往往会滋生出不规范的土地流转情况。土地流转的规模低以及流转市场的缺失，使保险公司对农地流转的整个环节提供必要的风险保障服务受到限制。所以，建立完善的土地流转市场平台，并通过这一平台建立完善的保险市场服务平台显得尤为重要。

3. 农地流转过于随意带来的风险

农地流转过于随意，缺乏规范性的现状严重制约着农地流转进程的不断推进，成为农地流转纠纷发生的潜在风险。虽然农地流转已经开展了很久，同时《农村土地承包法》对土地流转的方式和程序进行了明确的规定，并要求参与土地流转的双方必须签订书面的流转合同。但在实践中，土地流转有明显的随意性，或者出于操作方便的考虑，或者是由于农户自身法律意识淡薄，或是市场管理不规范、法律法规不健全等因素。[①] 他们所签订的流转协议过于简单，有的甚至不签订农地流转协议，有的只有口头协议。这种口头约定或者简单书面协议的流转合同在涉及流转纠纷解决时，一般难以对流转的双方起到约束的效力，也为司法审判介入其中制造了难题。参与农地流转的农户由于缺乏必要的法律常识，不注重对流转证据的保留，势必难以利用法律途径维护自身的合法权益。在这种情况下，如果出现土地受让方单方面违约或者经营不善等风险，那么很难通过现有的法律规范去对农户的合法权益进行保障。就此而言，农地流转保险风险防范机制的完善就显得十分必要。

4. 农地流转融资的困境和风险

在通过农地流转实现农业现代化以及农地流转方式创新的过程中，农业发展对资本存在巨大的需求空间。但是，在实践中农地流转融资难的现象在我国农村地区非常普遍。由于农业生产的

---

① 李学勤：《河北省土地流转现状研究》，载《河北法学》2010 年第 5 期。

高风险、长周期等因素，导致了广大的农户在融资问题上都面临着成本高、资本不足的困难，外加我国目前尚未建立完善的农村金融体系，所以对于大多数农民以及农业企业很难通过正常的渠道来获得充足的资金支持。

5. 农业适度规模化发展的要求

农地流转风险不仅包括了各种人为的风险，还包括由环境、气候等因素导致的自然风险，近年来随着极端天气的出现，自然风险对农业生产的影响越来越大，而我国本身就属于自然灾害频发的国家，因此农户对于农业保险这一重要的政策性工具的需求也越来越大。随着农地流转进程的不断发展，原先由单个的家庭联产承包的农业经营模式不断向规模化、集约化的农业经营模式推进，毫无疑问，这必定会进一步提高农业生产对于长期、稳定、全面农业保险的需求程度。通过农业保险的支持与保障，在发生自然灾害的同时，农户可以将受损农作物造成的经济损失降到最低，实现农业生产中农业风险的合理分担。但是就目前来看，随着全国土地流转工作的不断推进，农业保险制度整体上已经不能适应集约化、规模化农业现代化的需要，无论是从投保农作物的种类、单位农地面积的赔保数额，还是农业保险的稳定程度、保险业务种类方面都还有待完善。

上述风险的防范及融资困境可通过建立农地流转保险制度来解决。但是目前我国农地流转保险制度尚未完全建立，理论研究也鲜有涉及。因此，加强农地流转保险法律制度的研究与应用，对于加快我国农村土地流转制度的创新、完善农地流转的规范、保护农民财产权益不仅是必要的，而且是迫切的。

（三）农地流转中农地保险制度发展的影响因素

保险制度作为防范可能出现的各种风险的重要保障，在农地流转过程中具有重要作用。根据农业保险制度不同性质划分，可以分成政策性农业保险和商业性农业保险，除了防范可能出现的农作物风险之外，农业保险制度还可以作为农业金融体系的重要补充，承担着为农业融资保驾护航的使命。从这两个角度分析，我们会发现目前我国的农业保险制度均存在一定程度的缺失。

1. 对于农地受让方单方面法律意识不足

随着农地流转的逐步推进，地方上开始出现了一些单方面"违约弃耕"的现象，农户与农地受让方按照法律规定签订流转转让合同以后，因为种种原因单方面违约，耽误了土地耕作的农时，对农户的合法权益造成损害，如果通过双方协商、民事诉讼等手段，拖延时间过长，很难实现对于农户权益的有效保障。出现这种现象的原因是多方面的，既有资本逐利的盲目性，但更多的是农地流转过程中风险防范意识的不足。由于流转合同、流转对象的风险防范机制的不足，再加上农户专业法律知识的缺失，很容易对农户流转积极性造成负面影响，进而影响整体的农地流转进程。

2. 农业保险单纯的难以满足农业现代化发展需求

从我国制定农地流转政策的初衷来看，是在社会经济结构转型的背景下，所选择的农业现代化的必由路径。农民在其一系列的农业生产活动过程中，随时存在自然灾害产生损失的风险，同时由于农民其自身对规避自然风险的能力比较弱，而农业保险作为分散转移风险的有效方式，因此大部分农民还是愿意通过签订农业保险这种方式来分散风险的。不难看出，市场化的土地流转需要金融机构的支持参与，农业保险是金融中的一方面，通过保险的介入可以保障农业的健康发展，减少农业生产的损害，进一步避免农村农民生产生活的重大损失，能够促进土地流转的成功实施。[①] 土地流转市场化的步伐逐渐加快也对农村土地的集中程度产生了影响，表现出土地的规模集中化使用；这一系列的变化可以促进农业精细化、规模化、产业化的实现，农业科技相关资金投入的增加，使农业风险单位更加集中、单位面积内成本的价值不断上升、偶发性灾害更大地造成损失。所以，农业保险的需

---

① 杨琦：《农业产业化中的农业保险经营模式》，中国经济出版社 2012 年版，第 157 页。

求也更加迫切。

但是，当前农业保险方面的保障支持明显不足，特别是农业保险在一些方面的缺位，如土地流转保险。此外，我国农业保险发展仍然存在覆盖面比较窄、保障程度不高，经营稳定性差、缺乏可持续发展的长效机制，并由此可能产生经营不规范等问题。在当前我国商业性农业保险依旧无法独立发展、政策性农业保险主要针对大众农户的形势下，农业保险产品依旧过于单一，创新性不足，对于土地流转形成的新兴农业生产组织缺乏针对性。

3. 农业保险的缺失无法支撑农业经济金融体系

农地流转与规模化经营作为农业现代化发展的必由之路，需要巨大的资金投入，这就决定了农地流转过程中需要金融机构的大力支持，为其提供融资、信贷方面的服务。但是，目前看来，在涉及农业经济领域，融资难、信贷难已经成为普遍的问题，土地流转资金贷款结构失衡，金融支持渠道较为单一，为我国农地流转的发展带了不利的影响。

当然，出现这种情况的原因是多方面的。第一，农业市场由于存在高风险、低收益的特点，很多金融机构、商业保险机构望而却步，不愿意将业务拓展到农村市场；第二，政府的财政扶持力度不够，虽然近年来我国不断增加在农业方面的财政投入，加大农业的补贴力度，但是随着农村土地流转进程的不断加快，这些补贴性政策已经不能满足当前农业经济发展的需要。在农业保险方面，由原先单纯的保费补贴需求已经发展成为对于保险险别、保险范围、保险赔付水平多层面的需求，在供给需求层面，仍然存在着巨大缺口；[①] 第三，农村金融体系不健全，一些种粮大户、农业企业缺乏有效的担保手段，很难通过正当渠道获得农业经营所需要的资金支持；第四，农村社会保障制度尚不完善。我国当前的农村社会保障制度非常不健全，这种现象造成农民仅能依附于土地，这种情况就在一定程度上降低了农村农民对于离

---

① 郭明瑞：《关于农村土地权利的几个问题》，载《法学论坛》2010 年第 1 期。

开土地的安全感以及对市场的适应能力，所以大部分农民会用土地保障自己的生活以解决面临的失业、疾病等问题，所以，当下落后的社会保障供给水平与农民的需求差距在一定程度上阻碍了农村土地流转的进程。毫无疑问，农地的流转离不开对农村社会保障体系的建立。当下在我国经济相对发达的地区会由集体来承担保证其成员就业安排、病残和养老保险，这种方式对于土地资源合理的配置有一定的成效，然而大多数地区目前还没有此条件。但是我们可以肯定，农村社保体系建设的落后肯定会影响农村土地的流转。

因为农村农民在农业活动中随时面临着自然灾害造成损失的风险，同时农民自身对于风险的规避能力也相对较弱，所以多数农民是想通过参加农业保险分散和转移风险。显然，土地流转的市场化需要金融行业的支持参与，而保险是金融支持农业非常重要的一个方面，可以帮助农业的灾后重建，减少农民的经济损失，可以促进土地的成功流转。农村土地流转逐步市场化的发展也会给农地的集中程度带来积极影响，表现出土地的规模化发展；有助于促进农业精细化、规模化、产业化的趋势，随着农业科技一定资金的投入比重增加，可以促进农业风险单位变得更加集中，同时单位面积的内成本价值也会不断上升、偶发性灾害得损失进一步加大，所以农民对于保险的需求十分的迫切。然而，我国当下农业在保险方面保障力度明显不够，尤其是存一些保险险种的缺失，如土地流转保险。而且，当前我国农业保险在发展过程中，仍然有覆盖范围比较窄、标的保障程度不高，缺乏可持续发展长效机制、经营稳定性差，并进一步造成经营不规范等问题。当下发展中，我们国家主要仍是针对政策性农业保险发展，然而商业性农险仍然无法独立发展，同时存在农业保险产品依旧过于单一且创新性不足等问题，而且对于当前存在的土地流转中形成的农业生产组织也缺乏一定的针对性。

4. 农民面临融资难的体制问题

在日常农地经营活动中，由于农民缺乏有效的抵押物，而自有资金不能适应当下农业规模化以及现代化农业发展的需求，进一步影响扩大农业经营的规模和对于农业经营产业链的延长。在我国，法律规定只有很小的范围可以进行农地抵押融资，现行的相关制度已经满足不了当下农民在发展农业中的资金需求。虽然我国很多地区已经纷纷进行试点，但法律的限制及配套制度的不完善使农地抵押融资的制度在实行时举步维艰。在我国目前现行的土地立法框架内，对农村土地权利的利用是完全不可能的，法律禁止承包经营者利用土地承包经营权来设定抵押而获得融资，所以很难从根本上解决农业的投入问题。我国政府向农民提供贴息贷款是通过正式的金融机构，这样造成收入较低的农民不能轻易从这些机构取得贷款，这些农民的资金需求更多的是通过向非正式金融组织来贷款得到满足，这就使农业合作组织的正常发展产生了极大的隐患。

（四）土地流转下完善我国农地保险制度的对策

1. 健全农业保险体系的配套制度

（1）尽快建立统一的农地流转市场。统一的农地流转市场，能够为农业保险体系的完善提供重要平台，通过交易市场的建立与完善，能够为农业保险的发展与推进提供必要的信息服务，并对农地流转的整个环节提供监督和约束。目前，全国已经有多个地区建立了农村土地流转公开交易市场的试点，因此国家有必要在此基础之上，建立全国统一的农村土地流转交易市场。随着全国农村土地确权工作的逐步完成，对农地信息整理汇总后，设立交易信息网站，利用区、镇（街）、村的三级网络化组织体系，为全国各地农民土地承包经营权流转交易、农村集体资产共有化股权交易、农村集体建设用地使用权交易、农民宅基地使用权交易、农村知识产权交易和农村林权交易等农村产权合法流转提供政策咨询、信息交流、交易指导、合同鉴证等"一站式"综合服务。通过农村土地流转交易市场的设立，加强对流转交易行为的指导和监管，规范公开透明、管理有序的市场秩序，可以促进农村产权资本化交易的健康发展。

（2）修订土地流转的相关法律，出台《农业企业法》。在上文中，我们分析了当前我国农村土地流转过程中由于法律规定不完善、配套制度不健全，不同的农地流转方式会产生不同的风险，包括《农村土地承包法》《土地管理法》在内我国现行的土地法律规范对于"入股""抵押"等方式规定得过于简单，缺乏现实的可操作性。这些风险的产生不能仅仅依靠保险制度的完善去解决，还要通过完善相关的法律去提供支撑。有学者认为，农村土地流转的政策下成立的农业企业在企业性质、股权归属、股东人数以及企业破产、股权转让等方面有别于市场上一般的企业，因此为了适应当前社会发展的需要，有必要制定《农业企业法》。① 我国《农业企业法》的立法模式可以先由地方上制定《农业企业条例》进行试点推行，待我国农业改革完成以后，再由国家统一制定《农业企业法》，推动农业规模化进程，促进农业企业的更快发展。

（3）加快推进农村金融体系的构建。在土地流转的背景下对农村的金融体系进行改革，在完善金融体系的构建上，不仅需要金融组织根据农村土地流转的特点来操作，同时也应该对服务方式以及金融产品进行创新，建立有效的分担风险机制，同时政府需要从对土地的评级、利率、税收、存款准备金等相关方面对法律法规进行完善，对金融组织进行积极的推进发展壮大，使农村金融与土地流转相互推进发展，促成土地的资本化。②

从完善农业保险的角度出发，健全农村金融体系的内容可以分为以下两个方面。第一，加快关于政策性保险的推广，政府应当提供保费补贴再进一步提高对农业保险的覆盖面和范围，对农

---

① 黄忠：《制定农业企业法迫在眉睫》，载《党政论坛》2009 年第 4 期。
② 刘玲玲：《中国农村金融发展研究》，载《甘肃金融》2009 年第 11 期。

业金融风险进行分散，调动和鼓励农地流转主体的积极性主动从事农业生产活动。同时，通过对商业保险机构提供优惠的政策服务鼓励商业保险公司开展农村保险业务，加强新型保险产品的创新，为农业活动提供配套的保险服务。同时，对银保合作进行加强，进一步开发与农村经济相适应的农业保险和产品，在能够保证保险措施的情况之下，竟以不兑息贷和保险相结合的模式进行探索，降低银行的信贷风险，提高银行对投入农业信贷的积极性。第二，构建农业保险基金。由于农业本身存在的高风险性造成农村土地流转中农业抵押的高风险性。为了有效对金融组织的贷款缝隙进行分散，应构建适应当前农村现状的农业保险的基金。由于国家和省两级政府无法承受巨大的农业保险保费补贴的负担，为了减轻政府的财政负担，可以将这部分的财政补贴由国家和省两级政府共同分担，设立国家级和省级两个层面的农地流转保险基金，这一部分的基金专门负责对农户进行保费的补贴以及保险公司赔偿超额损失的补贴。这种通过政府补贴或者以委托代理方式促进保险公司顺利进入农业保险的市场，在支持农业活动再保险，进一步分担农业风险的同时，还可以在遵守商业保险的利润最大化基本原则上，通过保险间接的参与方式来减少政府在行政活动的腐败现象。

2. 构建完善的农业保险体系

（1）推进对当前保险立法的修订工作。我国目前农业保险仍然没有建立一个统一完善的农业保险法律体系，除了《中华人民共和国保险法》《中华人民共和国农业法》以外，可以说基本上处于一种无法可依的空白局面。在实践中，由于缺乏一个长效的机制来推动和保障，造成了各地做法不一、实施程度不同的局面，这种情况极度地阻碍了农业保险的发展。[①]

根据上文的讨论，土地流转与农地流转之间的关系是互相促

---

① 崔中波：《关于我国农业保险立法和实践探索的法律思考》，载 http：//blog. sina. com. cn/s/blog。

进的。因此，可以在两方面针对我国的农业保险立法来进行完善。一方面，要对农地流转的政策以及相关的配套制度进行切实的落实，构建一个统一的农村土地流转交易平台，对农村土地流转的行为进行规范化的管理和监督，为农业保险发展提供有利的条件；另一方面，要构建完善的农业保险体系，通过加大政府对农业保险财政扶持的力度，给土地流转和规模化的经营农户提供一定的风险保障。此外，应当对国外发达国家先进的农业保险立法体例进行一定借鉴，在《农业保险条例》的基础上，进一步对我国的农业保险法律体系进行完善，在农业保险的保险范围、参与主体、保险合同的制定等方面进行修订和补充，为农业保险的发展提供法律依据。

（2）创新保险行业的服务内容。除了农业保险和农村养老保险之外，可以效仿我国安徽省怀宁县模式和四川省邛崃市模式，将"保险＋信贷"的内容融入保险行业的服务内容中，并设立"农村土地流转险"的险别。在涉及保险融资方面，保险公司可以协同农业规模经营主体、融资机构和当地政府，积极开展"保证保险""保单质押贷款"等业务。在能够确保有效降低农民地贷款门槛同时，努力在服务"三农"领域发挥保险的风险保障与融资促进作用。此举不仅完善了农村信用体系，也推动了农业保险发展，促进了农村产业升级，实现了四方共赢；在"农村土地流转险"中，合同的双方首先应该通过农地流转市场或农村产权流转交易中心等第三方机构，签订有效地土地承包经营权流转合同，同时进行交易鉴证，其次再向保险机构申请行为担保，由保险机构负责对流转土地项目进行一系列的评审、认定，当项目经过评审并且通过以后，最后将双方所签订的合同、保险机构与流转双方签订的合同向当地的农林部门备案。比如，在四川地区，为鼓励土地流转得双方能够引入非融资性担保，由政府对农户项目业主应交纳的担保费用，给予政策补贴，同时参与的担保公司能够申报财政资金的补贴。①

（3）建立完备的农业保险组织模式。要加快建立农业保险的基层服务体系，搭建支撑农业保险制度的基础服务平台。随着在农村土地流转过程中农户的风险意识的提高，势必会加大对农业保险服务的需求量，因此亟须在农村完善农业保险的基层服务体系，通过多元的服务内容，来满足不同层次的农户对保险需求，提高农业保险对于农业发展的覆盖程度；建立完善的农业保险服务流程，减少非必要的赔保事项，对农业保险投保、理赔的效率与质量有一定的提升。农业保险基层服务网络先要建立起网络中的各个点，即农业保险服务站点，为规模化的经营农户对于农业保险的需求提供便利。

3. 建立专门的农地流转保险法律制度

作为我国首单农地流转保险合同，成都市开创了农地流转保险的"成都邛崃模式"，首次实现了在农地流转风险防范中引入保险机制，这一模式的出现，也为我国其他地方的农地流转保险法律制度建立提供了有益的借鉴。

（1）明确农地流转保险的投保对象。在农地流转保险的投保对象上，农地流转保险法律制度所针对的对象是通过农地流转实现规模化种植的农业合作社或者农业企业，这就要求了只有是市场化的农地流转才能成为农地流转保险的保险标的，因为农地流转保险所防范的是农业现代化的背景下所可能出现的流转合同违约的风险，所保障的是农地流转的受让方违反农地流转合同以后农户的财产性权益，所以对于那些在村集体经济组织内部的单个家庭承包土地之间发生的农地流转如互换等则不属于农地流转保险的保险范围。

（2）制定农地流转保险的程序规范。对于农地流转保险的程序规范，农地流转中合同的双方首先应该通过农地流转市场或

---

① 毛伟：《农村土地流转制度对农业保险发展影响研究》，载《东北财经大学》2012年。

农村产权流转交易中心等第三方机构，签订有效的土地承包经营权流转合同，同时进行交易鉴证，其次再向保险机构申请行为担保，由保险机构负责对流转土地项目进行一系列的评审、认定，当项目经过评审并且通过以后，最后将双方所签订的合同、保险机构与流转双方签订的合同向当地的农林部门备案。

（3）加大政府财政投入。在涉及农地流转保险的保费负担上，在充分考虑到投保农户作为弱势一方的实际情况基础上，为了充分调动农地流转双方参与农地流转保险的积极性，政府应加大财政投入力度，对参与农地流转保险投保农户和项目业主应交纳的投保费用进行一定程度的补贴，担保公司也可申报财政资金补贴。通过这种方式鼓励和引导农户、农业合作社，以及农业企业投保农地流转保险。

（4）完善保险公司基层服务体系。保险公司应当加快建立农地流转保险的基层服务体系，进一步完善保险机构在农村市场的组织结构，搭建农地流转保险制度的基础服务平台。农地流转过程中伴随着农户的风险意识提高，势必会加大对于农地流转保险服务的需求量，因此完善基层的服务体系和组织结构就显得十分必要。通过多样化、多元化的服务内容，满足不同农户的保险需求，提高农地流转保险对于流转农地的覆盖面积。综合考虑投保农户的实际情况，建立完善的保险服务流程，农地流转保险基层服务网络先要建立起网络中的各个点，即农地流转保险服务站点，参与农地流转的农户、农业合作社，以及农业企业提供必要的保险服务。

二、农地证券化问题研究

农业现代化作为我国农业发展的必然选择，在产业结构调整和转型政策上具有重要的现实意义。农业现代化的进程主要是通过农地流转实现农业的适度规模化经营，最大限度实现农业效益的提高，要想发展现代化农业，离不开农业经营资金的财政支持，这就为农地证券化的出现和发展提供了重要契机。因此，农地证券化作为农业融资模式的创新，是农地流转制度创新的组成部分，主要解决的是农民在农地流转背景下面临的融资难问题，为促进农业产业化、实现农民的农地财产性权益提供金融支持。

（一）农地证券化的一般问题

1. 农地证券化的概念

所谓证券化，是指在金融业务中的证券业务比重不断增大，通过信贷流动的银行贷款转向能够进行买卖的债务工具的一种融资模式。农地证券化是资产证券化中比较特殊的一种形式，是指在不丧失农地产权的前提下，发挥证券市场的功能，以土地的收益作为担保发行证券，从而进行融资的一种模式。① 这种新型农业融资方式的创新，在借鉴吸收证券化的融资功能基础上，充分利用了土地自身的财产性价值，并将这种价值反映在可以流通的证券中。

2. 农地证券化的特征

通过对农地资产证券化以后，发挥市场合理有效的资源配置功能，可以极大提高农地资源使用效率和优化配置，进一步促进农地流转进程的加快。农地证券化作为农村金融制度的创新，将土地财产性和证券的流通性、价值性进行结合，使农地的预期收益成为市场上可以流通的金融产品。因此，农地证券化同一般的资产证券化相比，具备了基于农地财产属性的特征。农地证券化的特征主要表现在：

（1）农地产权性。证券化就是特殊形式的财产权利，这种特殊性表现在证券持有人并不是对这种财产权利实际占有，但是可以通过持有证券，对这种财产权利享有所有权或者债权，拥有证券就意味着对于证券化的财产享有占有、使用、收益、处分的权利。在现代社会中，财产权利和证券化之间的联系日益密切，随着现代金融制度的不断发展，证券化赋予了财产权利在市场经

---

① 于丽红、池丽旭：《农地融资模式创新》，载《农村经济》2015年第8期。

济领域内的金融属性，可以说，政权就是财产权利。① 农地证券
化是以土地作为载体进行融资，农地作为特殊的资产，其证券化
后的财产权利并非是农地本身的所有权，而是基于农地所产生的
预期收益，也就是农地承包经营权中的收益权，这种权益类型也
是农地产权的一种。证券一旦发行，农地的承包人可以获得基于
农地预期收益的资金，而证券持有人则可以对以农地收益权为内
容的农地产权享有所有权或者债权。

（2）收益性。收益性，是指通过持有证券可以获得一定的
收益，这种收益是投资者将资本使用权转让以后所获得的回报，
也是通过市场所决定的投资者持有证券的内在动力。农地证券所
代表的就是以农地收益作为特定资产的产权，投资者通过转让资
本使用权的形式进行投资，获得农地证券，同时也就获得了对农
地产权这一资产增值收益的权利。一般来说，证券的收益分为利
息收入、红利收入和买卖证券的差价，收益的多少通常由特定资
产增值收益以及证券市场的供求关系所决定。②

（3）流通性。证券的流通性又称为变现性，是指证券持有
人可以根据自身的利益需要出让证券，以换取现金资产。证券的
流通性是通过市场的供求关系来实现的，例如证券交易、证券承
兑等，其实质就是资产收益权的流通。通过承兑、交易、贴现等
完成的证券流通，投资者可以根据自身的需要选择持有还是转让
证券，或者选择何种类型的证券，这种特征也决定了证券化后的
资产的市场性，是所有证券最为重要的特征。农地证券化以后，
利用其流通性可以充分发挥市场的配置功能，实现农地流转过程
中的资源合理分配，实现市场上资本资源和生产要素资源的结
合，资本拥有者可以通过持有证券获得农地的预期收益的经济效
益，而农民或者农业企业可以凭借农地证券化实现农地经营权的

---

① 马义华：《证券化或是农地改革新途径》，载《中国土地》2011 年第 9 期。
② 李佳：《资产证券化的流动性扩张：理论基础、效应及缺陷》，载《财经科学》2014 年第 4 期。

市场化，进而获得市场上的资本资源，促进农业现代化的发展。

3. 农地证券化的必要性和可行性

农地证券化作为农业金融创新的重要内容，对于发展现代化农业、促进农地流转都有重要的现实意义。通过对农地证券化必要性和可行性的分析，可以进一步梳理农地证券化具体的作用以及所需要的各种条件。

（1）农地证券化的必要性。农地证券化的本质在于利用资产的价值实现融资功能，这就决定了农地证券化的必要性主要是围绕资本资源的利用来展开的。一般来说，农地证券化的必要性主要体现在以下几个方面：

第一，为农业生产提供资金支持。有学者表示，农地证券化能够解决农业生产活动中资金融通问题，可以有效促进农业地生产发展。[①] 从历史的角度考察，长期制约我国农业发展的问题之一就是农业资金的不足，缺乏长期的财政投入。近年来，虽然国家不断加大对于农村、农业的扶持力度和资金投入，但是就农业现代化发展的资金需求而言，这些财政支持远远不够，这就导致了规模化的农业经营模式存在巨大的资金缺口。而且，目前我国尚未建立完善的农村金融服务体系，由于缺少信用工具，农民很难通过正常的银行信贷等融资渠道获得资金。农村金融制度能够通过自身的创新来解决农业资金的缺口问题，通过优化对土地的增值利用。所以对农村土地进行证券化，可以说是一种社会资本的筹集方式，这为我国的农业生产活动提供了一个高效的新型融资渠道。农地证券化以后，农业生产可以从市场上的投资者手中获得更多的资本，这就为社会上的资本尤其是工商业领域内的闲置资本进入农业生产领域创造了条件，为农业投资提供了新的途径。农地证券化将社会资本聚集，进而在土地规模化、农业产业化等方面获得资金支持，充分利用市场机制对资源进行优化配置。

---

① 马义华：《农村土地证券化改革思路探析》，载《商业时代》2011 年第 26 期。

第二，降低农业融资可能出现的风险。企业融资一般分为内源性融资和外源性融资。内源性融资指的是企业内部将企业创立之初原始资本积累或者经营过程中盈利资本化以后注入到企业运营活动中，为企业发展提供资金支持，外源性融资则是企业依靠其他的经济体提供资金支持，这些资金可以来源于贷款、投资等。其中，外源性融资对于企业来说，是主要的融资方式，目前市场上常见的外部融资方式主要有银行贷款、股票融资、债券融资三种形式。农地证券化以后，为农民或者农业企业提供了新的外部融资方式，丰富了外源性融资渠道。与传统的融资方式相比，农地证券化能够更好地控制融资过程中可能出现的风险因素。银行贷款融资一般贷款周期长、难度大、耗时长，银行对于企业自身的风险控制能力要求较为严格，这就使一般的中小企业很难达到这一标准。而股权融资的方式不仅会因为资金入股影响企业组织结构，还会因为这一方式而存在极高的风险性，而投资者出于对最大利益的追求，融资企业需要承担更多的股票发行费用，这就使融资成本上要高于其他融资模式。债券融资方式在债权到期日以及资金用途上较为固定，只能按照审批的用途使用资金，缺乏灵活性。但是，对于农地证券来说，对融资进行担保的是农地所产生的预期收益，比企业自身的信用等级要高。而且由于各个证券发行环节费用较低，因此融资成本要低于传统的融资渠道，这也极大地增强了证券化融资的风险防控能力。

第三，丰富金融市场产品类型。农地证券化的出现，使金融市场上的产品类型增加，证券投资者的选择也增多，极大地繁荣了我国的金融市场，也能进一步完善我国证券市场的各种机制。同时，随着我国经济的不断发展，民众参与证券交易的积极性显著提升，这也为市场上金融制度以及金融衍生品的创新创造了新的条件，便于吸纳更多的社会闲置资本进入到证券投资中。

（2）农地证券化的可行性。从我国农业的长期发展来看，农地证券化不仅是必要的，而且是可行的，无论是农地产权的权利基础，还是证券市场的运行机制都为农地证券化创造了条件。

农地证券化的可行性表现在以下几个方面：

第一，土地产权的财产性权属决定了农地可以证券化。土地产权的财产性一般是指土地承包经营权的财产性。我国在《农村土地承包法》中明确规定：通过以家庭承包方式以外的其他方式取得的土地承包经营权，允许采取转让、出租、入股、抵押或者其他的方式流转，其他诸如《农业法》《物权法》等法律也相应地对农地产权的财产性给予了法律上的确认。这就意味着，国家通过法律规定的形式为农地证券化创造了权利基础。此外，农地产权作为生产要素类的财产性资产，在市场经济背景下，本身就与证券结合的天然属性。① 因此，农地证券化是农地产权化的必然趋势之一。

第二，证券资本市场的发展为农业现代化提供活力。近年来，随着经济的不断发展，农业先进技术普及以及部分地区的城镇化进程加快，农地收入在农民收入中的比重在不断下降，农地主要经济来源的地位也在逐步淡化，部分农民种粮积极性不高，这就决定了我国的农业改革要围绕着农地适当规模化、产业化的方向发展。在农业现代化的背景下，证券市场的资产形态转换机制可以为规模化、产业化的农业发展注入极强的活力，将静态的农地资产盘活为市场上流动的资产，提高了资产在时间和空间上的使用效率。② 通过将农民手中具有经济增长潜力的土地使用权证券化，将实物形态的"使用权"，转换为价值形态的使用权，真正意义上实现农业和资本市场的对接。利用资本市场上的资本，盘活农地资源，为农地流转的推进和现代化农业的发展提供资金支持。同时，丰富我国资本市场中的证券产品类型，吸引更多的投资者进入农业生产的市场中，也是我国目前经济结构调整

---

① 尚波：《基于国际经验的我国农村土地证券化可行性分析》，载《中国物价》2015 年第 4 期。

② 吕翾：《法律视角下农地使用权证券化流转的必要性与可行性》，载《湖南工业大学学报（社会科学版）》2010 年第 1 期。

政策的重要着力点。

（二）农地证券化的模式

我国的农地证券化是对农地承包经营权所产生的预期收益通过特定机构打包设计以后在证券市场上发行的一种融资模式。我国农地证券化作为农村金融创新的一部分，应该和我国目前农村的发展现状、农地制度和金融体系等相结合，然后在吸收借鉴国外先进经验的同时，从农地证券化的参与主体、农地证券化的具体程序等方面构建符合我国具体国情的农地证券化模式。

1. 农地证券化的模式

随着我国证券市场的不断成熟和完善，证券化的未来收益对象不会局限在传统信用资产或者信用契约领域，而是扩展到了特定资产的未来预期收益。这种预期收益从法律上讲是财产权的一部分，所依据的是财产处分获取经济利益的权利原理，从这一点上预期利益资产不同于传统的信用资产。在当下的商品经济的条件下，通过对使用权或者占有权的让渡来获得收益，而收益权仅仅是在所有权经济上表现，而实体资产得未来收益权更是针对实体资产的运营中未来将会实现经济利益流入的收取权利。资产未来的收益与应收账款等资产不同的是，企业能够通过提供服务或者对外销售商品来提前获取收益，就是说企业还没有履行与未来的现金流入相关义务。所以实体资未来收益可以说是一种企业或有资产，然而没有在资产负债表中存在。所以，实体的未来收益权以及实体资产依附性成了关于"真实销售"的难题。

在资产的证券化发展以及被证券化产品不断丰富出现的同时，在一些情况下，并没有用真实的出售方式进行，而是原始的权益人可仍旧对被出售的资产进行持有，并可以使用资产。在生活中，比如，中国联通的网络租赁收益计划并没有进行真实的出售，而其原始的权益人仍然对证券化的资产保有经营权。① 所

---

① 贾同乐：《资产证券化如何实现基础资产的破产隔离——以未来现金收入的真实出售为视角》，载《长春理工大学学报》2014 年第 5 期。

以，我们认为，对于原始权益人对证券化资产向 SPV 转移所要求的真实出售，其实是为了让证券化的资产做到和原始的权益人之间破产隔离，而不是单纯的资产转移，也就是说在原始的权益人在其他债权人能做到：在权益人破产时不能对已经证券化的资产有追索权，就不需要进行"真实出售"。对于农地证券化来说，其支撑资产是农地未来预期收益的现金流，原始权益人并不需要将农地产权真实出售给 SPV，这种做法不仅符合我国证券市场的发展趋势，也能在现行的法律规定下最大限度保护农户的财产性权益。

2. 农地证券化的参与主体

（1）发起人。资产证券化的发起人，又称原始权益人，是指从 SPV 处获取资金，在证券交易中最终借款的人，一般是拥有预期收益的、希望可以在资本的市场发行证券而进行融通资金的企业实体，其实也就是资金最终使用者。但我国土地集体所有制的属性，农地在流转过程中，所流转的只能是农地经营权。农民通过农地流转以有偿的方式将承包的农地的经营权流转给农业企业或者土地入股农业合作社，获得土地使用权的农业企业或者合作社在农地证券的发行过程中，便可以担任发起人的角色。农地证券化作为一种特殊的资产证券化类型，对发起人的要求比较高，要求担任发起人角色的农业企业能够拥有比较稳定可靠以及风险较小的预期的现金流收益，来进一步吸引投资，对投资者合法权益进行保障。[①] 因为在现实生活中，农业作为特殊的产业类型，本身具有高风险、低收益的特点，容易受到自然环境、市场供求关系、国家政策调整等因素的影响，再加上不同类型农作物的价值以及季节性作物的差别，投资者在进行投资时往往十分谨慎，SPV 很难组建投资资本的资金池，大多数发起人不符合发行证券的要求。因此，农地证券化的过程中，原始的原益人作为发

---

① 冀县卿、钱忠好：《改革 30 年中国农地产权结构变迁》，载《南京社会科学》2011 年第 4 期。

起人要求是实力雄厚而且收入稳定、经济效益良好的农业企业或者农业合作社，这就为农地证券化在发起人的角色上限定了标准。

（2）SPV 机构。作为资产证券化其中很鲜明的一个特点是通过 SPV 来作为交易的中介来实现预期融资目的。SPV 是指特殊目的机构（Special Purpose Vehicle），它的收入来源是主要是进行资产债权的发行，是一种为了完成资产的证券化交易从而进行建立的实体机构，在法律上地位是独立的。① SPV 的主要功能主要有：①对发起人的基础自然进行购买，这些资产转券化的基础资产在严格的意义上是需要进行"真实出售"的；②整合基础资产以及对信用资产进行信用的增级；③委托评级机构对信用增级后的资产进行评级；④对承销商进行委托发行证券；⑤对服务商进行委托收集资金的现金流；⑥对银行进行委托管理现金流，同时按时对投资人进行本息支付。② 在整个的资产证券化运作过程中，SPV 是一个独立的、破产的实体，只有这样才可以对发起人降低其破产对证券交易的消极影响，所以 SPV 在设立以及经营过程中，在法律法规上都存在严格的限制。对于 SPV 机构形式，一般认为分为公司制 SPV 和信托公司两种。对于农地证券化的参与主体来说，有学者认为，在我国当前的公司法的制度背景下，设立符合证券化要求的 SPV 机构性质公司并不现实，在公司制度中操作难度较大，因此倾向于用信托公司充当 SPV 机构的角色。也有学者认为由于 SPV 机构的成立和经营条件十分严格，对于条件如此之高的角色，主张由政府来担任，因为不管从对投资者防范还是对农地产权制度设计的方面来看，政府无疑是最为合适的。

---

① 胡威：《资产证券化的运行机理及经济效应》，载《浙江金融》2012 年第 1 期。

② 牛松：《我国资产证券化法律冲突与障碍刍议》，载《安徽职业警官学院学报》2014 年第 1 期。

（3）信用评级机构。证券信用评级机构的作用主要是评估证券化融资结构的偿债能力，并据此对资产证券的信用风险提供权威性的意见，作为市场上证券交易中投资者经行证券投资合理的参考，有助于降低投资者作出投资决策时的风险等级。不同的资产证券，信用评级的侧重点也有所不同，其中对于证券资产的品质和信用增级等内容都是信用评级需要进行考察的。对于农地的证券化来说，其信用评级应该考察的内容除了农地资产品质外，还包括对 SPV 机构自身独立性、SPV 防止破产的措施和税务安排等相关问题审查。由此可见，建立公信度较高的信用评级机构对于农地证券化乃至整个资产证券化领域至关重要，我国目前这类公信度较高的信用评级机构较少，要想实现我国农地证券化，信用评价体系的构建是十分必要且迫切的。

（4）信用增级机构。是指用来对证券资产的信用度进行提高、对证券投资的整体风险进行降低的机构，这一机构的存在有利于促进证券化市场的迅速发展，对于鼓励证券投资者作出投资决策具有积极影响。由于农地的预期收益资产本身存在高风险，会影响投资者投资农地证券的积极性。因此，通过提供农地证券信用等级，对于农地证券化的整个过程来说，具有至关重要的作用。就农地预期收益证券而言，因为这种预期收益属于未来实现的一种资产，因此不能对这种证券进行内部的增级调整，通常采用的是利用外部增级方法提升证券的信用级别。从我国当前农业金融体系的发展现状来看，SPV 机构是通过对政府提供担保和农业专业保险等方式来提升对农地资产证券的信用等级做法是目前普遍的做法。通过提高资产证券的信用等级，降低投资该证券的风险程度，那么在证券发行时就会降低其成本，使该证券在市场交易中更具有竞争力，从而吸引更多的投资者进行投资。

（5）证券承销商。这是资产证券化发展以后，专门对证券进行发行和销售的负责证券，常见证券承销商有投资银行或者证券公司等机构。目前，在我国的证券市场交易中，综合性的证券公司仍然是最为主要的证券承销商。对土地资产所支持证券进行发行，主要有私募发行以及公募发行这两种方式可以采用，① 这两种方式所针对的是该证券产品市场认可程度的不同阶段来说的。农地证券作为农村金融的创新产品，在市场上需要有一定的过程被广大投资者接受。所以，在农地证券发行的初级阶段，应该采用一种向特定的投资者进行私募发行的方式，证券承销者的角色只是证券的销售代理人，并不把所有发行的证券买断。可以说是等这种证券能够进入成熟的阶段以后，然后就能够采取公募的发行方式，由证券的承销商负责面向市场上投资者进行公开销售其所包销、代销的证券。

（6）投资者。也就是指购买证券的某个机构或个人，可以说是证券实际的拥有者。机构的投资者在一般是包括一些投资银行或者信托机构或者保险公司和各种基金组织等在内的证券购买者，由于机构投资者一般具有较强的资本优势，因此在证券市场上，机构的投资者也作为资产证券主要的投资者。然而个人投资者都是在证券市场想要对风险进行规避的自然人和对资产追求最优组合的自然人。农地证券的投资者一般是指在市场上持有农地证券的机构或者个人，他们会根据市场上农地证券的交易信息、供求关系等，进行利益权衡和风险分析，结合自身的需求对农地证券进行投资。

（7）资金保管机构。主要是对支付以及收取证券化的资产而产生的现金流负责代理，在收取了证券化的资产债务人需要归还贷款本金以及利息后，还应扣除中介提供服务所产生的服务费等成本，然后再向投资者支付收益。而且，机构还负有向大众提供关于抵押资产目前的品质状况和相关资讯等义务。

3. 农地证券化的具体程序

目前，随着资产证券化的不断发展，无论是证券交易的技术水平还是证券发行的信用资产与之前比较都有了极大的改观，证

---

① 陆强：《拓展政策性金融支农方式研究——基于农村金融供给角度》，载《经济体制改革》2013 年第 3 期。

券支撑资产的范畴得到了极大的拓展，尤其是 20 世纪 90 年代后期兴起的整体企业证券化、风险证券化和未来收益证券化等方式极大丰富了证券市场的产品类型。在这其中，未来的收益证券化对于我国的基础设施筹资以及新兴产业的发展融资方面都得到了不错应用。本书谈到的对于农村土地的证券化名义上是不动产证券类型之一，但是由于支撑该证券化的是农地经营产权的预期收益，也正是未来收益证券化的发展趋势，因此研究农地证券化模式的基本程序在理论和实践中都具有十分重要的意义。

农村土地证券化是指农地经营者（原始权益人）将农地经营权可能取得的预期收益作为证券化的支撑资产出售给 SPV 机构，是通过证券的市场发放该预期会收益而所产生现金流来作为权益凭证的支撑，由市场上投资者而出资持有进而实现融资的过程。如前描述，证券化会根据不同的资产类型来选不一样的模式。有的学者认为，一个完整资产证券化的融资基本流程应该是：首先发起人把资产证券化的资产向 SPV 出售，或者 SPV 也能主动的向发起人进行收购这些可证券化的资产，统一地进行整合打包资产，下一步将这些资产汇聚成资产池。然后通过对证券的信用增级以及评级机构对证券的增级，再把资产池里产生的那些现金流作为支撑可以在金融市场来发行证券的融资，由此可以吸收市场资本。最后可以把资产池里所产生的现金流用来对投资者进行及时偿付。[①] 就农地的证券化来说，其基本的流程应该有六个步骤：

（1）农地的承包权人以有偿的形式把自己的土地流转到农村的企业，也可以用入股的方式来形成专业农业的合作社，可以说这是农业证券化的起点。农业企业以及农业合作社作为原始的权益人时，需要对证券农地资产进行选择，为农业的生产活动提供必要的资金，然后将农地预期收益的资产向 SPV 出售。

---

① 郑磊：《资产证券化：国际借鉴与中国实践案例》，机械出版社 2014 年版，第 156 页。

（2）SPV设立的主要目的是防控作为原始权益人的农业企业或者农业合作社的破产风险，防止对证券投资人的利益造成不利影响。一般来说，资产的证券化需要原始权益人将资产权益真实地出让给SPV，例如，对于信贷的资产证券化或者应收账款的债券化等都是需要原始权益人和SPV签订买卖合同，来实现资产的"真实销售"。签订资产真实买卖合同直接导致的就是证券化资产的所有权转移给SPV，不再属于原始权益人。但是对于农地证券化这一创新证券产品来说，并非是以真实出售的方式进行的。作为原始权益人的农业企业或者农业合作社仍然持有农地资产，并使用这些资产，农地经营权并不转移给SPV。

（3）通过专门评级机构和信用增级来对资产进行评级和增级，由此来提高证券化的资产质量。对农地证券化来说，SPV买入土地的未来收益，为了减小在证券市场的投资风险，对证券的信用等级进行提高，需要对证券来进行增级。当信用增级顺利完成以后，可以再聘专业的评级机构来对该证券评级。

（4）证券发行和在二级市场上进行顺利流通，在信用评级以及发行审批活动完成之后，由SPV委托给证券的承销机构来销售证券，同时把从承销商处所获得资金应当按照约定的条件去支付给农业企业，到此为止，农业企业的融资目的基本上已经达到。

（5）SPV可以委托原始的权益人作为服务人，然后收取现金流，对土地资产进行证券化，由于资产是由原始权益人来使用，所以农业企业应当具备相应的技术，能够对土地运营的情况比较了解，同时可以有效地对现金流的情况进行评估，还能够降低SPV成本，所以SPV首选作为农业企业的服务人。

（6）受托管理人可以从服务人处来收取一定的偿付资金，资产支持的证券（ABS）到期后，能够以本息的方式来支付给那些投资者，然后向专门的管理机构支付一定的服务费用，如果收取的现金流在最后还有剩余，那么应全部返还到原始权益人手里。到此为止，所有的资产证券化交易过程结束。

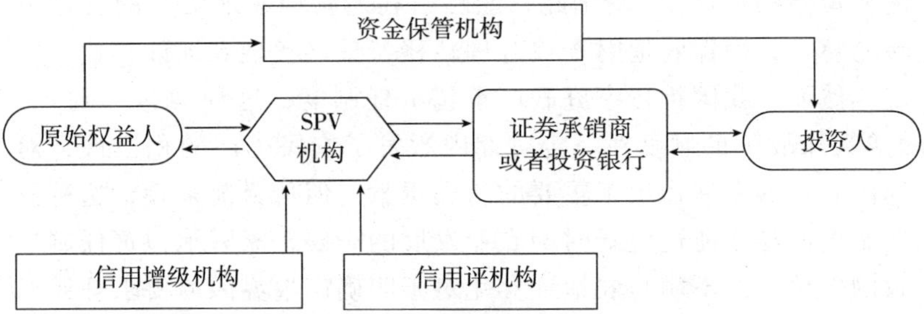

图 6 – 1 农村土地预期收益证券化模式结构示意

（三）我国当前农地证券化存在的法律障碍

农地证券化在解决我国农业发展、经济结构转型、保障农民财产性权益等问题上具有非常重要的现实意义。但是，从实践中来看，我国当下的农地证券化在不断发展的进程中仍然面临很多的问题和障碍，除技术和管理层面之外，仍存在很多法律法规层面以及制度层面的问题还没有得到解决。根据我国目前的集体土地所有制分析，存在农地产权不明确、管理体系不健全，农地土地的流转不够规范等问题；根据参与的农地证券化主体的层面分析，农村集体的经济组织立法仍然不够健全，在某些特殊领域如中介机构缺乏法律规制；从对农民的财产性的权益方面考虑，我国农村缺乏金融市场，缺乏金融监管的相关立法以及对农村的社保制度不够完善等方面问题。① 这些提到的问题所涉及的法律障碍层面较多，从不同方面制约农地证券化的发展和推广。

1. 农村土地管理制度不健全

农地证券化作为农业金融制度的创新，需要在明确土地产权的背景下发挥其效用。通过农地产权制度进行完善，不仅可以明确农民所享有的不同权利，而且可以明确主题在违反相关法律时

---

① 尚莉：《基于国际经验的我国农村土地证券化可行性分析》，载《中国物价》2015 年第 4 期。

需要承担的责任。① 基于此，能够顺利地实现农地资产的合理流转与整合，确保农地财产权合理转移，最终实现农地证券化。

然而，我国推行家庭联产承包责任制度，这种"包干到户""单兵作战"的制度在一定时期内激发了农民生产的积极性，对我国农业的发展作出了重要的历史贡献。但从目前来看，这种农地制度已经不能适应新时期农业发展的需要，家庭承包责任制导致的农地产权不明与农地证券化对于明确产权界限的要求开始出现矛盾，由这种农地制度导致的农地种植零散化、规模小、生产方式不科学的弊端开始凸显，农地流转困难，农业生产效率低下，这些问题严重制约我国农业的进一步发展，对于彻底解决"三农"问题也产生了不利影响。农村土地管理制度的不健全主要反映在我国当前的农地产权不明晰，产权管理体系不健全。

农地产权不明主要表现在农地产权主体多元化，部分农村存在"同一土地，多权所有"的现象，这主要是因为在我国当下的制度中，农村土地主体的虚置，没有明确的所有权主体代表，对于乡（镇）集体经济组织、村委、集体经济组织及村小组这四级之间产权的关系界定还不够明确。我国《农村土地承包法》中规定，土地承包经营权的主体可以是"公民"，也可以是"集体"，公民指的是对于农地享有承包经营权的农户，按照法律规定有权决定农地是否流转以及流转的方式。按照我国当前的法律规定，土地承包经营权的主体原则上应该由本集体内部产生，而事实上也大多为本集体经济组织的成员。作为土地承包的经营权主体"集体"，主要是指在农村的集体经济组织成员能够通过自愿来组成的进行联合承包的作业组，或者也可以是在农村集体经济组织所下设的集体劳动组织。可以是农业集体经济组织，或者是村民委员会，或者是乡（镇）集团经济组织，也可以是村小组成员作为农村土地所有权的主体代表。这些主体代表往往会在责任面前互相推诿，却在利益面前进行争夺。这种情况下，即使

①　于丽红、池丽旭：《农地融资模式创新》，载《农村经济》2015 年第 8 期。

存在主体也相当于没有主体，就像一个隐形人一样，想管理的时候就管理，其放权和收权都具有很强的随意性。此外，我国目前的农地流转过程不规范，缺乏统一的农地流转市场，缺乏农地产权管理登记制度。我国当前的土地实况数据不够精确，对于土地的界定不够清楚，土地权利的归属也不够明确，同时缺乏高效的农地产权价值评估机构，以及错综纷乱的农村管理机构，造成了全国仍然存在大量的集体土地仍没有实施所有权的信息登记工作。这些农地产权管理体系中存在的问题，也在一定程度上对我国的农地证券化产生了消极影响。

2. 农地证券化运行机制立法滞后

农地证券化的运行机制需要国家以立法的形式进行规制与推动，包括运行主体法律地位的确定，风险防控机制的建立等。但是目前我国关于农业股份制企业、特殊目的性机构等证券化运行主体在法律上的规定尚不完善，立法滞后于整个证券市场的发展。而且，我国目前与农地证券化相关的金融风险防控机制尚未完全建立，农业保险、农地流转保险、农村社会保障等社会服务内容与农地证券化发展的需求存在较大差距。

首先，农地股份合作制作为农地证券化运行中的发起人角色，在不同地区的发展不平衡，针对农地股份合作制企业的相关规章制度并不规范。由于不同地区的经济发展状况存在差异，农民的市场化意识不尽相同，直接导致了在全国各地农村范围内，股份合作制在产生时间，运营方式以及发展水平上存在较大差异。同时，这些相关文件在出台时都会有相对的滞后效果，文件的内容大部分缺乏一定的可实行性以及科学性。除此之外，我们应该担心的是由于地方相关法规规定的法律效力比较低下，所以很难保障各方在股份合作社的利益。[①]

其次，目前就资产证券化发展中的证券化支撑的资产类型和

---

① 杨劲：《农村土地资产化：基于资本、产权和制度视角的研究》，广东人民出版社 2011 年版，第 139 页。

市场交易的整个过程来看，我国的证券化的市场在发展中仍然不够成熟，同时证券市场的配套机制也不够完。尽管，伴随着证券市场不断发展，国家各相关部委相继出台了行业规定和政策性的文件指导证券行业的发展，其中包含：《信贷资产证券化试点管理办法》、《资产支持证券信息披露规则》、《资产支持证券操作交易规则》以及《关于个人住房抵押贷款证券化涉及的抵押权变更登记有关问题的试行通知》等相关政策，但是，特殊目的机构作为在证券化的过程中重要的主体，在立法上并没有得到重视，我国仍然对其关注度不够，缺乏对特殊目的机构的专门立法。目前所提到的这些政府机构所出台的和资产证券化相关的行政法规等法律的效力都偏弱，有很强的不稳定性，所以在实践中的约束力不够，没有普遍的适用性，甚至存在和已正式实施的上位法律产生冲突的问题。

最后，农地证券化的运行机制中信用的增级机构以及证券的评级机构来负责对管理和筹集到资金的这些资金保管机构等是必不可少的，各个金融中介服务结构都在资产证券化过程中发挥自己的作用。其中，对于负责被证券化的资产现金流的账户机构即资金保管机构，信贷资产证券化发起机构和贷款服务机构不得担任同一交易的资金保管机构，而资金保管机构是可以通过信用社、邮政储蓄银行金融机构来担任。但对于信用增级机构和信用评级机构等金融中介机构来说，由于农村金融服务体系尚未完全建立，并未给这些金融中介机构的发展提供足够的制度环境，目前的服务质量和业务能力并不能完全适应农地证券化发展。此外，当前我国缺少对应的科学标准信用评估的体系以及信用增级的法律制度，造成对于金融中介很难去形成一个统一的行业规范来对资产证券化进行服务。

3. 风险防范机制的缺失

农地证券化是资产证券化特殊的形式，其本身就有证券交易中所存在的各种风险因素。这些风险类型不同，导致的原因也存在差异，这些风险包括市场因素、证券资产的信用以及证券在市场上流动等可能产生的风险。信用风险贯穿整个证券化的各个环节，对每个主体的利益都关系重大，具体在证券化中表现为：对农村的金融机构的客户信息掌握的状况还是不够充分，中介服务机构对现金流延迟交付，同时特殊目的机构也会对真实情况进行隐藏。所以，构建一个相对公平透明的农村金融市场，对资产证券化进行行业监督，也是作为开展农业证券化不得忽视的问题。① 我国当前的证券市场监督机制落后，在管理上没有适应证券市场的快速发展，也在一定程度上阻碍了农地证券化的进程。这些问题主要表现在以下几个方面：

（1）长期以来，我国在金融监管方面过于谨慎保守，虽然这种监管理念在一定程度上保障了我国金融市场的稳定，但是从另一方面分析，这种过于谨慎保守的监管机制对于金融市场的公平竞争造成了不利影响，降低了金融市场的融资效率。一段时间以来，国家金融管理部门将防范和化解金融风险作为金融监管的首要任务，为了保障金融市场运行的平稳，对证券、信托、保险等金融机构的准入门槛加以控制，这在一定程度上对金融市场上自有公平竞争的氛围造成了影响，限制了金融市场的正常发展。《金融机构信贷资产证券化监管管理办法》是对资产证券化监管方面的规定，同时对证券化过程中所参与的不同主体的资格进行了明确的限定，特别是对金融机构的准入门槛进行了提高，通过对小金融机构的过滤，能够有效减少市场的投资者，风险不易分散，市场的空间自然会分散。

（2）我国金融行业所实行的是"分业经营、分业监管"法律制度，但是这个制度已经不能适应不断创新产生的金融产品，同时分业监管的制度也不能满足当下混业经营的要求，对资产证券化的产品进行金融创新，就当下的法律制度而言，肯定会在监管的过程中出现监管漏洞。因此，应当对中国银行业监督管理委

---

① 藏波、杨庆媛、周涛：《国外农地证券化研究现状、前景以及启示》，载《中国土地科学》2012 年第 8 期。

员会、中国证券业监督管理委员会、中国保险业监督管理委员会多部门进行协调配合和管理的加强，要逐步对分业经营、分业理念进行转变，控制降低资产证券化风险。

（3）我国的信息披露制度仍然严重不足。信息披露是证券化监管制度中极其重要的部分，然而我国法律目前还没有专门针对资产证券化信心披露的相关内容。只是在启动证券化的试点以后，公布了《资产支持证券信息披露规则》，其中也只是针对受托机构的资产支持证券的发行前后的信息纰漏内容等作出了相关规定，但是没有对受托机构以外其他的参与主体进行要求。而且，在法律中仍然缺乏对发起人在资产的证券化交易中，关于保密义务和信息披露的内容。针对这些法律法规方面缺陷，都能看出当下我国的信息披露制度非常不健全、不规范。

（四）构建我国农地证券化制度的对策

对于我国农地证券化在法律层面上所存在的问题，在制定农地证券化对策的时候，要结合我国目前的基本农地制度的现状和农地流转制度创新的背景，以保护农民财产性权益为出发点，在此基础上，从健全农地产权制度、完善农地证券化运行机制、构建证券市场监管机制三个方面着手：

1. 构建适应农地证券化的农地产权制度

明晰的农地产权制度是农地证券化的基础条件。事实上，关于产权内容的界定，学界一般认为是一个财产权利集合的范畴，包括了所有权、占有权、使用权、收益权的集合。在现行的法律规定下，农村土地的基本制度是农村集体所有，承包使用权归属于农户。然而根据我国目前法律农地所有权权属并不清晰，存在多级主体对同一物的所有权，不符合法律上"一物一权"原理，[①] 而且，我国当下的法律法规没有明确村集体所有权和农民经营权关系。根据以上提出的问题进行分析，我们可以针对完善

---

① 闫坤：《完善农村土地承包经营权流转法律制度的理性探索》，载《河北学刊》2016 年第 2 期。

农村产权有几点建议：

（1）完善农地的所有权制度。针对我国农地目前存在多级所有权的主体局面，我们认为，可以坚持对村委会、村小组以及农村集体经济组织的集体所有权地位，其可以在立法上对村级的农地所有权代表职责和权利进行重视。村民小组作为最基层的由民众直选的自制足可，可以很真实的反映大部分农民的真实意愿，有一定程度的权威性，同时可拥有无安全独立的民事行为能力条件，而农村集体经济组织概念的界定上是经济性组织，现实中大部分时候，村委、村民小组与农村集体经济组织在生活中就是重合的组织，然而只不过对村委、村民小组的界定是一个政治的概念，农村集体经济组织是经济术语。

（2）完善农地流转相关的机制。农地产权流转制度是在农地产权清晰的基础上农业向现代化、市场化发展的平台。农地流转保险法律制度的建立需要全面了解农地流转的信息、流转合同的具体内容，在此基础上，保险公司才可以针对投保的农户开展政策上的指导、交易行为的监督、流转合同的鉴证等服务内容。统一的农地流转市场，能够为农地流转保险法律制度的建立提供重要平台，通过交易市场的建立与完善，能够为农地流转保险工作的开展提供必要的信息服务，便于保险公司对农地流转的整个环节提供监督和约束。目前，全国已经有多个地区建立了农村土地流转公开交易市场的试点，因此国家有必要在此基础之上，初步建立各省市统一的农村土地流转交易市场。随着全国农村土地确权工作的逐步完成，对农地信息整理汇总后，设立交易信息网站，利用区、镇（街）、村的三级网络化组织体系，为全国各地农民土地承包经营权流转交易、农村集体资产共有化股权交易、农村集体建设用地使用权交易、农民宅基地使用权交易、农村知识产权交易和农村林权交易等农村产权合法流转提供政策咨询、信息交流、交易指导、合同鉴证等"一站式"综合服务。通过农村土地流转交易市场的设立，加强对流转交易行为的指导和监管，规范公开透明、管理有序的市场秩序，有利于保障交易双方的合法权益，进一步促进农村产权资本化交易的健康发展。

2. 完善农地证券的运行机制

（1）确立农村股份合作组织的法律地位。在农村的土地证券化活动中，农村的股份合作组织是为了保证农民可以积极地参加集体经营组织，然而各个地方组织的发展不平衡，而且各个地方政府之间的法律法规不同，非常容易伤害个体农民的利益，造成农民之间的利益纠纷。因此，我国的立法部门应该统一各地的不同条例规定，能够颁布全国性的法律。在立法之前，通过对农村股份合作组织的发展效果进行调研并对经验进行总结。然后，制定在我国可以切实实行的运行章程。另外，需要结合地方的农村具体发展的条件，对政府、集体和农民的利益进行均衡，构建一套相关的监督约束机制对农地的股份合作组织进行监管，防止出现非法操作来损害农民的利益。最后，在国家的硬性规定上要对农村股份合作组织地位进行承认来确保各地的组织工作可以有序的展开。

（2）完善特设性目的机构的法律规制。农村的土地证券化作为跨行业的金融产品，它的产生和发展是顺应当下的国际金融形势的，这是一种证券、保险、银行和信托的新型混合产品。但我国要发展农村的土地证券化，首先需要破解当下的分业经营的障碍，突破对分业经营的界限，研究一种新型的混合模式来进行经营。

另外，对于农村的证券化最佳模式的分析，当前大部分研究人员认为应该以特殊目的的信托模式为最适合模式，然而我国目前实行的《信托法》《担保法》《合同法》规定中，对于如"资产转让有效性"问题不够完整，阻碍了信托机构的发展。所以，我国应该明确信托法的概念，以及信托财产法定所有权的规定，对不同的立法和行政法规的矛盾进行排除，有效地降低证券化基础资产的风险。同时结合对具体地相关资产证券化试点规定，还包括《民法总则》《证券法》和《商业银行法》等多部法律，进行有效的参考比较，然后对特殊目的机构的立法规定进行统一，通过法律对机构的条件和业务进行明确规定。

（3）大力发展金融中介机构。由于农地证券化和其他的金融产品类型不同，不管在结构上还是法律上都是非常复杂的，而且对证券化信托的风险十分敏感。因此，资金的保管机构、信用的增级机构以及信用的评级机构的发展都是证券化市场成熟发展很重要的部分。对于金融发展会出现的高风险弊端，我国应当培养专业的金融人才，鼓励农村金融进行创新，同时对相关的中介服务机构的水平进行提高。近期，可以学习外国的先进经验，提高自身的业务水平，从长远来看，可以对国外的先进金融立法进行学习，政府同时建立科学完善的信用评级和增级制度，对整个金融的秩序进行维护，同时可以大力构建农村金融的中介机构。①

3. 完善证券市场监管与风险防控机制

为了给农地证券化的发展创造良好的环境，应该把完善的社保作为后盾，建立一套高效的金融体系是非常重要的条件，而对证券市场的监督应从以下几个方面入手：

（1）监管机构需要树立"安全和竞争权衡"的监管理念。伴随着证券化市场的不断发展，目前我国的"保障金融安全"的理念已经不能适应当下发展。所以，尖端的机构应当在总结试点同时，对保险、证券等金融的准入门槛放低，对基础资产证券化的规定逐步放开，包括土地或者能源等领域，积极地创造公平的金融环境。

（2）建立金融的监管和协调机制，对证券、银行、信托、保险等金融行业机构进行统一监管。目前传统的监督是分业监督，这种制度难以对混业模式进行监督，因此当下重要的是建立监管协调部门对保险、证券、银行等金融部门的合作事宜进行监督，同时明确义务和责任，进一步提高监管效率。

---

① 高德祥：《农村经济发展与农村金融服务的矛盾与思考》，载《辽宁经济》2015 年第 11 期。

（3）完善相关信息披露制度。各个交易主体和投资者关注的焦点就是对于资产信息的披露，因为当前社会，信息的质量能够直接影响证券化交易的结果，应该通过立法的形式，对我国的信息披露制度进行完善，进一步明确相关的内容。同时要协调好披露制度和保密义务的冲突问题，保证协调资产证券的顺利发行。

第七章 农地经营权流转中农民土地财产权的保护

一、农民土地财产权保护的缺损

（一）农民土地财产权在土地流转中的损害

1. 农地流转的主体界定不清

土地产权是土地制度的核心，在我国现行的农村土地制度中农民与土地的产权关系淡化，土地产权主体界定模糊，农民未能真正拥有实际的土地财产权，农村集体土地所有权身份立法不明，致使农民土地经营权流转时权利行使受到干扰，农民土地经营权流转的积极性降低。《物权法》第 59 条规定："农民集体所有的不动产和动产，属于本集体成员集体所有。"第 60 条第 1 项规定："（一）属于村农民集体所有的，由村集体经济组织或者村民委员会代表集体行使所有权。"这是对农民集体土地所有权的界定。《农村土地承包法》第 12 条规定，"农民集体所有的土地依法属于村农民集体所有的，由村集体经济组织或村民委员会发包"。这就进一步明确了农民是农村集体土地的所有者，由村民委员会或村集体经济组织代表。但是，综合以上规定会发现现行法律存在问题，在现实中，乡农民集体经济组织不存在，村农民集体经济组织缺位，村民小组属于群众自治组织不具备处置集体土地的权力，村民委员会也仅仅是在"发包"。法律行为上的权利是实实在在的，处分权依旧不存在，这样就造成了实际上农民集体土地所有权主体处于虚职状态。可见，法律没有明确产权代表和执行主体的界限，没有厘清农民集体和农民个人的关系。

因此，在实践中真正得到利益的是一小部分人，如村集体或村民委员会的领导，而农民不能实现切实的权利。

土地对农民而言不仅是一种生产资料，而且是其生存和发展的重要物质基础，农村土地产权界定不清，直接威胁着农民的社会保障、就业岗位的稳定性，以及提高农民的生活成本和发展风险。土地产权界定模糊，农民未能真正拥有实际的土地财产权利，因此会失去与土地相连的众多权利。在农地经营权流转中，农地产权制度不足直接影响广大农民的抵押、入股、金融创新中的权利，损害农民的权利和利益。农民土地产权制度的不足主要表现在农村土地所有权主体模糊，缺乏具体人格化和土地使用权不明晰两个方面：

（1）土地所有权主体模糊，缺乏具体人格化。农村土地所有权属于农民集体所有，这在《宪法》《民法总则》《物权法》《土地管理法》等国家法律中都有明确规定，但是农民集体的界定较为模糊。表现在：集体所有的土地依照法律属于村农民集体所有，由村农业生产合作社等农业集体经济组织或者村民委员会经营、管理。已经属于乡镇农民集体经济组织所有的，可以属于乡镇农民集体所有。可见，将农民所有归为乡镇、村两级；而《土地管理法》将农民集体所有归为乡、村、村委会三级。另外，按照规范理论解释农民集体概念，应具备三方面的特质：具有民事主体资格；有一定的组织形式；有一定数量的长期生活于该集体组织的农业居民。按照以上标准，农民集体是无法行使农村集体土地所有权的，集体所有权实质上是由某一农民集体经济组织代表农民行使。但是在现实中，大多数的农民集体经济组织已经解体，农民缺乏行使土地所有权的集体经济组织，即出现农村集体土地所有权主体虚位的现象。

（2）农村土地所有权主体虚位必然导致土地使用权不明晰。在农村土地承包经营权成为独立产权之后，表面上看，农民拥有了自主经营权和土地收益权，但由于国家对农村集体土地的干预和限制，致使农民集体对土地的处分权难以到位和实现。土地处分权是土地所有权的核心权能，是判断权利主体是否真正具有所有权的衡量标准，虽然法律明确规定农村土地由农村集体所有，但《土地管理法》第 11 条规定："农民集体所有的土地依法用于非农业建设的，由县级人民政府登记造册，核发证书，确认建设用地使用权。"可见，在农村土地非农化问题上，农民集体没有土地所有权主体资格，而各级政府则具有集体土地所有权主体资格。同时，在农地的征收征用问题上，政府对集体土地处分权体现得更加明显，政府拥有土地的最终处置权。农民对土地没有"排他占有权"，随时面临国家的征收、征用。由于"集体所有"的界定不清，国家可以利用"合法"的手段，侵犯农民的正当权益，农村土地在流转中双方或多方的权利义务如何划分，各方利益如何协调，农民土地经营权流转中都具有很大的不确定性，广大农民的利益往往被无意甚至有意识地忽视。

2. 农地经营权流转缺乏相应的法律保障

法律法规的不完善也是制约农村土地经营权有效流转的一大障碍。主要表现为：第一，农地流转的程序和形式无法律明确规定。目前我国农地经营权的流转大多处于自发无序状态，农村土地经营权流转缺乏有效法律规范，大多以原则性规定为主，缺乏实际应用性规定，对经营权实践操作缺乏指导价值。比如，农地经营权的流转多以口头合同形式进行，即使存在书面协议也缺乏对转让方和受让方的权利义务的具体规定。这一方面增加了农地交易过程中的成本，另一方面也导致缺乏具体土地流转的交易规则，增加交易双方的履约风险。第二，法律未明确对农地经营权流转的管理部门。我国法律对于农村经营权流转并未明确具体管理部门，这也导致流转土地存在多部门交叉管理现象。在实践中，我们也可以看到由于这种管理权责不清晰而引发的管理权冲突。这导致农地经营权流转市场缺乏有效的监督和管理，使一部分农民盲目追求经济利益，非法改变土地用途，在农业用地上进行商品房开放，严重影响了国家耕地保护制度的实施。第三，农村土地流转收益分配无法律规范和约束。随着经济体制改革的不断深化，经济的不断发展，农村的城镇化水平得到不断提高，企业越来越大地将触角伸向农村这片广袤大地。现代农业、工业要求土地的集中使用，才能产生规模效应，而实现这一目标的合法途径就是土地流转。从农用地到工业用地的土地用途变更，使土地所产生的财富成倍增加，进而产生了如何在集体与其成员间合理分配由财富增加所产生的利益问题。在无明确法律制度依据的情形下，农村集体经济组织与个体（农户）间在土地流转收益问题上不可避免地发生冲突。作为个体的农户，缺乏制度保护，其利益必然受损，从而影响农村土地的合理流转进程，这也是农村土地产权不明晰造成的后果。第四，缺乏多元的权利救济机制。有权利必有救济，权利和救济之间是一种相辅相成、互为依存的关系。尽管我国法律已经对土地承包经营权的保护作出相应的规定，但是当农民权利受到侵害时，由于农民对于向法院提起诉讼的解决方式还是多有抵触，多元的救济机制并未建立，影响农民及时有效地保障自身权益。

3. 政府职能不清影响农地经营权流转

"在中国的社会、政治和经济条件下，缺少政府的参与和推动，很多事情都无法进行，特别是土地制度的二元分割和政府管制，土地规模流转和农业的现代化经营更少不了政府的参与。然而，政府的主导和参与往往以替代和削弱农户的主体地位为代价，一旦处理不当就会直接侵犯农民的合法权益，甚至可能造成土地流转的扭曲。政府参与的范围大小和程度深浅是一个很难拿捏的事情，而政府行为的惯性特征使其一旦介入就很难退出。"[①]由于现阶段，我国对于农地经营权流转缺乏系统性的法律规定，政府在农民对土地的承包经营中承担着监督、管理、服务等职能。然而，这也造成了政府对于其职能定位不清，损害农民土地财产权利的现象。主要表现为：第一，过度行政干预。在我国某

---

① 张曙光：《博弈：地权的细分、实施和保护》，社会科学文献出版社2011年版，第195页。

些地区的土地经营权流转中，地方政府越俎代庖，违背农民本身
意愿，以规模化经营名义，强制农民进行土地流转。甚至有些地
方政府为了招商引资，强制收回农民的承包地，改变土地用途进
行转包。由于地方政府的行政权力过度行使，侵害了农民土地财
产权利，造成不良后果和恶劣的影响。第二，缺乏对农民经营权
流转的有效监管。目前，我国农地经营权流转缺乏法律的程序性
要求，农民自发农地经营权流转缺乏有效的管理和引导，致使经
营权流转市场存在无序交易的现象。在目前法律滞后的前提下，
地方政府不能很好地监管和服务职能，对农民自发的经营权流转
缺乏有效的监督和管理，导致农地在经营权流转后的用途发生变
更，损害国家耕地政策和农民因经营权流转的权利义务不清，土
地流转纠纷频发。

（二）农民土地财产权在资本化运营中的损害

1. 缺乏健全完善的农地经营权流转市场

目前，我国农地经营权流转大多发生在农户与农户之间，供
需双方多是通过自己或熟人作为获得流转土地信息的媒介。缺乏
健全完善的农地经营权流转市场，农民对于土地供需信息获得也
缺乏相应的提供平台，流转信息传播渠道不畅，供需双方信息得
不到有效沟通。由于信息和信用机制的缺失，有转出意向的农民
无法出手土地；有转入意向的农民由于信息闭塞，无法获得一定
数量的土地来扩大经营。如不尽快建立健全完善的土地经营权流
转市场，仍由农民进行直接、盲目、偶然的土地交易，势必会提
升土地承包经营权流转的交易成本，抑制土地承包经营权流转的
规模、速度和效益，进而影响土地资源的合理配置。同时，交易
信息的不对称、不充分和不透明也造成了土地经营权流转速率
低、范围窄、成本高等问题。农地经营权不能高效、有序地大规
模流转起来，那么现代农业体系也就难以建立起来。

2. 农村的可持续发展和粮食安全受到影响

农民进行农地经营权流转，有利于促进农村地区的土地资源
进行归集，发展规模经营。这一方面可以提高农地的生产效率，

提高农民收入。但另一方面，农民作为农业公司的生产劳动力和工具，依附于农业公司或企业。农业公司经营的效益将会直接影响农民收入和生活质量，长期下去，农村的可持续发展也会受到农业公司的影响。

粮食种植由于其生产周期长、附加值低，造成了其经济效益低。在农地经营权流转后的土地资本化以后，农民从土地上解放出来向第二、第三产业转移，人均耕地面积有所增加。但是由于目前粮食产业效益低，农村土地资本化流转后多用于种植经济作物，如花卉苗木、蔬菜水果以及药材等非粮项目，这对农村甚至我国的粮食安全构成潜在的威胁。

3. 农民作为农地经营权流转的主体地位得不到尊重

农地经营权流转中土地资本化的载体是农民土地承包经营权，因而农民应当是土地资本化过程中的主体之一。但由于农民的信息获取能力低，市场行情和趋势把握能力差，与拥有信息优势的基层政府和农业企业相比，农民在资本化过程中成为弱势群体。基层政府与农业企业直接跳过农民进行合作协商，农民被通知自己的土地将被政府统一转让经营权，被迫签订合同。农民缺乏在土地资本化过程中的表达和参与，在与村委会、乡镇政府和企业博弈中，处于弱势地位。在利益分配时，由于农民承包经营权的主体地位被淡化，导致应该归农户所有的流转收益被截留，甚至个别村委会存在私吞农民收益的现象。

（三）农村社会保障制度不完善

在当下我国农村社会保障制度不完善，农民不能享受到同城镇居民相同的社会保障，农村土地不仅是农民获得经济收益的载体，也承担着农民养老、医疗、子女教育的社会保障职能。这也导致农民不愿意承担更多的经营风险，降低了农地经营权流转的积极性。

现有农村社会保障体系存在的问题主要有：第一，从政策角度讲，国家社会保险投入资金的分配不均（资源分配的合理性问题——城乡社会保障资金分配缺乏合理的分配依据和分配方式）。农村社会保障资金的来源主要靠国家财政投入，政府的政策与补贴直接影响农民参加社会保障的意愿和农村社会体系的建设。近年来，虽然国家对农村不断地实施政策倾斜、提高社会保障资金的投入，但其增长速度远不及物价上涨的速度，很难实现农村社会保障的目标。第二，从立法上讲，现有的农村社会保障法律制度立法不健全、实施机制缺位。2010 年 10 月 28 日第十一届全国人民代表大会常务委员会第十七次会议通过了《中华人民共和国社会保险法》。虽然国家强调了整个社会保障制度的建设，但还没有解决农村社会保障制度体系存在的具体问题，只是简单地提到几个宏观性的条文，缺乏专门性的、高层次的农村社会保障立法。第三，现行农村社会保障制度中的法律监督机制薄弱，农村社会保障基金实施中存在监督失效的现象，导致社会保障资金的管理混乱，社会保障资金层层截留，违规使用资金现象严重。还有，某些地方政府利用农民的"信息不对称、信息缺失"等对国家农村社会保障政策的不了解，导致农户丧失对农村社会保障政策的"知情权"等。农村社会保障制度需要不断地完善且任重道远。

二、农地经营权流转中农民财产权受损原因分析

（一）农地经营权流转中农民财产权受损原因分析

1. 法律不足导致农民维权障碍

缺乏完善的农村立法体系是阻碍土地经营权流转和损害农民利益的主要原因之一。

（1）立法滞后，政策代法。家庭承包制出台前我国对土地制度和农村土地关系大多是以政策的形式进行调整，往往是先出台政策性文件，政策对农村土地调整的影响力在广度和深度上都远远超过法律。虽然，政府推出的政策对农民利益的保护和农村经济的发展起到了重要的指导作用，但是这种以政策代替法律、行政命令优先于法律法规的存在是政策的异化。导致地方政府的

政策意识强于法律意识，地方政府的执政具有了任意性，在涉及部门利益和农民利益冲突时，往往优先考虑部门利益，尤其是利用行政职权侵犯农民土地财产权，损害农民合法权益。同时，缺乏专门性规范的法律。对于农村土地承包经营权的规定主要集中在《土地管理法》、《农村土地承包法》和《农村土地承包经营权流转管理办法》等法律中，但是这些规定不具体、不完备，可操作性不强，还存在矛盾。如 2003 年 3 月 1 日实施的《农村土地承包法》第 20 条规定：农民耕地承包期为 30 年。而自 1999 年 1 月 1 日起实施的《中华人民共和国土地管理法》第 17 条规定：征地补偿费为前 3 年平均产值的 6～10 倍，安置补助费为前 3 年平均产值的 4～6 倍，法律规定农民耕地的承包期为 30 年，但耕地转移时的补助最多为 10 倍，而不是 30 倍。可见法律规定的不一致造成了土地流转过程中的矛盾，损害了农民的利益。随着农地流转日益广泛，农地转化为非农地的现象极为突出，在近 10 年间，我国耕地面积减少了 1.24 亿亩，党的十七届三中全会通过的《中共中央关于推进农村改革发展若干重大问题的决定》指出："土体承包的经营权流转，不得改变土地集体所有的性质，不得改变土地用途，不得损害农民土地承包权益。"十八届三中全会通过的《中共中央关于全面深化改革若干重大问题的决定》再次指出："加快构建新型农业经营体系。坚持农村土地集体所有权，依法维护农民土地承包经营权，发展壮大集体经济，稳定农村土地承包关系并保持长久不变。"这只是政策上的限制，要依法治国，就要立法先行，运用法律防止蚕食农民耕地，保护农民的合法权益。

（2）存在法律"盲区"。农地经营权属于实践先行的产物，由于立法的滞后性，在实践中，找不到具体的法律对行为进行规范的现象时有发生，因此使农民这一弱势群体遭受利益损失。如，在农地经营权之前，需要对土地的质量等级进行评定，但我国对土地质量等级规定不完善，《土地管理法》第 28 条和国务院《土地管理法实施条例》第 15 条以及《农村土地承包法》第

21 条和第 37 条均提到土地质量等级的问题，但是并无相关土地等级评定的具体标准，使"土地质量等级评定"问题只是流于形式。在土地承包经营权流转的有形市场未健全之际，"土地质量等级"评定仍存在漏洞，法律规定的可操作性明显不足，直接影响农民土地经营权出资入股评定，不利于农民权益的保护。

我国农村经济发展不平衡，土地经营权市场化程度存在明显差异。在东部较发达地区的农村和大城市郊区，农地流传形式广泛，土地经营权的市场化、规范化程度较高，以土地承包权出资入股建立的农业合作经济组织极为常见。自 2005 年 10 月 1 日起实施的《广东省集体建设用地使用权流转管理办法》开创了农地直接入市的土地市场新格局，我们可以将其作为试点，作为全国性法律出台的蓝本。而中西部地区城市化、工业化起步较晚，农村经济发展落后，部分地区的农地使用权流转还停留在个体农户之间。但是，我们也不能剥夺某些地区的农地流转机会，可以在《物权法》明确规定土地承包经营权自由流转的前提下，由各地区根据其实际情况利用补充条款规定，决定是否马上开放农村土地自由流转的市场。

（3）配套法律不完善。农地经营权要纳入市场化运营模式，但相关的土地流转登记公示制度规定过于粗糙，直接影响农地的流转。虽然我国《土地管理法》和《农村土地承包法》中规定了土地的所有权和使用权登记制度，但规定过于粗糙，而 2004 年农业部发布的《中华人民共和国农村土地承包经营权证管理办法》第 4 条规定："实行家庭承包经营的承包方，由县级以上地方政府颁发农村土地承包经营权证。实行其他方式承包经营的承包方，经依法登记，由县级以上地方人民政府颁发农村土地承包经营权证。县级以上地方人民政府农业行政主管部门负责农村土地承包经营权证的备案、登记、发放等具体工作。"该规定看似是对农村土地流转登记机构作了详细安排，但仍然采取土地承包经营权证的行政审批模式，而非市场化运营模式，使土地流转中的登记变更程序烦琐、灵活性差，不利于土地承包经营权的自由流通。

同时《农村土地承包法》中明文确立了农地经营权入股作为农地流转的合法形式，但其对出资入股的农业合作经济组织从事经营的范围是有严格限制的。对于农地"入股"的权利，农业部严格限定为，"实行家庭承包方式的承包方之间为发展农业经济，将土地承包经营权作为股权，资源联合从事农业合作生产经营"的权利，或者"其他承包方式的承包方将土地承包经营权量化为股权，入股组成股份公司或者合作社等，从事农业生产经营"的权利。简言之，就是入股建立的农业合作经济组织必须依然从事农业生产，农民入股承包地只能从农业生产中获益，这是由农村承包地只能从事农业经济的基本国策决定的。但是，在市场经济环境中，农业生产是自然风险和市场风险并存的基础产业，投资回报率低，致使农业产业在市场竞争中处于劣势地位，农业产值有限，利用规模经济提高农业机械化水平是可取的，而想通过入股的形式迅速提高农民的收入是有一定难度的。

（4）法律制度间存在冲突。农地经营权与农业合作社破产制度存在冲突。农民以农地经营权入股，成为合作社的社员，对社员出资的产权性质，学界有不同的观点：有私有产权说、集体产权说和合作社法人产权说。根据《农村专业合作社法》判断我国采纳了合作社法人产权说。据此，社员将农地经营权投入到合作社，合作社成为此使用权财产的产权人，可以对其进行占有、使用、收益、处分。同时，根据《企业破产法》第30条"破产申请受理时属于债务人的全部财产，以及破产申请受理后至破产程序终结前债务人取得的财产，为债务人财产"的规定，社员出资的土地承包经营权作为合作社的破产财产，而用于还债，但是，土地承包经营权不但具有财产性，还具有社会保障性。所以，《土地承包经营权流转管理办法》第19条才要求"股份合作解散时入股土地应当退回原承包农户"，既然社员出资的土地承包经营权可以退回，这势必会损害债权人的利益。由此可见，土地承包经营权的社会保障功能和农业合作社破产中债权人的利益保护存在矛盾，这种冲突需要特殊的制度予以解决。

2. 政府职能错位导致农民权益保护存在真空地带

由于农村集体土地产权界定模糊，地方政府既是管理者又是参与者，职能的双重性使地方政府追求管理权限的最大化和经济利益的最大化，在双重利益的驱动下，政府的权能难免会发生错位，农民的权益难以维护。主要原因表现在：

（1）政府职能错位。一些地方政府由于创办乡镇企业失败或连年义务教育等压力下，面临沉重的负担。由于体制自身的不足和生存压力的作用，地方政府忽视维护公共权力的功能，自利性目标优先于公共目标，利用职权攫取农民的经济利益，地方政府的公共职能异化，"寻租"以得自养或自肥就成为少数乡镇干部的必然选择。具体而言，政府在农地经营权中的职能，主要是为农民的土地经营权出资提供制度、法律保障，维护农民作为产权主体的合法权益，为土地出资入股市场的正常运行提供宏观和微观的环境。但是，地方政府的这些政策没有得到充分的体现，相反一些地方政府为了谋求部门利益管理错位，政府存在"搭公共利益便车"的现象。在土地流转中，地方政府不是作为农地流转利益关系的协调者，而是作为利益争夺的参与者。法律规定国家为了"公共利益"的需要，可依法对土地进行征收征用，但对"公共利益"没有作明确界定。《土地管理法》规定："任何单位和个人进行建设，需要使用土地的，必须依法申请使用国有土地。""依法申请使用的国有土地包括国家所有的土地和国家征用的原属于农民集体的土地。"由于"公共利益"界定模糊，为政府"搭公共利益的便车"开启了方便之门，一些政府可以打着"公共利益"的旗号征收农村集体土地，实际上是谋求本部门的利益，损害了农民集体的利益。

（2）政府职能缺失。对政府官员考核的最主要指标就是GDP、经济增长率、财政收入增长率。一些地方政府片面追求经济增长，缺乏科学发展观和正确政绩观的指导，重视部门利益而忽视公共利益。现在最突出的问题反映在农地的征收征用上，由于农地征收的成本低，地方政府在搞城镇开发时，经常将农民的土地征归国有，再用于市场开发，使地方政府和开发商从中获取征用农地与国有土地出让价格的巨大经济差额，损害农民的经济利益。同时，由于地方政府盲目追求政绩，建立开发区的规划面积已超过现有城镇建设面积，并缺乏科学的规划，造成土地浪费的现象非常严重。可见，地方政府在畸形政绩观的影响和经济利益的驱动下，急功近利，把土地当做第二财政，以地生财，尤其是农民土地"低征高卖"现象严重，不但蔑视农民的土地权利，而且造成了土地资源的严重浪费。

（二）资本化运营中农民财产权受损原因分析

1. 农地经营权流转市场机制缺失

当前，我国调整农地流转的法律规范主要集中在《土地管理法》、《农村土地承包法》以及农业部出台的《农村土地承包经营权流转管理办法》等法律文件中，但是在涉及具体的农地流转方式、流转程序上，规定较为模糊，阻碍了农地流转的有效进行，尤其是在参与农地流转的种粮大户、农业企业遇到资金周转困难、与承包方发生经济纠纷等问题时，很难根据现有的法律规定去解决。在涉及耕地抵押问题上，虽然 2015 年 12 月 27 日第十二届全国人民代表大会常务委员会第十八次会议决定，授权国务院在北京市大兴区、天津市蓟县、河北省玉田县、邱县等 232 个试点县（市、区）行政区域，暂时调整实施物权法、担保法关于集体所有的耕地使用权不得抵押的规定，可以将以上地区作为试点单位分别开展以农村承包土地（指耕地）的经营权和农民住房财产权（含宅基地使用权）抵押贷款的试点，但是在现有的法律规范基础上，这种试点的经验能否推广以及如何推广还是未知数，所以如何破解农业融资渠道少、周期长、成本高的困境，如何完善农业金融的体系构建与风险防范机制，仍然是摆在现实中的一道难题。

我国目前的农地流转规模较低，缺乏统一的流转市场。土地流转不够规范，在实践中，这些情况也成了诱发土地流转纠纷的重要因素。以河北省为例，根据河北省农业厅发布的数据分析，经过近年来的不断发展，河北省 2015 年的农地流转面积达到 2324 万亩，占全省家庭承包耕地面积的 27.7%，流转面积较 2010 年增长了 19%。河北省作为我国重要的农业产粮大省，刚刚达到了全国农地流转规模 27.3% 的平均水平。可见，我国农村土地实际的流转面积还是偏低，尤其是华北地区、西部地区等，受限于当地的经济发展状况、农业现代化水平以及耕地地形的影响，较东部经济发达省份的农地流转规模存在很大差距。这种情况一方面说明了目前我国农民参与农地流转的积极性亟待提高，另一方面则说明了我国目前的农地流转市场化程度同样偏低。在市场化偏低的大背景下，缺少必要的监督管理机制，往往会滋生出不规范的土地流转的情况。

农地流转合同不规范，存在发生矛盾纠纷的风险。虽然农地流转制度已经如火如荼地开展了很多年，但是在实践中，仍然存在很多不签订农地流转协议的情况，或者所签订的流转协议过于简单，没有将流转农地的具体内容体现在协议中，这种口头约定或者简单书面协议的流转合同在涉及流转纠纷解决时，一般难以对流转的双方起到约束的效力，也为司法审判介入其中制造了难题，参与农地流转的农户由于缺乏必要的法律常识，不注重对流转证据的保留，势必难以通过法律途径维护自身的合法权益。

2. 缺乏健全的农村金融体系

在通过农地流转实现农业现代化的过程中，农业发展对资本存在巨大的需求空间。但是，在实践中农地流转融资难的现象在我国农村地区非常普遍。在各地的农地经营权金融创新中，基本上都是政府制定金融机构与土地承包经营权人、土地经营权人签订不同类型的金融合同。但是农业的资金回收周期长、收益低和抗风险能力低等产业的弱质性特点，与金融机构秉持的"安全性、盈利性、流动性"的经营原则相冲突，导致了广大的农户在融资问题上都面临成本高、资本不足的困难。外加我国目前尚未建立完善的农村金融体系，各金融机构对债权担保、农业参加商业保险的范围、农业证券化的方式等规定不一，影响了资本供给者与需求者之间建立充分的信任，这也降低了金融机构对农业的功能。

（三）农村社会保障体系不健全原因分析

1. 传统农地承包经营权观念束缚

土地，既是农民的生产要素又承担着国家给予农民最重要的社会保障职能。土地承包经营权将集体组织成员身份性、收益性、社会保障性等功能融为一体，因此国家也对土地承包经营权的自由流转进行了种种限制。有学者指出，土地承包经营权的社会保障功能和生产要素功能之间存在一定的冲突，作为生产要素功能，土地承包经营权应当产权稳定、规模经营、流转顺畅，自然也鼓励抵押；作为社会保障和耕地保护功能，土地承包经营权应该平均分配、限制交易和抵押。① 而农村土地承包经营权是否允许自由流转的问题，其实质是维持目前的村社集体现状还是进行市场化改造，把农民定位为村社集体成员还是将其推向市场，促使其转变为自负盈亏、自担风险的个体。② 随着国家提出农业"落实农村土地集体所有权基础上，稳定农户承包权、放活土地经营权"的政策，农户的土地承包权和经营权逐渐的分化和分解。土地从承包人与直接利用土地进行土地经营的经营权人相分离的趋势越来越明显，土地承包人依据土地产权关系获取农业经营收益的权利逐渐扩大。因此，有必要对传统观念土地承包经营权不能分离和土地承包经营权的社会保障功能进行探讨。目前大多数土地承包权人获得土地的方式依托其集体经济组织成员的身

---

① 马小勇、白永秀：《农地制度改革：农民自主选择的"土地换保障"方案》，载《安徽大学学报》2006 年第 5 期。

② 马特：《社会主义新农村建设视野下的土地承包经营权》，载杨立新主编：《民商法理论争议问题——用益物权》，中国人民大学出版社 2007 年版，第 255 页。

份而获得承包地，而非通过竞争"承包"的方式获得土地。由于土地承包经营权人取得土地方式基于集体成员身份性，同时土地承包经营权的实现形式只有农业经营一种方式，这就导致在土地要素和劳动力要素都不具有市场引导的前提下，土地承包经营权人由于不同的职业偏好、职业选择等主客观条件下必然存在部分权利人脱离农业经营生产的现象。特别是在现在城市化背景下，农业种植收益低，城市就业岗位充沛，社会职业选择空间大，农地被撂荒的可能性加大。在现有的土地承包经营制和城乡二元结构体制下，承包经营权的身份性不具有可选择性，成员的身份权利不能选择，更不能放弃。这就造成了身份利益的不可变更与土地财产权利的流转之间的矛盾。随着现在流转规模的逐渐扩大，以出租、转包等形式出现的农地流转得到了政策和法律的确认，而土地承包权人与因土地流转取得经营权的权利人形成权利义务关系。承包权人也不因为流转承包地而放弃集体成员身份，进而丧失取得集体经济组织福利的待遇，同时土地经营权人也可以通过规模化、产业化、市场化的土地经营获得规模效益。在农民看来最关心的问题是如果能够获得丰富的物质财富，农民作为土地承包经营权人，会充分考量自行经营土地获得土地收益还是选择向他人转移土地资源以获得土地要素收入。土地承包权与经营权的分离不会影响土地承包权人的收益权，土地经营权人也会因为规模经营可以提升农业经营的抗风险能力，整体上增加自己的收入。

在城乡二元体制下，农民个体是社会保障的主要承担主体，土地保障和家庭养老是农村基本的社会保障形式。在目前，农村土地要素流转受到限制不能充分发挥其市场价值，土地保障功能大打折扣。家庭养老模式也因农民的收入水平所限，抵抗风险能力差。农地承包权与经营权的分离，不会改变农民的集体成员身份，同时也因土地要素可以得以充分发挥，承包权和经营权的双方权利人获得客观的要素收入，为农村的社会保障制度建设提供了丰富的物质保障。

2. 城乡二元结构导致农民权益萎缩

城乡二元经济结构是农民权益受损的根本原因。新中国成立后，我国为了集中力量发展工业，实行了城乡分治、一国两策的政府主动型二元结构。对农业实施的是贡献型的政策，其特点表现在：工农产品"剪刀差"、农业哺育工业，"计划经济时代，国家靠'剪刀差'让农民付出了 6000 亿～8000 亿元的代价，改革开放后，通过低价征用农民土地最少使农民承受了 2000 亿元的损失"[①] 以户籍制度为核心，形成了一系列的城乡有别的二元社会福利制度、融资信贷政策和文化教育资源分配政策。自从20 世纪 70 年代的家庭承包制实行以来，人民公社化瓦解，计划经济向市场经济过渡，劳动和资本开始在城乡内部流动。尤其是90 年代中期以来，"由于我国居民消费开始从生活必需品的消费时代向耐用品的消费时代转变，以及城乡居民收入的进一步拉大。若考虑到住房、医疗等社会福利，城乡的差距可达到 6∶1。因为，在'耐用品消费时代'城市居民的主要收入在住房、医疗、电器、教育及其他服务业上，而这些消费大多与农民或农村是没有关系的，因此，城市居民的支出很难流入到农村。出现了一种新形式的城乡二元结构，即'市场主导型二元结构'"。[②]

由于我国社会制度和体制改革严重滞后于市场经济的发展，加之强大的城市利益群体对国家倾斜政策的影响，在改革的过程中，为了保持社会稳定的需要，国家政策向强大的城市利益倾斜。国家将 80% 以上的财政支出用在人口不到 40% 的城市。1980 年政府财政用于农业部分的支出占当年总财政支出的12.2%，2000 年则下降到 8%。在滞后的行政体制下，随着市场经济的发育，"政府主导型二元结构"和"市场主动型二元结

---

① 任宏、冯迎宾：《透视城市化进程中的农民问题》，载《城市发展研究》2004年第 5 期。

② 李明宗、孔祥云：《"新城乡二元结构"视野下的农村剩余劳动力转移分析》，载《经济体制改革》2007 年第 2 期。

构"形成合力，使城乡二元结构深化。由于农民的经济基础、能力水平、观念意识等方面的差距，发散的小农户在面对强大的市场竞争显示出明显的弱质性，单个农民在激烈的市场竞争中严重失衡，而且造成农民在社会福利和社会保障中权益受到不公平待遇，农民的生存权、保障权、发展权严重受损。

3. 社会保障不健全造成农民权益受损

国外农地流转中，农民的社会保障并未构成一个特别关注问题，而我国农地经营权中农民权益的保护是最敏感的问题之一，究其原因：国外农民在农地流转前后都享有完善的社会保障，城乡居民之间没有社会保障权的鸿沟。而在我国，农民面对的社会保障状况却迥然不同。改革开放以来，虽然我国的社会保障体系在不断的建立完善，农民享有的社会保障权利越来越多，但社会保障不健全使农民在经营权流转中得不到很好保障的原因有以下几方面：

（1）政府社会保障职能缺位。政府对农村社会保障的财政支出远远小于城市，政府对农村的社会保障职能缺位。城市居民享受着医疗、退休养老、生活最低补助等较为全面的福利，而农村居民仅享有国家救济和社区互助等较为低层次的社会保障，中央政府的财政支出主要限于对贫困地区的救济和公共传染疾病的防治。据统计，农村社会保障投入只相当于城市的 1/8，农村人均国家社会保障投资仅为城市的 1/30。由政府对城乡社会保障投资的巨大差异，可以看出政府对于农村社会保障力度严重不足，政府对农村社会保障存在职能缺位。

（2）农村的社会保障覆盖面小。现行农村社会保障既不能保障农村的整体利益，又不能保护农村的特殊群体利益。就整体而言，社会保险作为社会保障体现的核心，其主要的养老保险和医疗保险在农村都未全面展开，其他方面就更加滞后。据统计，目前，我国农村有 97.6% 的老人依靠家庭养老，依靠退休金和集体养老的老人仅占 2.34%。在中央的推动下，新农村合作医疗有了一定的发展，但新农村合作医疗未成为农村医疗保障的主要项目。据统计，由于住院费用平均实际补偿只有 25.7%，农民患大病住院仍要自付很高的医疗费用。就特殊群体而言，老龄农民、失地农民、贫困农民、农民工等农村特殊群体的问题日益突出，社会保障体系对这些农民利益的保护极为不足。

（3）农村社会保障管理机制混乱。农村社会保障管理机制出现多头管理，管理机构重叠，管理成本过高，保障基金增长程度低，资金管理透明度较低。这种低效的管理模式已经影响我国农村社会保障体制的健全。我国目前尚未建立起一个统一高效的对农村社会保障的权利机构，由于各个部门所处的地位和利益不同，在社会保障的管理上会出现矛盾，互相推诿、管理效率低下的现象在所难免，这就影响农村社会保障体系的运行。

（4）农村社会保障发展不平衡。农村各地区社会保障发展不平衡，由于东、中部农村经济水平较高，社会保障资金较为宽裕，农村社会保障水平较高，而西部落后地区贫困人口较多，部分人还没解决温饱，社会保障水平低。据统计，东、中部地区以北京和上海的社会保障基金额度，1992～1998 年平均每人达到 13.8 元和 12.8 元的水平，而西部总体社会保障金较低，尤其是广西、海南、内蒙古等地区基金水平人均不足 1 元。东、中、西部农村社会保障发展水平存在巨大差异。

以上问题的存在造成了我国农村社会保障体系建立的"瓶颈"，虽然我国在 20 世纪 50 年代就开始建立社会保障体系，但是所建立的社会保障体系具有其特殊性，主要表现在：以城乡分离的户籍制度为依托，建立的是城乡二元制的社会保障体系，将广大农民排除在社会保障体系之外。改革开放以来，我国的社会保障建设取得了一定的进步，初步形成了社会保障基本框架，但是农村社会保障相对滞后。可见，国家和集体对农民社会保障的扶植力度有限，农村社会保险主要靠农民个人交纳，农民的收入有限，直接影响社会保险的投入力度。同时，我国实行家庭联产承包责任制，在农村实行集体土地均分原则，土地成为农民生产和生活的必要保障，土地具有了社会保障的功效。随着农业产业化、市场化的深入，为了提高农地生产效率，允许农民土地经营权流转，放开了农民可以将农地经营权作为资本要素进行资本化经营的政策，但由于农村社会保障体系不健全，资本化过程中经济组织一旦破产，农民将面临失去土地的风险。因此，农民以农地经营权流转时，要给予农民特殊的保护，否则农民的生产和生活难以得到保障。

三、农地经营权中农民权益保护法制的完善

当前，我国农业农村发展环境发生重大变化，既面临诸多有利条件，又必须加快破解各种难题。在经济发展新常态背景下，如何促进农民财产性收入稳定较快增长，在农地经营权中实现对农民权益的保护，不仅要对现行的体制、政府职能进行改革，建立健全农村金融体系，还要从权利的救济制度上进行完善。

（一）深化农村土地产权制度改革，构建新型农业经营体系

深化农村集体产权制度改革。为了更好地推动农地经营权流转，保护农民的土地财产权，必须要以法律的形式界定清楚农村土地产权。党的十八大三中全会上通过的《中共中央关于全面深化改革若干重大问题的决定》指出："完善产权保护制度，产权是所有制的核心。健全归属清晰、权责明确、保护严格、流转顺畅的现代产权制度。"因此，我国农村土地产权的改革应该从两方面入手：第一，界定清晰农村土地的所有权主体；第二，界定清晰农民承包经营权的权利范围。按照马克思的土地产权理论，国家享有土地终极所有权，拥有对土地最终的占有、使用、收益、处分的权利。在中央文件中多次提及"坚持农村土地集体所有，实现所有权、承包权、经营权三权分置，引导土地经营权有序流转"，农村土地由农村集体享有所有权，农村的土地产权改革就是要在坚持农村集体经济组织享有农村土地所有权的前提下，明确农村集体经济组织的具体法律形式。农民是土地承包经营权的主体，拥有占有、使用、收益和部分处分权。农村土地

产权制度变革，就是要坚持《物权法》赋予农村土地承包经营权的物权属性，让农民拥有更加完整的财产权。同时，探索国家、集体、农民三者在土地承包经营权流转中的权利义务，明确各自的职能范围，推动农村土地经营权的顺利、高效流转，保障农民的土地财产权利。

稳定农村土地承包关系，落实集体所有权，稳定农户承包权，放活土地经营权，完善"三权分置"办法，明确农村土地承包关系长久不变的具体规定。继续扩大农村承包地确权登记颁证整省推进试点。依法推进土地经营权有序流转，鼓励和引导农户自愿互换承包地块实现连片耕种。研究制定稳定和完善农村基本经营制度的指导意见。推进农村土地征收改革试点和探索农民住房保障新机制。探索将通过土地整治增加的耕地作为占补平衡补充耕地的指标，按照"谁投入，谁受益"的原则返还指标交易收益。加快编制村级土地利用规划。探索将财政资金投入农业农村形成的经营性资产，通过股权量化到户，让集体组织成员长期分享资产收益。制定促进农村集体产权制度改革的税收优惠政策。

加快构建新型农业经营体系。坚持和完善农村基本经营制度，坚持农民家庭经营主体地位，引导土地经营权规范有序流转，创新土地流转和规模经营方式，积极发展多种形式适度规模经营，提高农民组织化程度。鼓励发展规模适度的农户家庭农场，完善对粮食生产规模经营主体的支持服务体系。引导农民专业合作社拓宽服务领域，促进规范发展，实行年度报告公示制度，深入推进示范社创建行动。推进农业产业化示范基地建设和龙头企业转型升级。引导农民以土地经营权入股合作社和龙头企业。鼓励工商资本发展适合企业化经营的现代种养业、农产品加工流通和农业社会化服务。土地经营权流转要尊重农民意愿，不得硬性下指标、强制推动。尽快制定工商资本租赁农地的准入和监管办法，严禁擅自改变农业用途。推进农村集体产权制度改革。探索农村集体所有制有效实现形式，创新农村集体经济运行机制。出台稳步推进农村集体产权制度改革的意见。对土地等资源性资产，重点是抓紧抓实土地承包经营权确权登记颁证工作，扩大整省推进试点范围，总体上要确地到户，从严掌握确权确股不确地的范围。对非经营性资产，重点是探索有利于提高公共服务能力的集体统一运营管理有效机制。对经营性资产，重点是明晰产权归属，将资产折股量化到本集体经济组织成员，发展多种形式的股份合作。开展赋予农民对集体资产股份权能改革试点，试点过程中要防止侵蚀农民利益，试点各项工作应严格限制在本集体经济组织内部。健全农村集体"三资"管理监督和收益分配制度。充分发挥县乡农村土地承包经营权、林权流转服务平台作用，引导农村产权流转交易市场健康发展。完善有利于推进农村集体产权制度改革的税费政策。

（二）发挥政府在农地经营权流转中的服务职能

1. 树立正确的行政观念

正确定位政府角色，创新行政管理方式，增强政府公信力和执行力，建设法治政府和服务型政府。要健全宏观调控体系，全面正确履行政府职能，优化政府组织结构，提高科学管理水平。首先，在农地经营权的制度建构欠缺之际，要形成政府主导性的制度供给机制，健全宏观调控体系。随着我国市场经济的深化，我国的农业规模经济却出现了限制，农民增收进入"瓶颈"期，我国农村土地政策明显缺乏及时有效地应对，农民对农地经营权形式出现了观望、迟疑和畏惧的心理。政府应该加强主动性的正确引导和给予农民政策性的倾向，保护农民的土地权利。其次，提高管理水平，建设服务型政府。在农地经营权流转涉及的"四方力量"中，政府要准确定位自己的角色，政府是农村土地关系的管理者，其主要职责是监督土地资源的合理用途、调控土地供需总量平衡、保障农户土地使用权的自愿流通，而不是运用行政手段干涉农民进行强制性的土地流转。政府的主要任务是保护农民的土地权利，而不是干预农民的土地权利，在农地经营权流转中的角色应定位为服务者和监督者。最后，政府要增强公信力。在市场经济中，政府行为的第一准则是公平、正义，政府从公正的角度处分才能扮演好裁决者的身份。农地经营权从某种意义上说是各方利益集团博弈的过程，政府应回归本位，超然于市场参与者之外，充当公正有权威的裁判者。

2. 充分发挥政府的服务职能

政府要推动发挥多种形式农业适度规模经营引领作用。坚持以农户家庭经营为基础，支持新型农业经营主体和新型农业服务主体成为建设现代农业的骨干力量，充分发挥多种形式适度规模经营在农业机械和科技成果应用、绿色发展、市场开拓等方面的引领功能。完善财税、信贷保险、用地用电、项目支持等政策，加快形成培育新型农业经营主体的政策体系，进一步发挥财政资金引导作用，撬动规模化经营主体增加生产性投入。适应新型农业经营主体和服务主体发展需要，允许将集中连片整治后新增加的部分耕地，按规定用于完善农田配套设施。积极培育家庭农场、专业大户、农民合作社、农业产业化龙头企业等新型农业经营主体。支持多种类型的新型农业服务主体开展代耕代种、联耕联种、土地托管等专业化、规模化服务。加强气象为农服务体系建设。实施农业社会化服务支撑工程，扩大政府购买农业公益性服务机制创新试点。加快发展农业生产性服务业。完善工商资本租赁农地准入、监管和风险防范机制。健全县乡农村经营管理体系，加强对土地流转和规模经营的管理服务。

3. 限制政府的行政权力

建立政府与社会合理分权的机制，形成权力有限的政府，用权利限制权力，这是法治政府建设的要求，是实现以人为本、尊重人民利益的必要条件。在农民农地经营权中，政府要主动退出土地使用权交易过程，转而承担依法对土地出资市场的管理责任，努力培育规范的土地交易市场，充分尊重和发挥市场的力量，保护农民的土地权益。首先，政府要遵守《村民委员会组织法》的有关规定，明确乡镇政府与村民委员会之间是指导和被指导的关系，杜绝乡镇政府对村民委员会的干涉，防止乡镇政府对村民自治组织权利的侵害和对农民权益的侵犯。其次，建立基层政府责任人直选制度，加强完善基层政府民主建设。村民委员会是维护农民权利、表达农民声音的基层的、最直接的农村自治组织，但作为村庄日常管理事务的村干部为了追求自身利益，有可能损害村民利益，使村委会这个沟通村民和基础政府的渠道丧失其应有的功能。直选制度可以改变基层政府责任人的行为方式，使其将注意力从取悦上级的政绩观转变为务实的惠民、乐民行使政务，充分保障农民的合法权益。最后，改革基层政府政绩考核，加强民众对政府约束。政府官员业绩考核应将基础政府处理农民关心问题、保障农民权益能力、协调各方利益关系水平列入政绩考核内容，加强民众对政府的约束和监督。

（三）建立健全农村金融体系

加快构建多层次、广覆盖、可持续的农村金融服务体系，发展农村普惠金融，降低融资成本，全面激活农村金融服务链条。进一步改善存取款、支付等基本金融服务。稳定农村信用社县域法人地位，提高治理水平和服务能力。开展农村信用社省联社改革试点，逐步淡出行政管理，强化服务职能。鼓励国有和股份制金融机构拓展"三农"业务。深化中国农业银行"三农"金融事业部改革，加大"三农"金融产品创新和重点领域信贷投入力度。发挥国家开发银行优势和作用，加强服务"三农"融资模式创新。强化中国农业发展银行政策性职能，加大中长期"三农"信贷投放力度。支持中国邮政储蓄银行建立"三农"金融事业部，打造专业化为农服务体系。创新村镇银行设立模式，扩大覆盖面。引导互联网金融、移动金融在农村规范发展。扩大在农民合作社内部开展信用合作试点的范围，健全风险防范化解机制，落实地方政府监管责任。开展农村金融综合改革试验，探索创新农村金融组织和服务。发展农村金融租赁业务。在风险可控前提下，稳妥有序推进农村承包土地的经营权和农民住房财产权抵押贷款试点。积极发展林权抵押贷款。创设农产品期货品种，开展农产品期权试点。支持涉农企业依托多层次资本市场融资，加大债券市场服务"三农"力度。全面推进农村信用体系建设。加快建立"三农"融资担保体系。完善中央与地方双层金融监管机制，切实防范农村金融风险。强化农村金融消费者风险教育和保护。完善"三农"贷款统计，突出农户贷款、新型农业经营主体贷款、扶贫贴息贷款等。

完善农业保险制度。把农业保险作为支持农业的重要手段，扩大农业保险覆盖面、增加保险品种、提高风险保障水平。积极开发适应新型农业经营主体需求的保险品种。探索开展重要农产品目标价格保险，以及收入保险、天气指数保险试点。支持地方发展特色优势农产品保险、渔业保险、设施农业保险。完善森林保险制度。探索建立农业补贴、涉农信贷、农产品期货和农业保险联动机制。积极探索农业保险保单质押贷款和农户信用保证保险。稳步扩大"保险＋期货"试点。鼓励和支持保险资金开展支农融资业务创新试点。进一步完善农业保险大灾风险分散机制。

（四）完善农地经营权流转中农民权益的保护机制

有权利必有救济，完善农地经营权流转中对农民权益保护的机制，构建多元的农民权益保护机制，既要健全对农民权益保护的立法，又要加强对农民权益的司法保护，同时还要加强对农民权益保护的监督。

1. 健全农地经营权流转中对农民权益保护的立法

伴随着农村土地政策调整和制度改革，农村土地管理法律法规框架已初见端倪，但是农村土地制度与现行法律法规和政策存在较大偏差的现象，使我们不得不反思现行法律和政策所存在的问题。相对于农村土地政策，我国农村土地法律法规明显滞后；相对于城市土地制度，我国农村土地制度立法明显薄弱；相对于土地承包经营权流转中的转让、互换、转包等方式，农村土地承包经营权入股出资方式的规范相对单薄。而在农地经营权的规定中，保护农民权益的法律法规是最弱的。"立法的意义不仅在于对社会保障制度的权威规范，更在于实现社会保障责任与权益的合理配置。"所以，通过农地经营权方面的立法完善，来实现社会权益的公平配置，保障广大农民的合法权益，是健全立法的应有之义。

《农村土地承包法》应明晰农民土地产权，扩大农民土地权益。如前文所述，《农村土地承包法》在实施初期对我国农村法制建设具有里程碑式的意义。随着农地市场化、规模化的程度日益加深，必然要求其随之调整完善。在农地经营权过程中，要充分顾及农民的土地承包经营权利的完整，使土地承包经营权真正物权化，对农户在土地承包权出资中的权利作进一步的说明。根据《农村土地承包法》的规定，土地承包经营权流转的形式主要有以下三种：一是物权性质的流转，如转让、互换；二是债权性质的流转，如转包、转租；三是股权性质的流转，如入股、联营等。入股在理论上被归为集中连片流转模式。由于农户的农地经营权入股所针对的一般是公司企业或合作社等经济组织，相对力量较为薄弱，在集中连片流转中，农民这个弱势群体的利益应该受到《农村土地承包法》的特殊保护，对农户的农地经营权权利进行细化规范。应适当放宽《农村土地承包法》对农户承包经营权市场化的限制。虽然强调农村土地使用权的稳定性，对保障农民的承包权益有一定的促进作用，但限制了农村劳动力在城乡之间的流转，不利于土地的规模化经营。所以，要在不改变土地用途和农民自愿的前提下，适当鼓励和促进家庭农地经营权入股农业公司或农民专业合作社，而不是单单允许承包方之间自愿联合将土地承包经营权入股从事农业生产，以加快农村土地市场化进程。

《物权法》将集体土地所有权代表确定为：乡镇集体经济组织、村集体经济组织或村民委员会、村民小组集体经济组织。具有一定的合理性和进步性。但如上文所述，由于集体所有概念界定模糊，所以集体土地所有权常常处于主体虚位的状态。即使法律强制的集体所有权代表存在，基于司法自治原则，土地的主人是农民，那么农户作为独立的经济主体，集体土地所有权选择什么机构或采取什么方式来行使，应由村民集体民主决定，而不是由法律强制规定。在土地承包经营权可以作为股权出资的今天，强行建立任何形式的集体经济组织都可能成为原有农村三级建制的翻版，使其在农民以农地经营权中以所有权人或管理者身份瓜分农民的利益。我们认为，农村集体土地所有权代表应根据私法自治的原则，由农民集体民主选举，可以为村集体经济组织或村民委员会，甚至可以选举农村专业合作社为集体所有权代表，通过完善村民自治法律法规来保障农民的合法权益。

我国已经颁布《中华人民共和国农民专业合作社法》（以下简称《农民专业合作社法》），其作为全国性的法律，农民专业合作社是在家庭联产承包责任制的基础上，由从事相同生产经营或经营服务的农民，以土地承包经营权量化入股出资，自愿结合在一起形成的民主管理互惠互利的合作经济组织。合作社的首要目的不是盈利，而是让社员盈利为农民服务。合作社是保留农民的独立产权，在保障农民的自主经营的前提下，形成农民自愿的结合，加入合作社的农民不仅是惠顾者，而且是合作社的主人，合作社的根本目的就是发展农业产业，提高农民收入。但由于我国幅员辽阔，经济发展不平衡，各地农村发展状况具有很大差异，所以地区在发展农业合作社组织时，也要在《农民专业合作社法》的规范下因地制宜、因时制宜地制定出适合本地区的合作社规则。首先，要完善民主管理制，坚持农民入社自愿、退社自由原则，同时建立合作社要因地制宜，不能由政府行政指令，强制干预；解散合作社要由社员大会决策，根据规范程序进行。合作社采用"一人一票"制，在特殊的情况下也可以采取一人一票与股金份额相结合的制度，实现社员权利的公平。同时，完善会议制度，确立定期会议和临时会议制，有关重大事项需要由全体社员大会成员参加决策，以保障民主参与水平。其次，充分利用农业合作社提高农民的组织化。在农村实行家庭联产承包责任制，农民小规模的经营占主体地位，这就使农业的组织化较差，从而成为农村经济发展的障碍。我们认为，小农户和大市场之间的矛盾成为制约农村经济发展的极大壁垒，所以要形成农民合作组织与农业市场化的对接，而且还要保障农民的市场主体地位，合作社模式成为农民进行组织化的有利经济组织形式。农民可以用土地承包经营权量化入股，成为合作社的社员，进而避免农民的分散经营，降低风险，使农民享有市场主体地位，形成农村的组织化，而且提高了农业的产业化，促进农村经济发展。再次，促进农业合作社推动农业产业化。一方面，合作社作为农民和市场之间的中间组织，在农业生产中，合作社可以根据企业和市场的要求组织农民生产，搭建起农民和市场之间的桥梁，保障了企业稳定的原料供应和农产品的质量，降低了交易成本；在销售过程中，合作社代表农民的利益和企业谈判，订立农产品的加工和销售合同，发展订单农业，促使产供销一体化，农民不用再愁销路，只需专心提高生产。另一方面，合作社作为农业产业化的有效载体，自己作为农业产业化的先锋，实行"六统一"的经营模式，作为市场的主体，促进农业的发展，为农村创造更大的经济利益。最后，建立完善的分配制度。农民将农地经营权入股形成一种合作经济组织形式，具有互帮互助的重要意义，但把加入合作组织的农民聚合在一起的根本原因还是经济利益的驱使，因此，保障农业合作经济组织长期稳定的发展，公平合理的利益分配机制非常重要。成立的农业合作社应采用"一票一权"的决策机制，但要在传统机制上有所改进，将"一票一权"和社员的持股数量和交易权量相结合，这样使社员的表决权更趋于公平合理，有利于激励社员的参与性。同时，创设监控制度，合作社通过制定相应的奖惩制度对社员行为进行规范，社员必须向合作社根据交易权要求的股份量交付农产品，当社员不能定量交付或上交的农产品不符合规格造成农业合作社从市场上购买农产品时，所产生的差价由社员承担，这种制度有利于保障合作社的交易成本和经营顺畅。综观世界上发达地区的农业合作组织形式的利润分配多是以交易量和股份分配相结合的方式，以按交易量分配为主。交易量以社员向合作社提供的产品量和从合作社购买的商品量为主，社员与合作社交易量越多，其获得的返还利润越多，这种机制能够激励农民入社，鼓励交易，同时提高农民的收入。

2. 制定健全土地经营权流转资本化过程中保护农民权益的法律法规

制定统一的《土地物权法》《农村社会保障法》和《农村社会保险法》是我国今后长时间内在农地经营权中农民权益保护立法的首要任务。首先，应以法定的形式赋予农民长期而稳定的土地使用权。虽然我国于 2007 年出台了《物权法》，但其对土地承包经营权欠缺具体而明确的规定，尤其是对农地经营权的规定过于简单，这不利于保护农民的私人权利。迄今为止，我国还没有一部专门规定农村土地财产权利的法律制度。我们认为，应该制定专门规范土地财产权的《土地物权法》，使土地产权真正物权化，而不同于以往仅仅通过政策规定或合同约定的形式来规范和保护农民的土地权利，赋予农民坚实可靠的土地权利保障。其次，保障农村无地或少地贫困农户的生活，制定专门的《农村社会保障法》。农村社会保障存在保障对象不明确、保障标准不一致、保障管理不统一、保障资金来源不稳定等问题，农民的农地经营权后，土地的保障功能存在风险时，建立完善的农村社会保障制度显得尤为重要。针对这些问题，国家应积极推动立法机关尽快出台全国统一的《农村社会保障法》，对农村社会保障的基本原则、管理体系、政府责任、基本目标、保障标准、制度监督以及法律责任等作出统一规定，以保障农民在农地经营权后的生存权和发展权。最后，在统一的《农村社会保障法》之下，再制定《农村最低生活保障法》《农村养老保险法》《农村医疗保障法》《农村失业保险法》《失地农民社会保险法》等若干具体的农村社会保障法律法规，逐步建立起我国农村社会保障法律体系，以保障无地少地农民的生活。

3. 完善农地经营权流转中对农民权益的司法保护

农村是法治建设相对薄弱的领域，从目前农地经营权的实际情况来看，农民在与各个利益集团的博弈中，常常处于劣势，与其他利益群体发生的纠纷和摩擦需要在法律上获得救助和支持。必须加快完善农业农村法律体系，同步推进城乡法治建设，善于运用法治思维和法治方式做好"三农"工作。因此，我们可以从以下几个方面加强对农民权益的司法保护：

第一，公正是法治的生命线，司法公正对于保障农民权益具有重要的引领作用，司法不公对农民权益的维护、社会公正具有致命的破坏作用。必须完善司法管理体制和司法权力运行机制，规范司法行为，加强对司法活动的监督，努力让农民群众在每一个司法案件中感受到公平正义，切实保障农民公平性的法律地位。在涉及农民权益的敏感案件，保障农民群众参与司法，在司法调解、司法听证、涉诉信访等司法活动中保障农民群众参与，听取农民群众的利益需求，内心想法，构建开放、动态、透明、便民的阳光司法机制。

第二，建设完备的法律服务体系，推进覆盖城乡居民的公共法律服务体系建设，完善法律援助制度，健全司法救助体系。我国农民作为一个庞大的弱势群体，合法利益容易受到损害，其迫切需要法律援助。在实践中，强迫农民以承包地出资，抢占农民耕地的事件屡见不鲜，虽然危害很大，但大多数农民或不知投诉、不敢投诉，或投诉无门，或无力投诉。必须要建立健全农民群众依法维权和化解纠纷机制，建立健全社会矛盾预警机制、利益表达机制、协商沟通机制、救济救助机制，畅通农民群体的利益协调、权益保障法律渠道。完善立体化社会治安防控体系，保障农民的生命财产安全。探索建立检察机关提起关于农民权益的公益诉讼制度。

第三，加强对司法活动的监督。加强对司法活动的监督，完善检察机关行使监督权的法律制度，加强对涉农案件的刑事诉讼、民事诉讼、行政诉讼的法律监督，完善人民监督员制度。优化司法职权配置，探索建立检察机关提起关于农民权益的公益诉讼制度。

（五）完善农村的社会保障体系

完善农村社会保障制度，一方面能够实现农民的基本生活保障，使农民敢于发展新的、有一定风险的生产经营；另一方面可以进一步加快土地经营权的流转，保障土地承包经营权在资本化运营中安全、稳健的实施。

我国农村社会保障体系的完善应当从以下几方面做好：第一，破除城乡二元结构，加大国家对农村的政策倾斜力度。破除城乡二元结构，国家加大对农村社会保险的投入，从根本上解决社会保险资金的分配不均，即资源分配的合理性问题。第二，加大资金投入。统筹经济社会发展水平、农村居民基本生活需求、消费者物价指数、财政承受能力等因素，努力增加农村社会保障资金投入，切实保障农村困难群众基本生活。当前，注意把农村社会保障资金，作为拉动内需、保障民生的重点来投入。坚持事权财权统一，更加科学地划分事权财权，合理确定中央和地方的保障责任。加强对农村社会保障经费管理与监督，确保专款专用。第三，加强协调协作。农村社会保障体系建设，涉及部门多、政策法规多、工作环节多，需要切实加强协调协作。通过适当形式，加快形成各司其职、各负其责、分工合作、齐抓共管的工作机制，增进互联、互动、互补，增强推进合力，确保工作责任到位、政策落实到位、措施保障到位。加强各项农村社会保障制度之间的衔接，加强农村社会保障与就业再就业政策、农村扶贫开发等之间的配套，形成梯次保障结构，提高整体保障效能。第四，注重统筹平衡。继续认真做好农村低保、新型农村合作医疗、自然灾害生活救助、社会福利、农村五保供养、农村医疗救助等工作，切实加快新型农村社会养老保险、农民工社会保险、被征地农民社会保障工作推进步伐。鼓励东部地区带动和帮助中西部地区发展，加大对革命老区、民族地区、边疆地区、贫困地区的扶持力度。加快破除城乡二元体制，更加注重发展农村社会保障事业，努力缩小城乡差别。第五，强化基层管理和服务。鼓励地方结合实际改革创新，加强基层社会保障经办机构建设。加快政府职能转变，充分发挥村委会、社会组织、社会工作人才队伍、志愿者队伍在农村社会保障工作中的作用。改善基层工作条件，加强低保、社会保险、新农合等信息系统建设，提高工作效率，强化服务功能。严格规范申请、核查、审批、公示和备案等各个环节，完善公开透明机制，确保农村社会保障政策在基层得到全面落实。

结　　论

　　在人类漫长而纷繁复杂的历史演进中，土地制度和土地关系在不断适应市场经济自由交易的改变过程中形成了两方面趋势：一是土地生产方式市场化、规模化、产业化；二是土地权利均衡化、福利化的特点。进一步观察中国百余年的土地制度变迁过程，如果以农业生产方式市场化和农民福利城镇化为标准化，那么时至今日我们仍未能完全实现这一百年制度变迁的革命目标。即便单纯以法律和经济的眼光加以审视，我们也不得不承认，今日中国的农村社会，既缺乏完整的市场制度来引导农地经营产业化发展，也缺乏充分的土地权利分配和保障机制来重建农村社会的组织机构。一个半世纪以来的社会革命，与40多年的社会改革运动，曾给中国的乡村社会带来了巨大的变化，权利主体的转换、乡村外部环境的改变、技术手段以及整体经济体系的演化都给人以耳目一新、沧海桑田的感觉。但是，如果我们不执着于政治语境的牵绊，就可以清晰地辨析出，中国乡村社会中农民土地财产权的获得方式和财产权利结构，并未发生多少实质性的变化。中国的绝大多数农村，仍然是以农户作为主要的生产和社会组织单位，土地财产权利的分配，仍然是外部或内部权力发挥决定性的作用。总之，我国农民土地财产权的现状，使我国农地经营权流转创新处于一种尴尬境地，对经济社会的发展和稳定带来许多不利的影响。在此背景下，我们研讨农地经营权流转制度创新具有重要的时代价值。

　　当前，我国经济增速从高速发展转向中高速发展，经济发展进入"新常态"，如何在经济增速放缓的背景下，强化农业基础地位、促进农民持续增收、帮助广大农民"实现全面小康",是必须破解的一个重大课题。伴随着改革开放政策实施的30多年,我国的农村改革得到了一条最重要的经验:"保障农民财产权益,充分调动农民生产的积极性。"综观农村的改革措施:实行"大包干"、提高农产品收购价格、取消农业税、实行农业补贴,都是为了增加农民的物质利益,调动农民的生产积极性。在新的历史起点,在全面深化改革的关键时期,必须更加尊重农民的财产权益,继续全面深化农村改革。

　　本书所探讨的农地经营权流转是在三权分置框架下的制度创新。三权分置的概念是在其历史演进的脉络中逐步形成的,即在坚持农村土地集体所有原则下,推动承包权与经营权分离,形成所有权、承包权、经营权三权分置机制。党的十一届三中全会以来,我国农村一直实行的是家庭联产承包责任制,按照这种制度,承包土地的所有权归集体、承包经营权则归农户享有,这就是我们所说的农村承包土地"两权分离"的模式。而十八届三中全会提出要将目前的土地承包经营权再次分离为土地承包权和土地经营权,这成为我国新一轮农村土地制度改革的基本方向,最终则是要形成农村承包土地所有权、承包权、经营权三权分置的格局。中央将三权分置作为改革的基本方向的主要目的在于促进农村承包土地经营权的流转,进而实现农业产业化、规模化的发展。